NEW CLASSIC LIBRARY

皇帝たちの中国史

宮脇淳子
Junko Miyawaki

徳間書店

はじめに

中国史は世界史という教科の中で学校でも習いますが、よくわからないと思っている人が多いと思います。歴史が古くて何度も何度も王朝が交代するのですが、そのたびに同じようなことが繰り返され、ワンパターンだからわかりやすいかというと、そうでもない。起こった事実を覚えることはできても、その意味づけがなされていないので、「なぜ、そうなる?」とフラストレーションがたまってしまいます。

意味不明の説明をする先生、要領を得ない書き方をしている本が多いのが実情なので、わからないのは学習者のせいではありません。とくに受験の世界史は無味乾燥で、固有名詞がやたらに多くてまったく具体的なイメージがわきません。中国史では、どういうわけか役所の名前まで覚えさせられ、うんざりします。

そんな東洋史・アジア史をめぐる状況を改善しようと、私は、夫である岡田英弘とともに、生きた歴史・わかる歴史のために講義・出版活動を行なってきました。

岡田英弘は、多くの著作を世に出していますが、中国史に関するわかりやすい一般書の通史として私がお薦めしているのが『皇帝たちの中国』(原書房、一九九八年)です。もともと中国史上の特筆すべき皇帝を五人選んで、朝日カルチャーセンターで連続講義を行ない、その後、いろいろ書き足して一冊の本にまとめました。目次は次のようになります。

第一章　前漢の武帝　皇帝とともに生まれた「中国」
第二章　唐の太宗李世民　非中国人を皇帝に迎えた「第二の中国」
第三章　元の世祖フビライ・ハーン　モンゴル帝国が支配した元朝
第四章　明の太祖洪武帝朱元璋　貧民出身の皇帝が建てた最後の漢人王朝
第五章　清の聖祖康熙帝　満洲人の征服王朝「清帝国」

本書は、残念ながら絶版になってしまいましたが、二〇〇六年に『誰も知らなかった皇帝たちの中国』（ワック）として再版の運びとなり、四刷を重ねたあと、二〇二二年には私が習近平を書き加えて『皇帝たちの中国』と題名を戻してワックから新版が刊行されました。

二十五年前の本が、今また注目を浴びている、というより、今やっと注目を浴びるようになったのは、日本をめぐる国際環境の変化と無関係ではないでしょう。尖閣問題は言うにおよばず、なにかと挑発的・攻撃的な中国、豊かになれば民主化するかと思えば、そんなこともなく、むしろ逆行しているかのように見える中国に関して、いったいどういう国なのか、知りたいと思う人が増えているのだと思います。

この岡田版『皇帝たちの中国』も読みやすく書かれているのですが、紙面の都合もありますし、岡田としては書き足りなかったのではないだろうか、あるいは、私自身が、さらに面白い話を添えたり、詳しく解説したいと思うところがありました。

その希望を叶《かな》えることができたのが、本書です。倉山満氏主宰の「チャンネルくらら」でネット配信された番組『皇帝たちの中国』にて私が講義した内容をまとめました。タイトルは似ていますが、岡田の前掲書を私なりに解釈し直した、独立した読み物です。

ただ、すでに岡田の本を読んだ方が本書をお読みになったら、さらに理解が深まると思います。また、本書を読んで、アジア史に興味を持った方は、ぜひ岡田の『皇帝たちの中国』も手に取ってみてください。新たな発見があることでしょう。

「中国とは何か」「中国人とは何者か」。私は、これまでも何度も語ってきましたが、本書では中華文明の曙《あけぼの》から清朝までを通して、知っているようで知らない中国の謎を明らかにしていきたいと思います。本書を読み終えた後には、きっと中国（シナ）の本質をとらえ、日本との違いがはっきりわかるようになっていることでしょう。

みなさんがすでにご存知の王朝や皇帝、歴史事項がたくさん出てきます。バラバラだった知識がつながって、これまでの中国像が一変すること、うけあいです。納得できる生きた歴史をご堪能ください。

皇帝たちの中国史——目次

はじめに——002

第一章 中国（シナ）とは何か——黎明期から秦漢統一帝国

中国人はどこから来たのか——野蛮人が都市に住んで中国人に成り上がった——014
東夷・西戎・南蛮・北狄は、民族名ではない——生業が違うだけ——016
はじめに商売ありき——黄河を制するものがシナを支配する——018
城壁の外に住む人たちを夷狄と呼ぶ——東夷・西戎・南蛮・北狄は相対的概念——022
始皇帝がシナをつくった——皇帝は中国最大の資本家——026
焚書は文字統一のため——中国語というフィクションは始皇帝に始まる——034
「中国五千年」は真っ赤な嘘——国名がこれほど違う国も珍しい——036
漢字を使いこなせない中国人——読むだけでも一苦労——038
漢が滅びるとき漢字を読める人が死滅しそうになった——040
科挙の試験に通るには「四書五経」の丸暗記が必須——043

訓読みとカナは日本人の偉大な発明――046
同音異義語を説明できない漢字――欠点だらけの不便な文字――051
漢文では細かいニュアンスは表現できない――情感が伝わらない――053
朝貢の真実――エビでタイを釣る仕組み――056
朝貢は商売上の関係――「朝貢していたから属国」ではない――061
官吏は給料をもらわない――もらうのは賄賂？――065
漢の武帝の拡大政策――最大版図となるが、人口は半分に――069

第二章 世界帝国の真実――後漢から唐の衰退まで

ハンパでない人口激減を繰り返すシナの歴史――080
毛沢東の大躍進で人口の十分の一が死んだが、後漢末の人口は十分の一になった――084
同族村はなぜつくられたのか――頼れるのは家族だけ――088
黄巾の乱から三国志の時代へ――ところが人口が減って満足に戦えない――091
北魏は鮮卑族の王朝――異民族だが正統！――094
新しい漢人の登場？――北魏はまるでシンガポール――099
悪名高い隋の煬帝――運河は偉業だが、高句麗遠征に失敗――102

クーデタで皇位についた唐の太宗・李世民――やらなければやられる？――109
唐より大きかった突厥帝国が滅亡――唐の皇帝が遊牧民の君主に！――112
「世界帝国」としての唐――中央アジアの国際的な人々がつくった国――116
チベット（吐蕃）は唐より強大な国だった――118
シナ史上、最初で最後の女帝・則天武后――北の女は強い！――121
府兵制も均田制も全国一律ではなかった――徴兵は北から、徴税は南から――124
安史の乱とソグド人――盛んでなくてもなぜ「盛唐」なのか――128
なぜ日本人は「唐詩」が好きなのか――漢人とは異なる文化――130

第三章　モンゴル帝国の興亡――五代十国から元朝まで

五代十国を経て宋が建国――漢人の王朝だが初代皇帝は北京出身――134
中華思想は宋から始まった――遼と金を野蛮人として蔑む負け惜しみの思想――136
徽宗皇帝が金に拉致されて南宋が成立――遼と金の違い――138
若きチンギス・ハーンは金との同盟によって勢力を増した――141
「ジンギスカン」なのか、「チンギス・ハーン」なのか――145
歴史を消されたモンゴル――モンゴル人が書いた「モンゴル史」はない――150

現代モンゴルでは、チンギス・ハーンは否定される存在――153
「チンギス・ハーンって、どんな人?」と日本人に聞くモンゴル人――155
自分たちの歴史を文学として勉強したモンゴル人――159
モンゴルはなぜ大帝国になったのか?――民主的選挙と婚姻政策――162
モンゴル人の妻は資産家――後継者選びには母親の財産がものをいう――166
第二代オゴデイによるヨーロッパ遠征――彼の死が半年遅かったら?――168
遊牧民は上の子どもから独立してゆく――竈の火を継ぐのは末子――170
モンゴル軍はなぜ強かったのか――ノブゴロドは金で解決?――172
フランチェスコ会修道士ルブルクによるカラコルム報告――175
ロシア人貴族も一皮むけばモンゴル人――タタールのくびき――178
チンギス・ハーンは中国の英雄ではない――180
世祖フビライ、大都(北京)を築く――ところが、ほとんど住まない――183
パックス・モンゴリカ――中国の省の起源は元にあり――190
シナ王朝の名前の付け方が変わった――「大元イコール天」――194
「帝国」のイメージはスター・ウォーズとレーニンが決めた?!――196
本当にモンゴル人は残忍だったか?――プロパガンダに騙されないために――198
いまだに正当な評価がされていないモンゴル帝国と大日本帝国――200

蒙古襲来——しかし、モンゴル人は襲来していない?!——202
後継者争いで弱体化したモンゴル——外戚のフンギラト家による専横——210

第四章　秘密結社が建国した明王朝

印象が薄い明朝——明代は研究者の数も少ない——216
朱元璋は二つの顔を持つ男?!——まるで別人の肖像画——219
紅巾の乱——農民たちを主導した白蓮教と秘密結社——221
国家より信用できる互助組織——民衆が頼るのは同郷会館と宗族——223
シナの宗教秘密結社は任俠団体とソックリ——225
中国史の陰の主役は秘密結社——とりわけ重要な客家のネットワーク——227
孫文の革命運動も秘密結社の助けがなければ実現できなかった——230
コラム　シナ人の名前のつけかた——234
朱元璋が皇帝に即位——塩商人や紅巾軍内部のライバルに打ち勝つ——235
シナ二千年の歴史で、漢人皇帝はたった四分の一——238
コラム　シナ人に人情は期待できない——240
明のプロパガンダに騙されるな——元朝は滅びていないし、韃靼はモンゴル——241

明にもあった文化大革命――かつての仲間である紅巾軍を粛清――246
例によって後継者争い――建文帝を廃して永楽帝が帝位に――248
大元帝国を継承できなかった明――支配できたのは南方だけ――251
万里の長城の不思議――防衛の役には立たない――253
永楽帝の野望――北方支配のため南京から北京へ遷都――254
元明交代期に高麗から李氏朝鮮へ――大陸の政治に連動する朝鮮半島――257
明に選んでもらった国号「朝鮮」――元から明に寝返った建国史――259

第五章　最後はやっぱり異民族の清王朝

清朝は漢人王朝ではない――女真人（のちの満洲人）によるシナ支配――266
清が勝ったというより明が自滅――明の将軍・呉三桂の裏切り――269
清朝の公用語は満洲語――漢人は帝国の統治・経営に参加できなかった――272
愛新覚羅《アイシンギョロ》は「金という姓」の意――藩部の統治を現地にまかせた清朝――276
清朝の建国時に満洲人を八旗に統合――徳川家の旗本と同じ発想――281
北京観光を十倍楽しむ方法――満洲八旗の住宅が胡同――286
漢人はチャイナドレスを着ることができなかった――290

満洲人の風習だった辮髪――最後は漢人も憧れた――291
繊細な三代目順治帝――愛妃を追うように早逝――292
超人的な天才だった康熙帝――文武両道のスーパーマン――294
康熙帝はモンゴル人のクォーターだった――296
十代にして親政を始めた康熙帝――三藩の乱を鎮圧――299
ネルチンスク条約締結――ロシアの南下を食い止めた清朝――300
康熙帝による最後の大遠征――ジューンガル討伐――305
日本語からモンゴル語に訳された『康熙帝の手紙』――307
コラム ガルダンの肖像画を求めて――311
最後の遊牧帝国ジューンガル――ロシアや清に匹敵した大帝国――312
モンゴル人はチベット仏教徒――モンゴルとチベットの深い関係――316
康熙帝晩年の悲劇――後継者問題で愛息を幽閉――322
コスプレ皇子だった雍正帝が働き者の皇帝に変身――325
雍正帝のスパイ大作戦――ユーモアあふれる魅力的な人柄――328
おわりに――333
解説――335

装幀——井上新八

写真　Bridgeman Images/amanaimages, Alamy Stock Photo/amanaimages, bpk/Staatsbibliothek zu Berlin/Dietmar Katz/amanaimages, UIG/amanaimages, The Granger Collection/amanaimages, The Bridgeman Art Library/amanaimages, SOURCENEXT CORPORATION/amanaimages, SAN/a.collectionRF/amanaimages, Photolibrary/Wikimedia Commons

第一章

中国（シナ）とは何か
――黎明期から秦漢統一帝国

中国人はどこから来たのか──野蛮人が都市に住んで中国人に成り上がった

中国人は、突然に降って湧いたわけではありません。「そんなこと当たり前じゃないか」と思われるかもしれませんが、かつては「中近東から知識人がやって来て都市を築いたのだ、それが核になって中国になったのだ」などという説が大手を振るっていたのです。戦後になっても、かなり最近まで、何人もの学者がそのように主張していました。

洛陽盆地に、いわゆる「黄河文明」が急速に発展し、周囲から隔絶していたのは事実です。漢字文明が栄えた中心と、それ以外の外側があまりにも異質であるために、「中心の人たちは、やはりどこかからやってきたのだ」としか、彼らには考えられなかったのです。

日本は、天から神さまが降りてきて、その子孫が天皇家につながるという神話を持っています。そのイメージが強いためか、黄河流域についても、どこか遠いところの文明人が移住してきたという説を、高名な日本の大学教授が頑なに主張していました。

このような説に対して「そんなはずはない」と真っ向から反駁《はんばく》し、つき崩したのが岡田英弘です。

「東夷《とうい》・西戎《せいじゅう》・南蛮《なんばん》・北狄《ほくてき》」という言葉があります。自分たちは文明人、彼らは野蛮人だとして、中央の「文明人」が周囲の人々につけた呼称です。しかし、東アジアにいたのは、まさ

［図1］東夷・西戎・南蛮・北狄は生業の違い

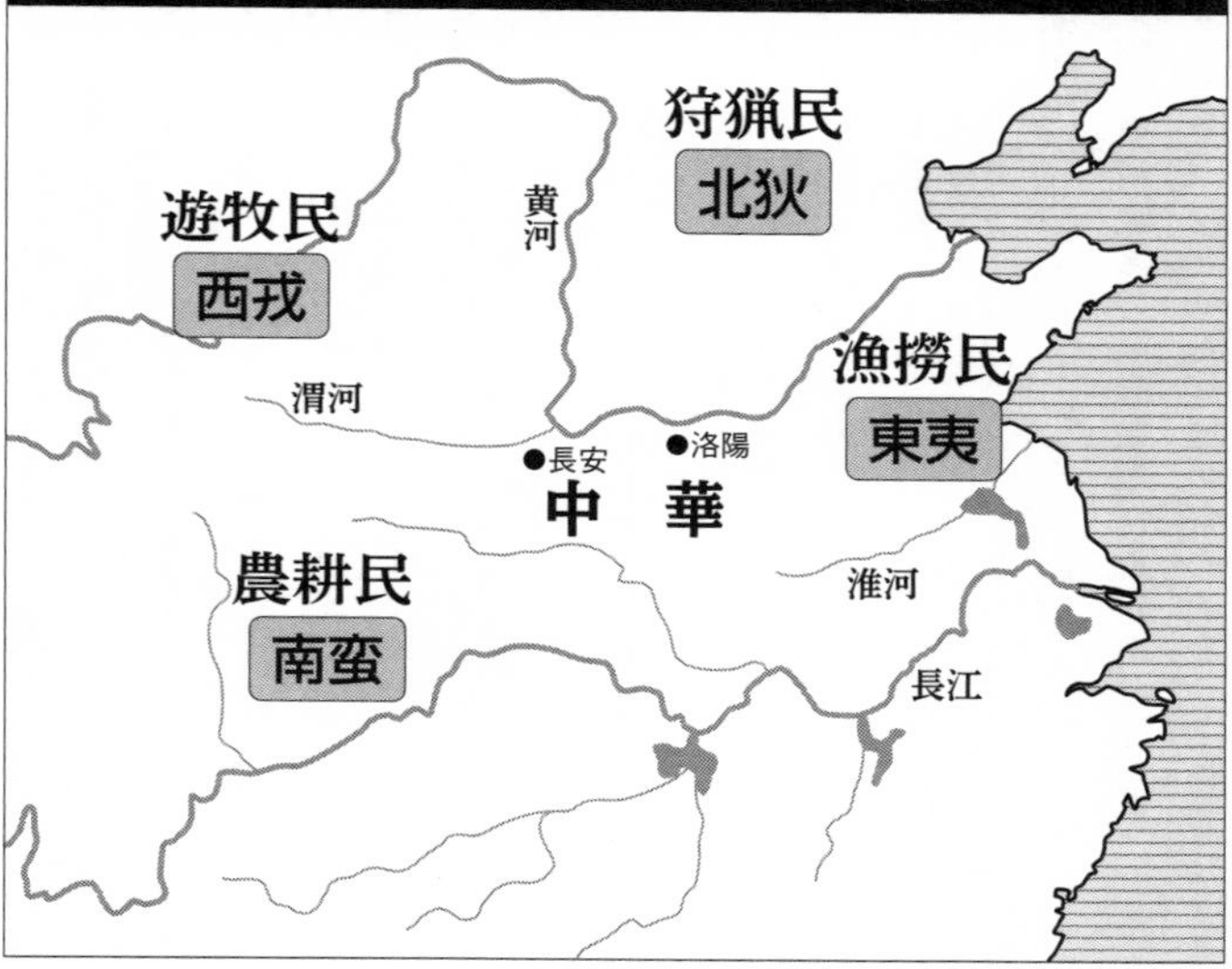

に「東夷・西戎・南蛮・北狄」なのであって、彼らの中から「文明人」が生まれたのだと岡田は主張しました。

「東夷・西戎・南蛮・北狄」の中から漢字を使い、よその民族と交渉する人々が現れました。彼らが、富を蓄え、都市を築き、都市の住民となり、「オレたちはお前らと違う。高い文化を持ち、豊かなのだ」と自らを区別したところから中華文明は始まりました。

都市住民同士で婚姻関係を結び合えば、「東夷・西戎・南蛮・北狄」の血が混じりあいます。さらに、都市がいくつかできると、都市同士の取引も盛んになります。商売相手と漢字でコミュニケーションをとり、お互いに婚姻を通じて結びつきを強めることによって、エリート階級ができていきます。

そのようにして、漢字の読み書きができ、都市に住むエリート階級が「中国人」になったのです。つまり、「中国人」とは、もともと先進的な一民族として存在したわけではなく、生物学的なルーツは「東夷・西戎・南蛮・北狄」と呼ばれた野蛮人そのものです。彼らが互いに混血しあって、できあがったエリート階級にすぎません。以上が岡田英弘説です。

「中国人」とは、実は、「東夷・西戎・南蛮・北狄」の子孫だったのです。

東夷・西戎・南蛮・北狄は、民族名ではない——生業が違うだけ

図1（十五頁）を見てください。

司馬遷《しばせん》が『史記』を書いた前漢時代は、洛陽や長安などの黄河のくびれた流域付近が黄河文明の中心でした。もっと古い殷や周があったのもこの地域です。文字が刻まれた甲骨が大量に発見された殷墟《いんきょ》は、洛陽からわずかに北東の安陽近郊にあります。殷墟からは首を切られた羌《きょう》族が多数発掘されています。奴隷もいたそうです。いずれにしても、古い中華文明の中心はすべて黄河流域の洛陽盆地付近にありました。

ところで、なぜ洛陽盆地が中心になったのでしょうか。

東夷・西戎・南蛮・北狄は、生業《なりわい》が違う人々でした。司馬遷によると「東夷」は、漁撈民《ぎょろうみん》です。山東半島など海岸に近いところに住み、海中に潜って魚をとって生活していました。「西戎」は草原の遊牧民です。「南蛮」は、焼畑農業、粗放農業を営み、山中に住んでいました。「北狄」は狩猟民です。山の中、森の中で、野獣を獲っていました。

「東夷・西戎・南蛮・北狄」といっても、単純に四つの民族というわけではありません。それぞれの中に、さらに複数の民族が存在しました。方角による四つのカテゴリー分けは、すなわち、おおよその地形・気候による分類です。そして、自然環境によって、そこで営まれる生業もおのずと決まってきます。たしかに、商売上の観点からは、相手の文化・習慣はどうでもよく、どんな商品を持ってくるかが大事です。その意味では大変に合理的な分け方と言えるでしょう。

以上の説明でおわかりいただけたと思いますが、「文明人」と「野蛮人」は、血統ではなく、生活形態なのです。そこを、まず理解してください。そして、その「文明人」をもって「中国」であったとし、しかも、その「中国」が現代まで続いているかのように現代の中華人民共和国は主張し、なぜか日本の学校でもそのように教えています。しかし、「中国五千年の歴史」は嘘です。

「中国」という国は近代になってからできたものです。一九一二年に中華民国、一九四九年に中華人民共和国が建国され、その略称がどちらも「中国」です。それ以前の日本では、古くは土地の名前として「漢土」「唐土」、近世以降は「支那」などと呼んでいました。漢も唐もとっくに滅んでいるのに、そこから伝わった文字や文章は「漢字」「漢文」、外来の香辛料は「唐辛子」です。滅んでいるからこそ、王朝名ではなく土地の名として適当であったのかもしれません。

この名称問題は悩ましいのですが、中国でないものを中国と呼ぶわけにもいかない、かといって「支那」は蔑称《べっしょう》だと主張する人たちもいるので、私はカタカナで「シナ」「シナ文明」と書くようにしています。「中国」がいかに中国でないかは、本書を通じておいおいご説明していきます。

彼ら「東夷・西戎・南蛮・北狄」が取引するのに都合がいい場所が洛陽盆地でした。異なる気候、異なる生業の人たちが、集まることのできる場所です。北から来る人が黄河を越えることは難儀でした。また南から来る人には、風土の異なる森林地帯は苦手でした。各地の人々が、ここまでなら来られる、ここなら集まれるという場所が黄河流域だったのです。

はじめに商売ありき――黄河を制するものがシナを支配する

では、なぜ長い黄河のうちでも洛陽盆地が中心になったのでしょうか。もう一度図1（十五頁）を見てください。

黄河のジグザグした川の流れは特徴的です。それほど中国に詳しくない人でも、このジグザグだけで文字を見なくても黄河とわかるのではないでしょうか。

黄河はそもそも大変な暴れ河で、御しにくく、扱いにくい河です。作物が多く穫れるわけでもなく、豊穣な土地柄とは言えません。現在でも南の長江（揚子江は、長江の中でも揚州を流れる間だけの呼称です）沿いのほうが土壌がよく、農作物は豊かに実ります。

川は、当然のことながら、高いところから低いところへ流れます。日本のように源流のある山から、川が注ぎ出る海までの距離が近いところでは、川がこんなにジグザグになることはありませんが、大陸ではあちらこちらの山にぶつかって流れの方向を変えることがあるのです。

黄河はチベット高原に発し、山がちのところを流れてくるため、上流域にはほとんど人が住んでいません。西から東に流れてきて、蘭州《らんしゅう》のあたりで、モンゴル草原が高くなっているため、そこで北に曲がります。北に流れた先では、陰山《いんざん》山脈にぶつかり、東に方向を変えます。大昔はこのまま東に流れ、北京を経由し、天津に流れ、渤海《ぼっかい》湾に注いでいたのですが、歴史時代に入る前に太行《たいこう》山脈が隆起したため、流れを遮られ、南に流れるようになりました。そして、南では秦嶺《しんれい》山脈に遮られて、東へと向かいます。この秦嶺山脈のふもとにある都市が長安（西安）です。つまり、高い山にぶつかるたびに流れを変えて、やむをえずジグザグになっているのです。

この流れ方のせいで、黄河には大きな問題が起こります。

黄河は、黄土高原を流れています。黄土高原というのは、黄河の上流から中流にかけて広がる高原で、今、日本に飛んできて問題になっている黄砂の発生源です。土が軟らかく、この土が川に入ってしまって、そのために水流が黄色く見えるから「黄河」という名がついているのです。

水流で削られた崖

水流が土を削ることになり、流れたところは、崖になっていきます。年月を経ると、両岸が切り立ちます。川は黄土の崖をさらに削り続けて流れていき、大量の土を含みます。

ところが洛陽盆地を越えると、ほとんど海面と同じゼロメートル地帯になるため、流れが緩やかになり、土をそこで投げ出してしまいます。その結果、色も白くなります。

黄河の最大の問題がこの辺りで生じます。川が、ある年に、ある地点を流れるとします。流れたところに、運ばれてきた土が堆積《たいせき》し、そこの土が盛り上がります。そのため、次の年は違うところを流れるのです。つまり、流れが一定しない。それで、黄河は「九河」とも呼ばれました。

こんな川なので、洛陽盆地から東には、昔は、ほとんど住居がありませんでした。川がどこを流れ、いつどこで氾濫するかわからないのですから、そんなところに、おちおち住んでなどいられません。

大きく蛇行する黄河

黄河の治水は大変に困難だったので、「大勢の人を集め、組織し、川の流れを決められる者が、ひとかどの皇帝である」と昔から言われています。シナの皇帝とは河川を治水する人なのです。

上流は崖、下流は湿地帯。つまるところ、洛陽から今の開封までのほんの短い二〇〇キロだけが、利用できる流域で、ここでだけ黄河を渡ることができたのです。北方からの人も、南方からの人も、この流域へやって来て取引したので、黄河文明がここで発展しました。

東西南北の十字路としての役割を果たしたと言えば聞こえはいいですが、その実、「十字路」というだけで、作物をはじめとする品物自体を生み出すところではありませんでした。したがって、シナ文明とは、そもそも交易の文明として始まったのです。中国人は一般的に商魂たくましい人々という印象を持たれていますが、スタートからして商売人なのです。

各地から人が集まる黄河中流域では、商売が盛んになりました。出身地が異なれば、言葉が通じません。言葉が違っても意思疎通が可能なコミュニケーション・ツールとして、表意文字（漢字）は便利でした。黄河中流域で発達した、この漢字という商業語は、後々、全国的な共通語へと押し上げられていきます。ただし、私たちにとって言葉は聞いてわかることが前提ですから、共通語ではなく、発音を犠牲にした共通文字になったと言うほうが正確です。漢字については後述します。

彼らのうち黄河中流域を中心として都市を築いた商人が、後の中華文明、黄河文明の担い手、いわゆる「中国人」になりました。前述のように、血統的には、種々雑多な血を引く混血です。商売をしながら、都市に住むことを選び、漢字を使うエリート階級が文明人とみなされるようになっていったのです。

城壁の外に住む人たちを夷狄と呼ぶ——東夷・西戎・南蛮・北狄は相対的概念

東夷・西戎・南蛮・北狄は必ずしも洛陽盆地から遠く離れたところではなく、都市のすぐ近くにもいたことが司馬遷の『史記』の記述からもわかります。

私の大好きな小説家の一人である宮城谷昌光《みやぎたにまさみつ》さんの、春秋時代のシナを描いた傑作小説『重耳《ちょうじ》』（上・中・下、講談社文庫）は、『史記』の内容をふんだんに利用しています。重耳は、黄河が九十度に折れ曲がる北東に都があった晋の公子に生まれて、やがて春秋の覇者の一人となる人物ですが、母は狐姫《こき》といって、白狄《はくてき》と呼ばれる黄土高原の狩猟民族の出身です。小説の中では、狐氏は北方にも西方にもいるから、狄とも戎とも呼ばれている（『重耳』上、五十八頁）と、ちゃんと書かれています。

重耳は晋の継承争いのために国を追われて十九年もの間、各地をさまようのですが、妻の一人は亡命した先で娶《めと》った赤狄《せきてき》の姫です。春秋の各国といってもすべて城壁に囲まれた町のことで、都市を一歩離れれば、そこは国には所属していない土地であり、夷狄、異民族ばかりがうようよしていたということがよくわかります。

漢文で書かれた『史記』では人間の気持ちなどはわかりようがないのに、宮城谷さんの小説では、登場人物それぞれが個性的な人格を持ち、女性まで人柄がわかるように描写されていて、しかも『史記』の記述にのっとって書かれているので、素晴らしいと思います。古い時代のシナのことを知りたければ、ぜひ読んでみてください。

漢字がわからない人々は野蛮人、「東夷・西戎・南蛮・北狄」です。しかし、彼らが漢字を習得し、都市で生活すれば、格が上がって「文明人＝シナ人」になる。文明人と野蛮人とは、そういう流動性のある連続した存在だったのです。

図1（十五頁）をもう一度見てください。日本人が「東夷」になるのは、はるか後の世の話で、古代においては、山東半島あたりが「東夷」です。しかも、現在の中華人民共和国の首都北京の近辺が「北狄」、黄河上流域は「西戎」、長江の中流域が「南蛮」、四川省などは「南蛮」のはるか向こう側です。現在はチベットやウイグル、モンゴルなどが異民族扱いになっていますが、もともとはこんな近いところが蛮族の地だったのです。

文明化とは都市化のことです。各地にしだいに都市の建設が進み、都市が互いに商取引や同盟などにより連携しあうようになりました。町ができると、その外側では畑が耕されるようになります。

彼ら農民は村をつくるのですが、シナでは村も城壁に囲まれています。夜が明けたら、外に出て畑仕事をする。暗くなったら城壁の内側にある安全な家に帰って寝る。周囲は敵だらけで、互いに信用できないので、壁に囲まれた村で寝起きしているのです。

壁に囲まれた村の単位を鎮《ちん》といい、現在も存在します。左の写真を見ておわかりのように、城壁はかなりしっかりした造りになっています。

シナの村は、たいてい同じ姓の人たちが防御壁に囲まれて暮らしていて、門が閉まっています。江戸の町でも各長屋が木戸を閉めますが、シナでは町全体、村全体をガッチリと囲むのです。

城壁で守られたシナの村（鎮《ちん》）

　こうして、町や村ができ、人が増えます。人が増えれば、畑が増える。次第に作物や商品も増えます。町と町、村と村の間の距離が近くなってつながっていき、それが一国の版図へと成長していきました。首都を決めた王国が各地にできて、その版図が決まりました。領域の中では、犯罪者や乱暴狼藉《ろうぜき》を働く者は（国が機能しているときは）取り締まられます。国内のみならず外国との取引上の利便性や蓄えた富の防衛のためにも、そのほうが有利だったからです。そうやってできあがった領域国家が戦国七国です。そして、当然のことながら、その戦国七国もまた、各自それぞれ、万里の長城のような壁で囲まれていました。さらに、国ごとに言葉も文字も違うし、はかりの重さの単位も違うし、車幅も違いました。

点在する町や村がつながって面になりました。というのは少し嘘です。ほとんどの地図で各国が面として表示されますが、その実、人間の活動している場所は各領域内のわずかの場所、つまり、町や村だけなので、地図なども本来は点々で表してほしいところです。

余談ですが、支那事変の敗因として「町々だけしか落とさず、点と線しか押さえなかったからだ」とよく言われます。しかし、そもそもシナには町とそれをつなぐルート、すなわち、点と線しかないのです。日本を基準に考えてはいけません。シナのことを考える場合には、シナの事情を知っておきましょう。

始皇帝がシナをつくった――皇帝は中国最大の資本家

紀元前二二一年、戦国七国を統一したのが秦の始皇帝です。文字通り最初の皇帝です。この人がいなかったら現在の中国はありません。

「皇帝」の号も始皇帝が決めました。司馬遷『史記』によると、臣下たちが議論の末「泰皇」はどうかと提案したところ、皇帝は「泰皇の泰を去り、上古の帝位の号を採って皇帝と号しよう」と答えました。また、諡《おくりな》については「子が父のおこないを議し、臣が君のおこないを論ずることで、朕の取らぬところである。朕を始皇帝とし、後世は二世三世とかぞえて万世にい

[図2] 東夷・西戎・南蛮・北狄が戦国七国に

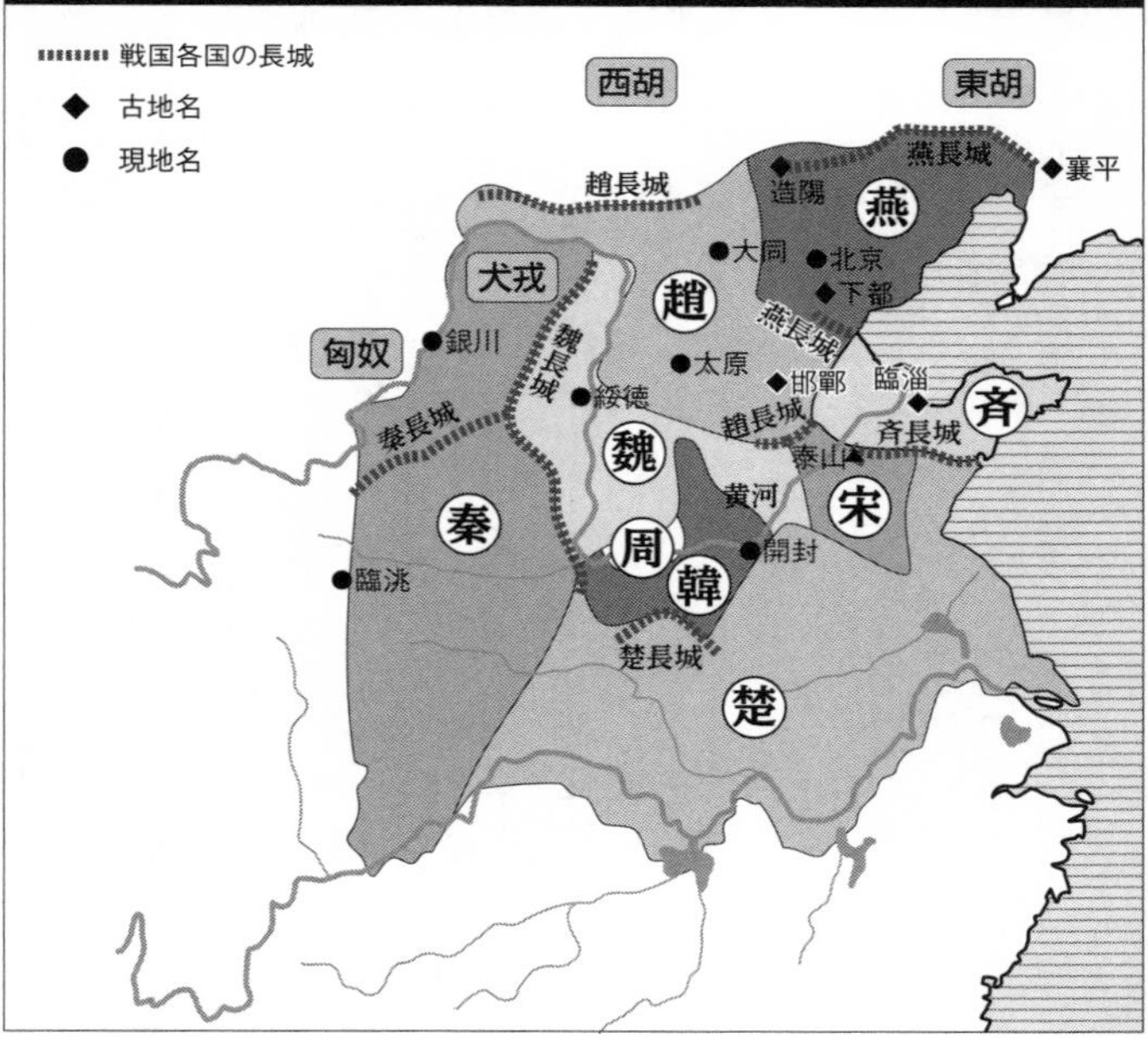

たり、無窮《むきゅう》に伝えることとする」と言いました（司馬遷『史記Ⅰ本紀』ちくま学芸文庫、一四五～一四六頁）。

自ら名乗るだけあって、始皇帝は、シナ世界をまとめ、その後のシナ文明を方向づけました。

始皇帝の偉業にはいくつかありますが、一つは、都市を直轄にしたことです。それまでの七国では、首都以外の遠い都市は、封建制といって、今で言うなら合併企業や合弁会社のような、首都とはゆるい結びつきでした。それを始皇帝は、すべて封建ではなく直轄にしました。いわゆる郡県制です。この「郡県制」は学校でも習いますが、そこにどういう意味があるのかは、あまり知られていないようです。

日本にも「県」があります。幕藩体制下では、藩は独立採算制で税金は藩主が集めました。しかし、明治四（一八七一）年に政府は「廃藩置県」を行ない、中央政府に税金が集まるようにしました。藩を廃して、県を置いた。

この「県」の旧字は「縣」、「かかる」とも読みます。「県」はもともと「紐でつないで下げる」という意味で、この場合、「中央と関係が深い」ことです。そして、秦の「県」は皇帝に直属する都市のことで、統括するための役人が中央から派遣されました。

では、郡県制の「郡」は何か。日本では「県」の下に「郡」がありますが、秦では「郡」の下に「県」があります。そして、「郡」には中央が軍隊を送ります。つまり「郡」と「軍」は同じ意味で、軍隊が入ったところが「郡」なのです。その郡が県を監督し、治安の維持にあたります。

都市では取引が行なわれ、その収益から税金をとり、それがすべて皇帝に集まるしくみです。軍を送り、官僚を送り、税金を集める。これが郡県制です。皇帝は中国最大の資本家になりました。会社経営に例えるなら、支社の収益が本社に集まるようにしたのです。しかも、社長がすべて指揮します。

[図3] 秦の始皇帝の馳道

遼西
遼東
九原
雲中
雁門
代郡
沮陽
漁陽
右北平
碣石山
広陽
直道
上郡
井陘
恒山
太原
黄河
鉅鹿
邯鄲
臨淄
之罘山
成山
黄県
腄県
膠東
労山
泰山
済北
梁父山
薛郡
琅邪
上党
安陽
河東
東郡
隴西
北地
鶏頭山
雲陽
咸陽
三川
函谷関
武関
南陽
鄒県
彭城
東海
大沢郷
九江
江乘
丹陽
呉県
銭塘
狭中
会稽山
長江
衡山
南郡
国都
郡
県
馳道
直道
運河
全国に幹線道路である馳道を張り巡らした

また、中央集権化を進めるために、始皇帝は七国の間にあった長城を取り払い、全国に馳道《ちどう》と呼ばれる幹線道路を張り巡らしました（図3参照）。『漢書』には「道幅五十歩」とあります。（五十歩は約七十メートル）

それほど広いものは発掘されていないので、本当かどうかわかりませんが、馳道のうち「直道《ちょくどう》」と呼ばれる首都咸陽《かんよう》から内モンゴルのオルドスまで北にまっすぐ延びる幅約三十メートルの道は発見されています（武部健一『道路の日本史』中公新書、二〇一五年、五～六頁）。乾燥していて、農業をしない地域なので残っていたのです。馬車が四台が並んで走れる。つまり戦車を走らすための軍用高速道路です。土を突き固めた版築《はんちく》という工法でつくられました。

現代の三～四車線道路に相当する幅広の道をモンゴル高原に向かってまっすぐ北へと敷き、北の遊牧民、匈奴《きょうど》の襲撃に備えて、兵を迅速に送り出すための幹線道路を築きました。左頁の写真は、有名な始皇帝の兵馬俑《へいばよう》ですが、このままの陣容で一気に戦争に出られるような道を全国に張り巡らしたと考えられます。

地図も残っています。また、始皇帝は「郡」と「県」を置いたところを「巡幸」しています。道をつくったということは、そこに行くということです。もちろん、道路建設によって流通が発達し、商業が盛んになるという目算も大きいですが、自分が各地方に行きたいとの思いもあってつくったのです。始皇帝は、版図の隅から隅まで、見てまわろうとしました。

ちなみに「駅」という漢字は、馬偏に「尺」と書きます。一定距離に馬がいるということで

始皇帝陵を守るかたちで配置された兵馬俑

す。三十キロメートルごとに駅があり、馬を替えることができました。そこで休憩し、食事をします。駅もまた、この時代に始皇帝が築き上げたシステムです。

「ローマは一日にしてならず」ということわざ通り、ローマも帝国内に街道網を築いたことで有名ですが、秦も同じことを試みました。残念ながら、秦は、実質的に始皇帝一代で潰れてしまいますので、事業が続きませんでした。後の王朝も国家組織が機能している時期には道路建設を行なっていますが、秦の馳道は「発掘」されなければならないほど、崩れてしまいました。建造とメンテナンスは持続的には行なわれなかったのです。

自ら「はじめての皇帝」と名乗った始皇帝が「息子や孫、その後の子孫たちは二世、三世、四世と永久に数字で皇帝号を名乗ればよい」と言ったことは前述のとおりですが、始皇帝死後、はや三世の時代に秦は滅びてしまいました。宦官の家来らが、優秀な皇太子を追いやって自殺させ、意のままになるような皇子をかついだので、たった三代で終わってしまったのです。三世が皇帝になる前に国が倒れてしまったので、厳密には二代です。

そして、漢の時代に入ります。

学校で、秦は郡県制、漢は郡国制と習います。しかし、この「郡国制」とは何でしょうか、郡県制とどう違うのでしょうか。山川出版社『世界史用語集』は次のように説明しています。

郡国制　漢の高祖が施行した地方制度。秦の郡県制の失敗と封建制の復活の傾向を考慮して、郡県制と封建制を併用する制度を実施。その後歴代皇帝は諸侯の勢力の削減に努め、武帝の頃に事実上の集権制を実現した。

「郡県制と封建制を併用する制度」とはどんな制度でしょうか。しかも、前王朝の「失敗」を「考慮」してつくった制度なのに、「歴代皇帝」が「努め」た結果、武帝の頃に「集権制」という別のものになったそうです。まったくわけがわかりません。

郡県制は都市を直轄支配した中央集権システムです。これに対して郡国制は、郡県制が崩れて、昔の戦国七国が復活し、「我こそは」という世界に戻った、つまり、元の木阿弥《もくあみ》です。始皇帝が死んで、地方が、また自立してしまいました。

「郡国制」などと、いかにも立派な名前をつけられると、新しいシステムが築かれたかのように錯覚しますが、こんなものは制度でも何でもありません。秦の時代には全土に郡と県が置かれましたが、漢代になって郡と郡の間に昔の国が復活していることを郡国制などと説明する、学校教材の執筆陣は何もわかっていません。それとも、どの王朝も立派だったと書こうとして詭弁《きべん》を弄《ろう》しているのでしょうか。そんなことをする意味がよくわかりませんが。

漢の成立は紀元前二〇二年ですが、第七代の武帝が即位（前一四一年）する少し前まで、帝国支配は秦の始皇帝時代に全然及んでいないのです。「武帝の頃に事実上の集権制を実現した」は、武帝の頃まで国の統率ができていなかったと読み替えてください。

なお、上記の用語集は一九八三年版です。八〇年代に高校生だった人はそのように教わったのでした。最新版（二〇一八年）は少し改善されていて、「秦の郡県制の失敗を反省して、高祖は直轄地には郡県制を、それ以外の地には封建制を復活させた。こうした郡県制と封建制をあわせたものを郡国制という。しかし、歴代皇帝は徐々に諸侯の領土を奪い、第七代武帝のときに事実上、郡県制に移行した」となっています。もっとも「反省してそうしたんじゃないでしょ。したくてもできなかったんでしょ」と、つっこみを入れたくなる文章に変わりはありません。

焚書は文字統一のため——中国語というフィクションは始皇帝に始まる

始皇帝の行なった大事業はまだまだあります。一括支配をしやすくするために、始皇帝は度《ど》量衡《りょうこう》、荷車の車幅、文字を統一しました。どれも画期的です。それまでは隣国とは同じ一升でも違う分量だったし、車のわだちの幅をわざと変えて、侵入してきた車が傾いて走れなくしてあったのです。この二つは、理解に問題はないと思いますが、文字の統一については、少し紙面を割きたいと思います。

まず、文字が、どれくらい異なっていたのか、左頁の図を見てください。

秦による統一前の戦国七国の「馬」と「安」です。こうして並べてあると似ていると言えなくもないですが、実際の文章中で、これを同定するのは至難の業です。強いて言えば、韓・趙・魏の「安」は似ていますが、それ以外は、まったくの別字です。馬なんて、どうやら足のついている動物らしい程度のことしかわかりません。

これを秦の字に統一しました。さすがその後の漢字の元だけあって、「馬」も「安」も現代の字に一番似ています。この文字は篆書《てんしょ》と呼ばれて、今でも判子にはよく使われるので、私たちにはたやすく理解ができるのです。

ところで、悪名高い「焚書」ですが、あれは、その他の字で書かれた書物を焼き払ったのです。後世、文明破壊のように悪く言われますが、実は、文字統一を主な目的とする措置だったのです。

焚書を行なわなかったら、文字統一はならず、文字統一がならなければ、シナの統一もなかったでしょう。字が読めなかったら、コミュニケーションできません。その後、王朝は何度も変わりますが、幾度も分裂しながら、シナには再三再四、大帝国が出現します。しかし、始皇帝が文字を統一しなかったら、それもなかった。もちろん現在の中華人民共和国もない。永遠の戦国時代です。

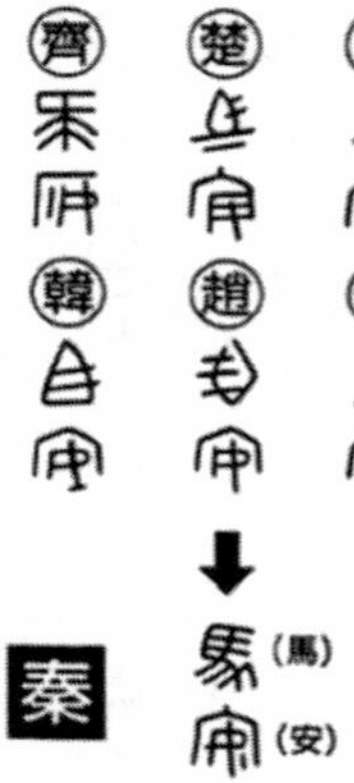

戦国七国で異なる字を秦が統一

時代をさかのぼること春秋戦国時代、諸子百家《しょしひゃっか》の中でも孔子の何が抜きん出ていたかというと、自分の弟子を各国に送りこんで、連絡網をつくり上げたことです。孔子スクールは、共通の文字を使いこなす教養人グループでした。同じ教科書で勉強した仲間ですから、互いの文字を読むことができ、意思疎通が簡単にできます。彼らは書記、通信員、翻訳官、外交官として各国に自分たちを売り込んだのです。為政者側からすると、孔子の弟子たちが間に入るとスムーズにコトが進む。逆に、彼らを通さないと話も通じない。

孔子といえば『論語』が有名で、人生訓や哲学を教えて、弟子たちに尊敬されていたというイメージがあるかもしれませんが、実は、文字官僚とでもいうべき中級官僚を育てて、世渡りさせていたのです。「この先生の研究室にいれば就職が良い」と評判の有力な大学教授のようなものです。『論語』は「先生、いいこと言ってたよなあ」と孔子の死後、弟子たちがまとめた孔子の言行録です。

読み書きができる人がそもそも少なかった大昔、そのわずかな識字層にしても他国の書は読めません。文字の統一がなされていない社会で、孔子門下の儒学者がいかに重宝されたか、想像できるでしょう。彼らはそうやって各地で官僚としての職を得ていたのです。

ですから、始皇帝の文字統一は大変に画期的でした。通訳専門要員はいらなくなります。先に、始皇帝がいなかったら中国はないと言った意味がおわかりいただけたでしょうか。

「中国五千年」は真っ赤な嘘――国名がこれほど違う国も珍しい

この始皇帝の国「秦」が英語ほか主なヨーロッパ諸語での呼称（China, Chine, Kina）の語源です。もちろん支那（シナ）も。ですから、長く見積もってもシナ史は二二〇〇年程度までしか遡れません。「中国五千年」は真っ赤な嘘です。そして、王朝交代によって別の国が興ったと考えれば、中華人民共和国には七十年強しか歴史がありません。次章以降でお話しするように、シナにおける王朝交代とは民族大移動を越えて、民族総入換《いれかえ》だったりもしますので、イギリスのスチュアート朝がハノーバー朝になったような、おとなしい王朝交代とはスケールと質がまったく違います。伊達《だて》に国名が変わっているわけではないのです。

チャンネルくららで『皇帝たちの中国』のシリーズ番組を放映したときに私の聞き役になってくれた、東大卒の若い政治家、田沼隆志さんから、おもしろい歌を教えてもらいました。受験勉強のために中国の王朝名を覚えるのに、『アルプス一万尺』のメロディーにのせて「殷　周　東周　春秋戦国　秦　前漢　新　後漢　魏　蜀　呉　西晋　東晋　宋　斉　梁　陳　隋　五胡十六国　北魏　東魏、西魏　北斉　北周　隋　唐　五代十国　宋　金　南宋　元　明　清」と歌うのです。細かいところまで押さえて、よくできていると思いました。（同じく『アルプス一万尺』メロディーにのせた簡易バージョンもあるそうです。「殷　周　春秋戦国　秦　前漢　新　後漢　三国　晋　南北朝　隋　唐　五代、宋　元　明　清　中華民国　中華人民共和国」）

それにしても、ここウン千年のシナ大陸に共通の国名がなく、秦や漢、隋や唐と、次々と名を変えていったのは、彼ら自身の心の内に同じ国という意識がなかったからではないでしょうか。事実、「同じ国」における、ただの王朝交代ではなかったのです。

フランス大革命の後、ブルボン朝が倒れても、ナポレオンが政権をとっても、共和政になっても、フランスはフランスでした。フランス革命にしても、大きな体制変革でしたが、シナの王朝交代はそんなものではないのです。

漢字を使いこなせない中国人――読むだけでも一苦労

文字が統一され、共通の文章語ができました。めでたし、めでたし、かと思いきや、実は、そうでもありません。漢字を使いこなすのはなかなか大変なことです。「中国人には漢字を使いこなせない」と言うと、びっくりされます。たいていの日本人は、漢字の本家本元は中国であって、中国人は日本人よりもはるかにたやすく漢字を習得して使いこなしているに違いないと信じ切っています。ところが、中国人には、日本人には想像もつかない悩みがあるのです。

子どもがいきなり漢字を学びますか？　日本なら、まず、ひらがな、カタカナを習得します。それから漢字。一はイチ、字はジ、学校はガッコウ。カナがあるから、漢字が学べるのです。漢字しかない中国ではどうやって漢字を学ぶのでしょうか。

現代中国人は、まずアルファベットを習得します。「え？　あなたがた、自分の国の文字より先に外国の文字を覚えるの？」と私も最初に聞いたときはびっくりしました。

シナには音を表す文字がありません。漢字はそれぞれ地方地方で読みたいように読めます。各地方の言葉は、いちおう「方言」ということになっていますが、ヨーロッパ基準にしたら立派な別言語です。毛沢東も蔣介石も、なまりが強く、彼らが中国語を話しても、別の地域出身の人には聞くだけでは理解できなかったと言われます。その不便さは、身をもって感じていたことでしょう。だから、識字率を上げるためには、読み方を統一しなければならない、と強く思ったことでしょう。

一九五一年、毛沢東は「文字はかならず改革し、世界共通の文字である表音化の方向に向かわなければならない」と指示し、この内容が一九五八年には「漢語拼音方案」として公布されました。これが現在、漢字のルビとして、学校教育で用いられている拼音《ピンイン》です（大島正二『中国語の歴史』大修館書店、九頁）。それ以前に、一九一二年に誕生した中華民国の教育省が、一九一八年に「注音字母《ちゅういんじぼ》」という、漢字の読み方を示す発音記号のような文字を公布しました。これは明らかに日本のひらがな、カタカナに影響されたものでしたが、今では注音符号と呼んで、台湾だけで使われています。

今は、北京方言を元にした普通話《プートンホワ》が標準語ということになっていて、教科書などでは一応、標準語を教えることになっています。そのため、標準語が普及してはいますが、聞いてわかるだけで、正しく話すことは難しいようです。最近のことを私はよく知りませんが、普通の人が会話をするときに用いるのは現在でも方言ではないかと思うのです。「八大方言」などと言われますが、細かく数えれば、もっとたくさんあります。

いずれにしても、シナには前述のように二十世紀までルビに相当するものがありませんでした。では、アルファベットが入ってくる前はどうしていたのでしょうか。他に、どうしようもありませんから、いきなり漢字を覚えるしかなかったのです。

漢が滅びるとき漢字を読める人が死滅しそうになった

始皇帝は文字を決めると同時に、音も決めました。一つの文字の読み方は一つだけ、そして、一音節からなります。日本語のように音訓ほか、いく通りもの読み方をすることはなく、必ず子音・母音・子音という構造の音節でできているのです。短い音だけに、当然、同音異義語が多数できてしまいます。ですから、「この音は、この字」と一対一で対応させることはできず、やはり形と意味を覚えまくるしかありません。

最初は読み方がわからないので、誰かに発音してもらわなければなりません。漢字だけが並ぶテキストを先生に読み上げてもらって、先生が発音した音で覚えます。ですから、先生がなまっていたら、弟子もなまります。

大昔の発音がどうであったのかはよくわかっていません。しかし、ヒントになる文献はあります。

漢が滅びて、魏・呉・蜀の三国時代になったとき、人口が十分の一になってしまいました。どうしてそういうことになるのか、詳しくは後ほど。ここでは文字の話にしぼります。それで、漢字を読める人が死に絶えてしまいそうになったのです。

とりあえず、漢字ができる人がいるうちになんとか記録しないと、漢字が使えなくなってしまうという危機感が、隋の時代に高まりました。

隋の皇族は鮮卑《せんぴ》族です。もともと漢字を使わない人々でした。おそらく日本語のような助詞や語尾変化のある言語を話していたと思われますが、文字を持っていなかったので漢字を覚えました。しかし、漢字は形しかないので、なんとか覚えて使いこなし、後世にそれを残すために六〇一年、陸法言が『切韻《せついん》』という漢字の辞書を編纂しました。

それまでにも音韻について記された辞書があるにはあったようですが、残っていません。『切韻』にしても原本は失われてしまい敦煌で発見された断片しか残っていません。しかし、『切韻』の体系を受け継いだ切韻系韻書がその後も編纂され続け、基本的な考え方はどれも同じです。

しくみを説明します（次頁の図4参照）。図中のアルファベットはもちろん原書にはありません。便宜的に現在の普通話（北京音）の拼音を当てました。「音の辞書なのに、読み方がわからないのか」。そうです。わかりません。原書には「東　徳紅切」のように漢字しかありません。この辞書が説明しているのは音の関係性だけなのです。

『大漢和辞典』には、「切韻」は「反切」によって韻を分かつことで、「反切」とは、最初の文字の声と下の文字の韻を併せて別の一音を構成することとあります。「東　徳紅切」とは「東」の音は「徳」の最初の音と「紅」の最後の音を足したものであるという意味です。つまり、

［図4］『切韻』の発音の表記方法

- 東(dong)＝徳(de-)紅(hong)切
- 徳(de)＝的(di-)則(ze)切
- 紅(hong)＝胡(hu-)公(gong)切
- 的(di)＝丁(ding-)歴(li)切
- 則(ze)＝即(ji-)徳(de)切

「徳」と「紅」の音を分けてくっつけなさいという表示です。

「東」は「徳 de」の前（d）＋「紅 hong」の後（ong）ですから、d＋ong⇒dong です。日本語で試してみましょう。徳《トク》の前（ト）＋紅《コウ》の後ろ（ウ）＝トウ！　「東」の音読みは確かに「トウ」です。徳《トク》の発音は的《テキ》の前と則《ソク》の後を組み合わせた「テク」とは少し違いますが、似ています。以下、「紅」＝胡＋公、「的」＝丁＋歴、「則」＝即＋徳は、日本語でも完全に当てはまります。日本の音読みがいかに現地音を忠実に再現しながら取り入れられたかの証拠でもあります。

発想としては、「飯能《はんのう》」という地名の漢字を説明するのに「朝ご飯の飯と能力の能」と言ったりするのと似ています。ただ、『切韻』の場合は、字の説明ではなく、音の説明です。

「東」の説明に使った「徳」や「紅」を次の見出し語とし、その説明に使った文字をまた次の見出し語にしています。このようにグルグル回しているので、少し知っていれば、なんとか使えますが、何も知らなかったら一切役に立ちません。この辞書を使うには最低限の素養が必要です。知識ゼロの人は、最初は誰かから教えてもらう必要があります。

逆に、音が相対的にしか定められていないために、この辞書には、どんな方言にでも通用するという利点があります。前述のように、日本語の音読みでもあてはまります。つまり、方言を問わず通用する万能字典なのです。これによって、バラバラな方言が、書き言葉である漢字を規則通りに発音することで、一つの言語に統一されていったという側面もあります。この辞書は、とりわけ試験対策に威力を発揮しました。この字とあの字は系統が一緒であるなどの関係を丸暗記して、同じ発音の漢字を、語頭に持って来たり語末に持ってきたりしなければならない詩をつくるという科挙の試験に臨みます。

科挙の試験に通るには「四書五経」の丸暗記が必須

科挙とは、隋の時代から行なわれた官僚になるための国家試験です。試験科目には詩作があり、決まったところに同じ韻を持つ字を使わなければなりません。それができているかどうかが、科挙試験の大事な審査基準でした。そのために「韻」の辞書が必要なのです。

方言によって音そのものは違うはずですから、詩の「響き」は、作った人と読む人では違ったかもしれません。それでも韻さえ合っていればいいのです。日本人の感覚からすると、よくわからない変な話なのですが。

それしか試験のしようがない、というか、それでいいのです。読み書きの仕事には、漢字同士の音の関係がわかれば用が足りるので、それで漢字が自在に使える、ということになるのです。

詩作のほか散文の試験もあります。問いに対して、「四書五経」の語句を使って解答するという、政治討論のような試験です。「四書五経」を丸暗記していなければ解けません。いずれにしても、受験者がいかに漢字に通じているかをアピールする場が科挙試験なのです。

科挙に受かるには膨大な漢文を覚えなければなりません。すべての漢字を覚え、詩を詠《よ》み、「四書五経」を暗記するには、本人が優秀でなければならないことはもちろん、家庭教師と一緒に何年も勉強する生活の余裕がなければ不可能です。受験者は、富裕層の子弟のみ。ですから、漢字を使える人口はごくわずか、一割もいなかったのではないでしょうか。近年は識字率が上がっていますが、それは前述のように拼音《ピンイン》などの補助手段を開発したからです。

近代に入って、音韻学者の労乃宣《ろうだいせん》（一八四三〜一九二一）が言っています。「ヨーロッパの文字は二十六の文字を綴り合わせただけのものであるから、十人のうち九人までは文字が読める。日本の文化はわが国から出たもので、わが漢字を用いているが、漢字のほかに五十音の仮名があって発音を示し漢字を助けているため、士君子の高遠な学問は漢字を用いるが、愚賤《ぐせん》の者はただ仮名だけ覚えても用が足せる。ところがわが国では昔から漢字だけでこれを助けるものがない。そのため上等の人は文字を読むが、国民教育は普及しがたい」（大島正二『漢字と中国人』岩波新書、二〇三頁）。

いろいろ異議を申し立てたい文章ですが、とにかく近代になるまで、ほとんどの中国人は読み書きができなかったのです。それで、識字率を上げるために、発音記号のような文字や拼音《ピンイン》をつくり、やっと普通の人が漢字を使えるようになりました。そして、中国人は今でも漢字よりも先にラテン文字のアルファベットを覚えるのです。

古来、漢字は選ばれた人の文字でした。先に、スタートは「都市住民だけが中国人」であると言いましたが、時代が経っても、地域が広くなっても、基本は変わりません。漢字でコミュニケーションできる人は、いつも一定数しかいない。そして、残りは野蛮人なのです。漢字の読み書きができないヤツは野蛮人。

そうすると、いわゆる「漢族」の中でも読み書きのできない者は野蛮人、となってしまいますが、その通りです。第五章で詳しく話しますが、明末に乱が起こり、明の皇帝が殺されます。それまで北方で清と戦っていた明の将軍・呉三桂《ごさんけい》は、盗賊に国を乗っ取られるぐらいなら異民族のほうがマシであるとして、万里の長城が渤海湾に出るところにあった山海関という城門を開放し、敵国の軍隊を入れ、盗賊を討ち、清が万里の長城を越えてシナ支配を始めます。

日本で誰かが政府転覆を試みたとして、外国の軍隊を呼ぶでしょうか。今なら、同盟国のアメリカが勝手にしゃしゃり出てきて、しぶしぶ受け入れざるをえない可能性はあるかもしれませんが、少なくとも今の今まで戦っていた敵国の軍隊を引き入れて、国を乗っ取らせるようなことは考えられません。

つまり、貧民からなる盗賊集団など「野蛮人」なのです。それなら「異民族」のほうがいい。北で建国された清でも上層階級には漢字の素養がある人もいました。そのほうが「文明人」である。それがシナ基準というものです。

漢字が使える者がエリート、他は野蛮人。それは、究極の自由主義、実力主義の社会です。漢字さえ使いこなせば、出自に関係なく出世できるのですから。人種や民族、血族と関係なく、すべて漢字が決め手です。それだけ聞いたら良いようにも思えますが、実力主義を突き詰めるとシナになるという反面教師でもあります。いずれにしても、日本とは異質の国のあり方です。

訓読みとカナは日本人の偉大な発明

日本語の漢字には音読みと訓読みがあります。それによって「読み」は複雑になるのですが、大変にうまい取り入れ方だと思います。

漢字が日本に伝わったのは五世紀半ばと思われます。シナは北魏と宋に分かれた南北朝時代でしたが、当時の日本は主に南朝の宋と交流していました。中心は現在の南京あたり、長江下流域です。昔から呉と呼ばれていた地域なので、この時代に伝わった音を呉音といいます。その後、七～九世紀には遣隋使・遣唐使が派遣されますが、この時代の中心地は黄河流域の長安（現西安）でした。このとき伝わった音を漢音といいます。現在、日本語の漢字音のうち三分の二以上が漢音です（国際日本語研修協会『やさしい日本語指導7　文字／表記』凡人社、十二～十三頁）。

さらに、それぞれの漢字に同じ意味をもつ日本語をあてたのが、訓読みとなりました。例えば、「女」はジョ（漢音）、ニョ（呉音）、オンナ（訓）などの読み方があります。

そして、日本のさらにすごいところは、漢字を輸入するとまもなく万葉仮名として使いだしたことです。万葉仮名とは、漢字の持つ音だけを利用して日本語を表音的に表記したものです。大阪市中央区の難波宮《なにわのみや》跡で発掘された六五二年より前の木簡《もっかん》には「皮留久佐乃皮斯米之刀斯（はるくさのはじめのとし）」と和歌の冒頭と見られる十一文字が記されています。

それ以前の日本に文字がなかったので、入ってきた漢字を「これは便利！」と

難波宮跡で発掘された木簡

使うのですが、外国語としてそのまま使うのではなく、字の意味から音を切り離して日本語を書くのに用いたのです。

隋に「日出処《ひいずるところ》の天子書を日没する処の天子に致すつつがなきや」という有名な文を送ったのは、阿毎多利思比孤阿輩雞弥（あまたらしひこおほきみ）であると『隋書』の記録に残っています。「こんな失礼なヤツ、二度と取り次ぐな!!!」と煬帝《ようだい》が怒ったという書状です。「阿毎多利思比孤（あまたらしひこ）」は、諸説ありますが、天から降りた男、「阿輩雞弥（おほきみ）」は支配者の称号です。天のことをアマといいました。ちなみに、天から降ってくるから「雨（アメ）」です。「たらし」は垂らし→降りた。「ひこ」は男子、これに対して、女子は「ひめ」です。

シナで話し言葉を表音化する試みが近代以前にあったという記録はありませんが、たとえあったとしても、できなかったでしょう。言葉がバラバラだったからです。古代の日本人が本来は表意文字の漢字を表音化できたのは、そのころすでに耳で聞いてわかる共通語があったからです。そうでなければ万葉仮名など書いたところで、異言語話者にはわかりません。そして、読めない文字は普及しません。

日本以外にも、シナ大陸でも漢字にもとづいた西夏《せいか》文字や契丹《きったん》文字や女真文字がつくられましたし、古い時代に今の新疆《しんきょう》にいた漢人ではない人たちは、漢字を日本語のように読み下していたという研究もありますが、それが現代語につながっているのは日本しかありません。これはすごいことだと私は思います。この「阿毎多利思比孤阿輩雞弥」が聖徳太子であるとかないとか、いろいろと議論があるようですが、それは置いておくとして、日本では古代から日本語を書こうとしていました。

『万葉集』は七五九年に完成しますが、収録されている歌の作成は、もっと古い時代から始まっています。『日本古典文学大系4　万葉集　一』（岩波書店、一九五七年、十一頁）によると、「集の記載する所に従えば、最も古いものは仁徳天皇の時代（五世紀前半）のものであり、最も新しいのは天平宝字三年（七五九）正月一日のものである。

仁徳時代の歌と言われているのは、歌風から見てそう古いものとは思われないので、記載通りに信じることは出来ないが、年代不明のものや雄略御製、また軽太子の作などと伝えられる歌を、舒明御製あたりに比べてみると、歴然たる古色を見出し得るのであるから、万葉集の歌は前後三世紀には亙るものと見るべきであろう」とあります。つまり、三世紀にわたる作品群です。

『万葉集』といえば、「令和」改元で注目を集めました。「初春令月、気淑風和」（初春の令月にして、気淑く風和ぎ）から取ったそうですが、この部分は漢文で書かれた序文です。その後に梅の花の歌三十二首が続き、歌は万葉仮名による日本語表記です。その中の一つを紹介しましょう。漢字を完全に表音文字として、意味とは無関係に使って、日本語を書いています。

余能奈可波　古飛斯宜志恵夜　加久之阿良婆　烏梅能波奈余母　奈良麻之勿能怨
（世の中は　恋繁しゑや　斯くしあらば　梅の花にも　成らましものを）

このような漢字の用法が『万葉集』で多用されたために万葉仮名と呼ばれます。しかし、漢字では画数が多くて面倒です。その後、漢字の一部だけを取り出したカタカナが、漢字をくずした文字からひらがなが生まれました。

それぞれ、いつ誕生したかは明確ではないようですが、平安時代には漢字ばかりの『万葉集』が一般に読めなくなっていて、天暦年間（九四七～九五七）には識者がひらがなの訓読みを添えなければなりませんでした（前掲『日本古典文学大系4　万葉集　一』三十六～三十七頁）。つまり、八～九世紀にかけて発達し、十世紀には、かな使用が、すっかり定着していたのです。

漢字は漢字（表意文字）として残しておいて、ひらがなやカタカナという音だけを表す文字をつくり、日本語の文章表現が完成されていきました。世界の主な国々が「国民国家」をつくりあげるのは近代になってからですが、日本はそのような概念のない昔から日本であって、日本語を使う日本人の国でした。こんな国は世界のどこにもありません。世界では、言葉の違う人が同じ国にいたり、同じ言葉を使う人が別々の国にいるのが普通です。

日本と中国は「同文同種」などと言いますが、とんでもない。むしろ逆。日本はひらがなとカタカナを発明して、現在のような日本語表記ができるようになりました。それによって、シナではなくなったとも言えます。

同音異義語を説明できない漢字——欠点だらけの不便な文字

始皇帝は、公認漢字三三〇〇字を定め、読み方を一字一音節と決めました。一文字一音で単純だから楽かといえば、そんなことはなく、そのせいで大混乱です。多くの同音異義語（同音異義字）ができてしまったからです。一例を挙げると、言葉（どの字なのか）が相手に伝わらなかった場合の説明は厄介です。もう書くしかありません。

日本語にも同音異義語がありますが、訓読みにするなどして字の説明は比較的に簡単です。例えば、「科学」と「化学」とを区別するために、「化学」のほうを「ばけがく」と読み替えたりできます。

また、日本で漢字を説明することが多いのは特に固有名詞です。「じゅんこ」は「さんずいの淳子」「潤《うるお》うの潤子」「いとへんの純子」などと、日本語で説明するのは簡単です。中国語でも同じように説明できるだろうと思うかもしれませんが、なかなかそうはいきません。読み方は一つですから、音訓読み替えのように一文字を同じ一文字で説明することはできません。「淳の淳」では意味がありません。「純粋の純子」のように熟語で説明しても、その熟語がまた同音異義語を多数持っています。そのため、字画を説明しなければならなくなること、しばしばです。

私の名前は「淳子」ですが、「淳」は訓読みすることは少ないし、よく使う熟語もあまりないものですから、「さんずいのジュンコ」でわかってもらえないと、けっこう困るのです。「淳子」か「潤子」かわかりません。しかし「右は上から、なべぶたに、口を書いて、子どもの子です」と付け加えれば、たいていわかってもらえます。

しかし、そう簡単にいかない例もあります。知り合いの知り合いに「辰巳《たつみ》さん」という人がいます。難しい字ではないのですが、電話などで名前を説明するときに「干支《えと》の辰と巳《たつみ》です」と言ってわかってもらえなかったら、字の説明をしなければならないと言って嘆いています。たしかに、干支以外ではあまり使わない字です。

辰巳さんは一所懸命に説明します。「がんだれに、漢数字の二を書いて、『展覧会』の『展』の字の下、最後の三画を書きます。『み』は己《おのれ》の三画目を突き抜けて、（しかし「已」と違うと言うために）一画目の最初につなげて……」。これで、すんなりわかってくれる人は、まずいません。「がんだれって何ですか」「え〜、漢数字の一を書いて、その一番左からカタカナのノを書きます……」という具合に辰巳さんの試練は延々と続きます。

字画の説明は、ことほどさように大変です。日本語でも「辰巳さん」のように困る場合もありますが、普通は訓読みや熟語で説明ができ、こうなるのは大変に稀なケースです。また、

「淳子」と「辰巳」の説明にも訓読み（口《くち》、己《おのれ》）や熟語（子ども、展覧会）を使っていることに気づかれましたか。中国では、それができない上に、方言が入って音も信じられない。音声だけではほとんど説明不能です。

漢文では細かいニュアンスは表現できない――情感が伝わらない

秦の始皇帝は、共通の話し言葉がない人々の間に漢字だけからなる共通文章語を設定しました。逆に文章が言語を変えていったようなところもあるのではないでしょうか。例えば古い言語や古形を残しているといわれる客家《ハッカ》語には「私が」「私を」のような格変化があるそうです。

言葉には意味を持つ内容語と文法的な役割を果たす機能語があります。「私は日本人です」の場合、「私」「日本人」が内容語で、「は」「です」が機能語です。中国語の場合、ほとんどが内容語で機能語は少ない。特に口語を大幅に再現した現代中国語になる以前の文章語、いわゆる「漢文」は、ほとんど内容語からなり、簡潔です。内容が伝わればそれでいい。ニュアンスなんて関係ない。「誰がどうした」で終わり！「私日本人」で充分なのです。確かにそれで意味は通じます。もっとも、現代中国語では「是」というbe動詞のようなものが入って「私是日本人」です。現代語表記は多分に欧米や日本の影響を受けて、文法化しているのです。

中国語に文法がないと言うと、中国語学者に怒られそうですが、近代になるまで「文法書」

がなく、シナ人が長いこと文法に関心を示さなかったのは事実です。今でも私たちが「文法」と呼ぶものを中国人は「語法」と呼びます。文法とはすなわち語の用法なのでしょう。また、機能語に相当するものを中国語では虚字（虚詞）と言います。「むなしい字」「いつわりの字」です。今も、やはり文法に関心がないようです。

そもそも中国人はアバウトで、七〜八割ぐらい、相手がわかってくれれば十分と思っています。感情の機微など細かなニュアンスを伝えるには漢文は不向きなのです。もともと異なる言語を話す者同士のビジネス用語ですから、内容が伝わればいいというコンセプトのもとで発達したからです。

また、普通、言葉には音がつきものですが、漢文の場合、書き手と読み手の話し言葉は違うのですから、音は相手に必ずしも伝わらないという前提で書かれています。

有名な『論語』学而《がくじ》の冒頭部、「子曰、学而時習之。不亦説乎」が、日本では「子曰く、学んで時に之《これ》を習う。またよろこばしからずや」です。日本人は語順を変え、送り仮名や活用形をつけて読み下しましたが、シナ人同士でも自分の言語でなんとか解釈しているので、その意味では基本的に同じようなものなのです。

いろいろなことが伝わらない中で、内容だけは伝えなければいけない。その場合、シンプル・イズ・ベストに決まっています。余計なことを書いていては誤解の元です。

ところで、中華人民共和国は識字率を上げるために、漢字を簡略化しました。戦後、一八五〇字の当用漢字を決めた（一九八一年には、一九四五字の常用漢字とします。その後二〇一〇年に二一三六字／四三八八音訓としました）のは日本のほうが先ですから、あまり大きなことは言えませんが、いくらシンプル・イズ・ベストとはいえ、中国は簡略の程度がはなはだしく、孔子や孟子などの古典をはじめ、昔の字で書かれたものは読めなくなってしまいました。

「孔子学院」という機関を設けて、海外での中国語・中国文化の普及を図っているようですが、孔子のことなど、中国人自身が知りません。あの人たちは国内にこそ「孔子学院」をつくったらどうかと思います。

いずれにしても、始皇帝は文字を統一しましたが、音声言語の統一はできませんでした。昔も今も、シナ大陸の人々は地域によって、異なった言語を話しています。

逆にだからこそ、かえって始皇帝の偉大さは際立っています。表意文字である漢字を文字＝言葉として用い、識字層＝支配層の言語統一が行なわれました。多様な音声言語をそのままに文章語の統一を成し遂げるというアクロバティックな離れ業です。

ＥＵには二十四の公用語がありますが、その翻訳・通訳にかかる手間と費用は莫大なものです。ヨーロッパに漢字があれば、大幅なコスト削減ができるところです。逆に中国が漢字を廃止したら、とたんに国家が空中分解してしまうでしょう。だから、当初はアルファベットによる完全な音声化を目指した毛沢東も、あきらめたのです。

朝貢の真実——エビでタイを釣る仕組み

シナの皇帝と切り離せないキーワードとして「朝礼」と「朝貢《ちょうこう》」があります。

「朝礼」というと、学校で朝、生徒がグラウンドに集まって「礼！」をして、校長先生や教頭先生が話をするようなイメージでしょうか。会社でも部署ごとに定期的に行なったりしますね。

しかし、元来は市場の開始前に行なわれるものでした。先に「皇帝は最大の資本家」と言いましたが、皇帝はもともと市場の一番偉い人、商売を仕切る人でした。

都市の真ん中に役所があり、その前に大きな広場、庭がある。それが「朝廷」です。「朝廷」の「廷」は本来「庭」という意味なのです。そこで、市場開始の日の出前、暗い時分に全員で集まり、整列して、神様にお礼の儀式をします。それが「朝礼」です。その後、朝廷の北側にある市場で取引が開始されます。

「朝礼」では、皇帝直属の臣下が位に従って並びます。そのときに、「人」が「立」つ場所が「位」です。「位」という漢字は、形の通りの意味で、一位、二位、三位というのは、本当に一、二、三……と並ぶ位置のことだったのです。

「正」と「従」があり、「正一位」が最も高く、以下「従一位」「正二位」「従二位」……「正九位」「従九位」と続きます。皇帝の一番近くに立つ人が最も上位の人、大臣です。そして、この場所に手土産、貢ぎ物を持っていき、「朝礼」に参加することを、「朝貢」と言ったのです。「朝貢」は非常に古い言葉で、都市イコール国であったころから存在します。ちなみに、「国」という漢字は、城壁に囲まれた中を意味し、そもそもが城内イコール交易を行なう町のことでした。

そして、バラバラだった独立国を始皇帝がまとめあげ、都市を皇帝の直轄としました。すると、「朝貢」も範囲が広がります。遠くから使者がやってきて皇帝に挨拶するようになりました。しかし、「朝貢」の意味は基本的に変わりません。商売する前に、手土産を持って会社社長に挨拶に行く程度のものです。

学校の歴史の授業では、外国の使節が中華皇帝に朝貢する話しか習いませんが、「朝貢」は外国人が行なうものとは限りません。商取引をしたい人は誰でも、朝貢する義務があります。地方にいる臣下は必ず定期的に朝貢します。ご挨拶しないと失礼にあたります。そして、「朝貢」の際には、貢ぎ物を持参します。

「朝廷」で、遠方の国からやってきたエキゾチックな服装の人々が、皇帝に珍しい品物を献上する。それは、多くの人が居並ぶ中で、皇帝の権威を高める演出として効果的です。訪問者の国が遠ければ遠いほど、立派な大国であればあるほど、持参する品物が珍しければ珍しいほどいいのです。

皇帝にとっても、ウエルカムなわけで、どんどん朝貢に来てほしい。ですから、顎足《あごあし》つき

（交通費・食事つき）なのです。一歩でもシナに入ったら、もう食べ物・飲み物、宿泊費用まで、全部、シナ側が持ってくれるのが普通です。費用を負担してくれるだけでなく、ふさわしい身なりをはじめ一挙手一投足を教えてくれます。

それは現代でも変わりません。一九七二年に「日中共同宣言」が出され、いわゆる「日中国交正常化」による日中友好ムードが醸成されました。多くの日本の政治家が、中国側に「接待」されました。「タダより高いものはない」と言いますが、この場合ももちろん喜んでばかりはいられません。好意で接待してくれているわけではなく、「その代わり、後でどっさりよこせ」とエビでタイを釣る行為です。

太古の昔、邪馬台国《やまたい》の女王卑弥呼《ひみこ》の使者をはじめ、遠方からやってくる人々がシナの文字言語や風習に通じているとは限りません。それぞれの方面地域を担当するシナの役人が、世話をして、体面を保たせたのです。

「こんなに遠い立派な国の人を連れてきました」となると、担当役人の地位が上がりますから、衣装や装身具などで豪勢に飾り立て、所作を教え、「こういうものを持っていったら喜ばれますよ」など、さまざまなアドバイスをし、万事いい塩梅に整えます。使者は、役人の言う通りにすれば、滞りなく朝貢を済ませることができます。

それで、東南アジアや、中央アジア、黒龍江、それに日本列島などから、多くの使者がやってきました。シナ側では「こんなに遠いところの偉い人物の使者が来た」と書き、遠方からの

朝貢とは手土産を持って朝礼に参加すること

使者は、たくさんのお土産をもらって帰り、「また来よう」となるわけです。

それが、シナ大陸の文化、伝統なのです。ですから、朝貢というのは、強国に周辺の弱小国が従っているというより、シナがさまざまなエサで各地の人々を釣っているという構図でした。つまり、シナ内部での権力闘争がすさまじく、その影響で接待合戦になっていたのです。出世競争に勝つためには、自分はライバルよりも少しでも遠い国や地域から、王や大富豪を呼ぶ。多少、盛ってでも、そういうことにする。身銭を切ってでも、立派な使節に仕立て上げて連れてくる。そして、「どうだ、すごいだろう」と見せる。そのようにして「オレはこんな遠いところとも繋がりがある。だから、偉いんだぞ」と主張する必要があったのです。

今も、基本的に同じです。現代では諸外国のほ

周辺国や少数民族の進貢の様子を描いた絵

うが、中国の事情を心得ていますし、まったくの上げ膳据え膳ではないでしょう。しかし、考え方は変わりません。

朝貢する側も、強制されてイヤイヤ行っていたわけではありません。琉球にしても、得るものがあるから、儲かるから朝貢したのです。琉球自身が作物や工芸品をつくっていたわけではなく、中継貿易で儲けていました。薩摩をはじめとする日本本土はもちろんのこと、東南アジアなどから産品を入手し、そういった品物がないところへ持っていくと高く売れます。

江戸時代に薩摩と清の両方に二股外交を行なっていましたが、当然のことです。薩摩側もそんな琉球を利用して、鎖国体制下で本当は禁止されている対外貿易をしていたのですから、持ちつ持たれつです。

古い時代には日本の北九州あたりの豪族がシナ皇帝の出先機関の役人の言われるままに朝貢したでし

ょう。行けば、返礼として、持参した以上のお宝がもらえます。そんな話を伝え聞いた人は「オレも行こう」と思ったでしょう。そうやって付き合いが始まり、広がっていったのです。つまり、朝貢に行ったからといって家来だったと卑屈になる必要はなく、朝貢を受けたからといって、威張る話ではないということです。

朝貢は商売上の関係――「朝貢していたから属国」ではない

中国ウン千年などと偉そうにしていますが、特に昔のシナは、とても国家と言える代物ではありません。近代的な国民国家ではもちろんないし、領域国家という点でも難があります。中央こそ秦の始皇帝が統一したけれど、秦の領域の外にも商売のために都市を築いていきます。遠方と貿易するほうが、珍品が手に入り、高額で取引できるので、より遠い地域へと城壁都市を築いていき、ネットワークが四方に広がっていきました。朝鮮半島にも出先機関をつくりました。前漢の武帝時代には、とうとう朝鮮半島が直轄領になり、楽浪《らくろう》郡をはじめとした四郡が置かれますが、それ以前は商売人が出て行っていただけです。

それを知ってか知らずか、現在の中国は、「朝貢していたから属国だ」などと主張しています。朝貢は商売上の関係があったというだけです。それをもって属国認定ができることではありません。「漢字で書かれた碑が立っている」「（シナ側に）〇〇という記録が残っている」。それだけで、彼らにとっては「だからそこも中国」と言うのに充分なようですが、こちら側がそれに乗る必要はありません。

現代中国は「東南アジアは中国だ」とばかりに侵略行為を推し進めています。「一帯一路」政策にしても、今は「昔、シルクロードがありましたね」と友好を装っていますが、そのうち「だから中国だ」と言い出しかねません。根本的な発想は変わっていないのです。まるで詐欺です。ですから、本当のことを知っておかないといけません。「朝貢」はお中元やお歳暮みたいなものだということを覚えておいてください。

そして、前述の「東夷・西戎・南蛮・北狄」ですが、最初は東夷が山東半島。西戎が甘粛省。南蛮など四川の手前。北京も北狄でした。しかし、始皇帝がこれらを全部シナにしてしまいましたので、「東夷・西戎・南蛮・北狄」の意味する地域が変わりました。朝鮮半島と日本が東夷。モンゴル高原方面の遊牧民が北狄。チベットが西戎。南蛮も南へ南へと移動して最後はボルネオが南蛮になります。中央が変わりますから、それによって、「野蛮」の範囲も変わってしまうのです。

繰り返しますが、「東夷・西戎・南蛮・北狄」は相対的な文化概念であって、特定の人種や民族を指す呼称ではありません。いわば、シナ側の都合です。「東の野蛮人」といっても時代によって違ってくるのです。

ちなみに「中国」という言葉は、紀元前の文献にもあり、実は、とても古い語です。もっとも、当時は真ん中の国という意味で、特定の国家を指していません。日本人も漢字が入った後で自分たちの国を中国と言ったりしています。また、日本でも江戸時代には南から来た人を南蛮人と呼びました。本当はポルトガルやスペインは西の人なのに。「征夷大将軍」も「征夷」ですから、もともとは夷狄を征討する役目を持った人でした。繰り返しますが、夷狄（野蛮人）とは中央から見た周辺諸族のことです。相対的なので、誰が使ってもいい概念なのです。

また、中国人が、やたらと周辺を属国のように思い込む理由のひとつに司馬遷の『史記』の編纂の仕方があります。『史記』は本紀・表・書・世家・列伝の五つにカテゴリー分けされています。「本紀」は皇帝の在位中の政治的事件の記録を中心とした王朝史、「表」は政治勢力の興亡・交替の時間的な関係、つまり簡略化した歴史、「書」は制度・学術・経済などの文化史、「世家」は秦の始皇帝によって統一される前の地方王家と、統一以後に地方に国を建てた諸侯の歴代の事績、つまり封建諸侯の各国史、そして「列伝」には、臣下筋のさまざまな人物の伝記が書かれています。問題は、その「列伝」に外国の話も入っていることです。外国という意識がなかったのか、関係する外国があまりなかったからか、司馬遷は「外国伝」と別にカテゴリーを設けず、「列伝」の中に朝貢国の話も書き込みました。

司馬遷『史記』は後代の史書のモデルとなりましたから、後の正史つまりオフィシャル・ヒストリー（official history）もまた、『史記』と同様に外国の事項を家来の話であるかのように書きました。大きな国も知らぬ間に家来にされているのです。

シナの歴史書は、シナ人が勝手に書きました。だから、中国人の「どこそこに、こう書いてある」を真に受けてはいけません。全然、当てにならないのです。

中国人の自己中心的な拡大解釈もさることながら、その火に油を注ぐようなことを、日本の東洋史学者が主張しています。「朝貢は貿易の一種だ」と左翼の先生が言い出しました。「貿易するために頭を下げに行っていたのだ」と。本書冒頭で、中国人という文明人は、どこかから優秀な民族が降ってわいたかのように主張していた人の話をしましたが、その同類です。もちろん朝貢に行く方もメリットがあるから行くわけですが、利益重視はお互い様です。シナが「太っ腹」でわざわざ損をして、いろいろと恵んでくれたわけではありません。

また、大昔には、朝貢をする人にしても国家や国民を代表しているという意識はありません。皇帝が各人と関係を結んだだけです。日本列島の誰かがシナ皇帝にプレゼントを持って行ったところで、日本がシナの手下や属国になったわけではなく、個人的な人間関係を構築しただけです。ですから、その人が部下になったとしても、それ以外の日本人には何の関係もないのです。

その辺の時代的な背景、国や人間関係のあり方をよく心に留めておいてください。

官吏は給料をもらわない——もらうのは賄賂？

先に、秦の始皇帝は県を直轄にし郡県制にした、県とは都市のことである、と話しました。しかし、皇帝と民衆との間には、大変に大きな距離があります。直轄地ですから、県には皇帝が選任した、県知事や軍の将軍を送り込みます。皇帝直属の臣下が都市から税金を集めて、皇帝に上納します。つまり、都市住民と皇帝の間には、ワンクッションあるわけです。このシステムが、その後も続いていきます。

「中央集権化しました」「直轄の県が増えました」と言っても、県知事を任命した後の細かいことには、皇帝はほとんど関与しません。すべて県知事ほか、皇帝の臣下が処理します。県知事は、現地に赴任すると、部下となる人を現地で雇います。それは胥吏《しょり》といって、庶民の資格で官の政治に協力する人です。「官吏」という言葉がありますが、元来、「官」は中央から来た役人で、「吏」は地方出身の役人です。ですから、この場合、「胥吏」という「吏」なのです。

この胥吏は中央からやってきた官が、自分の金で雇わなければいけません。皇帝は、そのためのお手当など出してくれません。そもそも「官」である県知事の給料すら、皇帝は払わないのです。

古い時代の実情は、よくわかりませんが、細かいところまで記録の残っている清朝の例で説明します。

科挙の最終試験を殿試《でんし》といいます。受験者がこの段階で落ちることはまずないのですが、形式的に皇帝が直接面接をする試験を受け、合格すると皇帝の直接の弟子という関係になります。そして、皇帝から彼らに「何々県の知事に任命する」など、それぞれの職を任命する書類が与えられます。しかしながら皇帝は書類に判子を押して終わり。そのあと中央からのサポートはありません。

ただし、県知事任命の書類を持っているだけで、豪商がお金を貸してくれます。朝貢の場合と似たようなもので、ここにも持ちつ持たれつの関係ができあがります。商売人は、「この人が次の有力者」となると、いわば先物買いをして、何から何まで支度をしてくれます。いくらでも前借りさせてくれるので、高級役人はお金に困りません。

県知事は税金を取り、そこから何割かを中央に送ります。そして、残りの采配は県知事の裁量でなんとでもなる。そこで儲けられるのです。日本だと時代劇の悪徳代官をイメージしてしまうかもしれませんが、収奪しすぎて反乱を起こされたら、管理者として失格ですから、クビが飛びます。そこを上手にやらないといけない。

知事は、実際に私腹を肥やすのが常ですが、現地も満足し、まあまあ悪くない知事だったという程度には抑えないと、次の場所に赴任できません。そのバランスで、なんとか成り立って

殿試は科挙の最終試験――皇帝による面接の場面

いるシステムです。国が広すぎるので、全国からの税収を、いったん中央に集めて再配分するなどという面倒なことはできず、請負制なのです。

請負制は世界的にも珍しいことではなく、余談ですが、ロシアのシベリア知事などもそうです。「私は現地から〇〇ぐらいの税金を取れます。私を知事に任命してください」と売り込んだ者が知事として派遣され、現地であまりにあくどい所業を行なったかどでクビが飛ぶ。そういう話がけっこう多いのです。ロシアも広いので、税収を中央と地方で行ったり来たりさせるのは、ロスが多すぎるのです。特に、昔の税収は作物などの現物納ですし、貨幣は徐々に普及しますが銀行振替のようなシステムは近代になるまでありませんでした。

話をシナに戻します。このように、皇帝（あるいは中央）と地方の庶民とはほとんど何の関係もありませんでした。そもそも支配層の人たちが、民のことを考えてくれたことがありません。収奪しにくるだけです。そのため、「上に政策あれば、下に対策あり」とよく言われます。

基本的に国は何もしてくれないので、昔は宗族という血縁集団の長が、血縁集団の構成員に関しては、なんとか身が立つようにしてあげました。詳しくは後述しますが、親を亡くした孤児の面倒をみたり、優秀な子がいれば援助をして科挙を受けさせたり、社会保障のような役割を担っていたのは同族集団でした。国はもちろん、近くにいても他人は当てになりません。「遠くの親戚より近くの他人」はシナでは当てはまらないのです。ですから、今でも中国人は家族および血縁を大事にします。国はどうでもいい。支配者層も同じです。国家に忠誠を尽くすより、共産党の幹部同士で結婚して、みんなで収奪した税金を自分たちのポケットに入れる。国のトップに立つ彼ら自身が国家を信用していないのですから、上から下まで誰も信用しません。

昔からそうだったのです。そのため、取られるものはなるべく減らすように、途中でごまかして少なく計上して懐に入れるなどして、やりくりします。

また、県知事は裁判官の役割も果たします。判決を有利にしてもらおうと、訴えた人と訴えられた人との両方がお金を持ってきます。もちろん、断ったりすることはなく、当然のようにもらいます。それでも良心的な裁判官だったら、双方が、「しょうがないよな」と、そこそこ満足する判決を出します。とにかく、その地方の全権を握っているので、地方における県知事の権限は絶大です。

その権力者から利益を得ようと、豪商が借金なども赴任前から進んで引き受けるわけですが、知事が赴任途上で病死でもしたら全部、無駄金になります。商人としても賭けです。また、汚職で失脚されても困ります。まわりにも火の粉が飛んできます。今の中国でも同じで、政争で負けたら一蓮托生です。それもまた、昔からの伝統なのです。今後もずっと変わらないでしょう。このような国に民主主義を根づかせるのは無理だと思います。

漢の武帝の拡大政策――最大版図となるが、人口は半分に

秦の次は漢です。前漢・後漢を通じた漢王朝の皇帝で最も有名なのは武帝（前一五六～前八七、在位前一四一～前八七）でしょう。十六歳で即位し、在位五十四年、数え七十一歳で没しています。当時としては長命です。武帝が即位したときにすでに、前漢の中盤で、財政が豊かになっていました。豊かな国に皇子として生まれ、やりたい放題の一生を送りました。

ここまで、皇帝は最大の資本家であり、ネットワークの中心で、社長であると説明してきま

した。地方には支社を置き、その上がりが中央本社に集まってくるのです。しかし、周辺には辺境の異民族が各方面での利権を押さえています。武帝は「面倒だ、直轄にしろ～！」と、拡大方針をとり、それらを漢の領土にしてしまいます。

北方のモンゴル高原には騎馬遊牧民の匈奴《きょうど》がいます。それまでは、匈奴のほうが強く、朝貢させるどころか、漢のほうから貢ぎ物を送って平和を買っていたのが、武帝はそれを「けしからん」として戦争をしかけ、討伐します。

東は朝鮮半島の南端まで支配下におさめます。

南方の海岸地帯にもいくつか別の国があったのですが、現在の福建省からベトナムあたりまで直轄地にします。

西方の中央アジアにも遠征します。目的は大宛《だいえん》（今のフェルガナ盆地）の汗血馬です。モンゴル馬は、頑丈ですが、小柄で脚も短い。中央アジアの馬は大型なのです。大型馬のほうが走るのが速い。武帝は「匈奴に勝る馬がほしい、偉大な皇帝にふさわしい大型の馬に乗りたい」と多大な犠牲を払って大宛に攻め込みます。結局、送り出した兵士のうち六分の一しか帰ってこなかったのに、「西のはてより馬が来た。遠征は成功だ」と馬が手に入ったことを喜ぶ歌を歌っています。

武帝は、最大版図を現出したという意味でシナの偉人の一人かもしれませんが、率直に言って、ただの暴君です。効率を重視してうまく経営し成功したのなら、現代人も参考にできるの

［図5］漢の武帝の最大版図

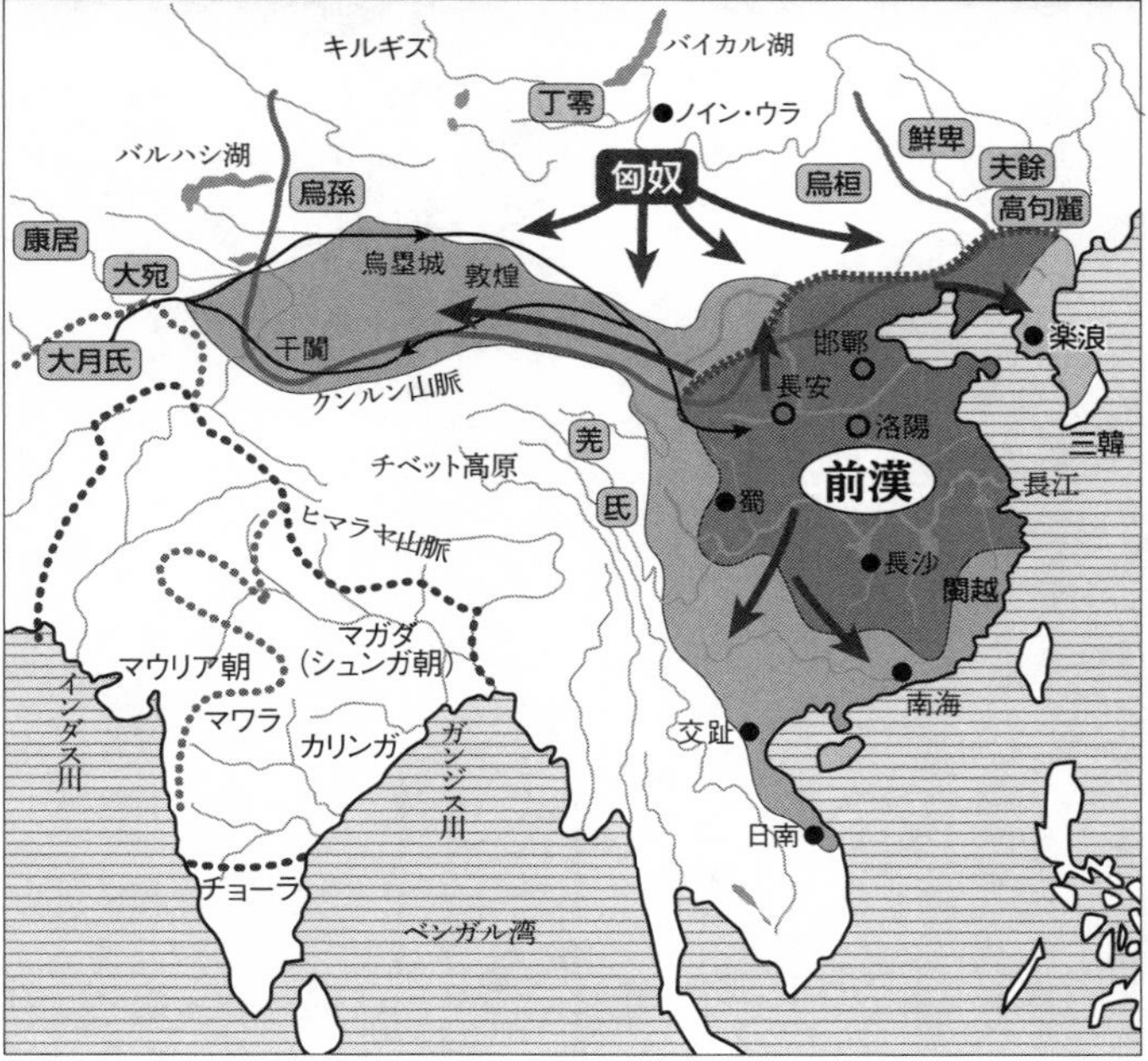

ですが、武帝の所業には効率も経営もありません。秦の始皇帝のほうがはるかに偉大な業績を残した人だと思います。

始皇帝の評判が悪いのは司馬遷のせいです。しかも、始皇帝については、それ以前の記録が残っていないので、司馬遷は、事実上、初めて秦の始皇帝のことを書いた人です。それが悪口だった。「秦王の人となりは、鼻が高く目が長く、摯鳥《くまたか》のように胸が突き出て、豺《さい》のような声をし、残忍で虎狼《ころう》のような心をもっている。

武帝——前漢の第７代皇帝（在位前141～前87）

困窮した時には人に卑下するが、得意な時には平気で人を喰ったようなことをする」（前掲『史記Ｉ　本紀』一四〇頁）と、始皇帝のネガティブな面を強調します。今で言う人格攻撃です。秦の非道をあげつらい、だから天命を失って滅びたのだと語ります。それで、後世、秦の始皇帝は文明破壊者として汚名を残すこととなってしまいました。しかし、先に話したように画期的な業績がいくつもあり、この人がいなかったら、統一国家シナはなかったのです。

もっとも、漢の武帝を諸手《もろて》を挙げて称賛する人は、現代においてはほとんどいません。功罪相半ばするという評価です。しかし、私に言わせれば、ほとんど「罪」しか語られない始皇帝より、漢の武帝のほうが、はるかにひどいと思います。本当に暴君です。

武帝のことは班固《はんこ》による『漢書』など、その後の歴史書にも残っているので、良いことも悪いことも詳しい記録が伝わっています。

司馬遷にしても、武帝にはひどい目にあっています。司馬遷は匈奴遠征において敵方に投降

司馬遷——シナ最初の歴史書『史記』を書いた

した李陵《りりょう》を弁護して投獄されます。判決は死罪でしたが、漢代には宮刑《きゅうけい》（去勢）で死刑をまぬがれることができる制度がありました（貝塚茂樹『史記』中公新書、一九六三年、三十二頁）。司馬遷は悩みますが、父の遺言である『史記』が完成していなかったので、屈辱を受けても生きる道を選びます。釈放後は宦官として宮中の役職につきました。

そのような個人的なことを乗り越えて司馬遷がシナ最初の歴史書である『史記』を書いた訳は、彼が仕えた君主である漢の武帝が、天命を受けた正統の皇帝である、と証明するためでした。

『史記』は「五帝本紀」から始まります（「三皇本紀」は、唐代に司馬貞という史官が、さらに歴史をさかのぼって頭にくっつけたものです）。五人の神話上の君主の最初に置かれた黄帝は、天下のいたるところに行幸して、東方では泰山に登って天地を祭り、北方では遊牧民を追い払ったと書かれています。それらはすべて武帝の行なったことと同じです。言い替えれば、司馬遷は、武帝に統治された天下をそのまま時間の初めに持っていって、そこに投影した武帝の像を、神話の黄帝と呼んだわけです（岡田英弘『だれが中国をつくったか』ＰＨＰ新書、二〇〇五年、二十一頁）。

長命で元気な武帝ですが、後継者にまつわる話は悲惨です。皇帝には妻がたくさんいましたが、なかなか子どもができませんでした。しかし、長江下流に住む姉を訪れたとき、家の女中の娘で、歌い手であった衛子夫《えいしふ》を見初《みそ》め、宮中に入れます。衛子夫はまもなく妊娠し、これを恨んだ陳皇后は自殺未遂を何度も起こします。それで、気分を害した皇帝は、ますます陳皇后に冷たくなるという悪循環。陳皇后はさらに呪詛をかけ、それが発覚したため、関係者約三百人が死刑に処せられました。陳皇后本人は処刑をまぬがれましたが、「皇后」位を剝奪されて離宮に追放されます。

一方、衛子夫は待望の皇子（拠）を生み、皇后に立てられます。皇子は七歳で皇太子に立てられるのですが、武帝が長生きしますので、その後、三十年ほど皇太子のままです。現代の先進国のような立憲君主制なら問題ありませんが、独裁国では君主の治世が長すぎると、世代間の緊張関係が生まれてきます。

皇太子が皇帝位についたときに出世できるよう、早々と皇太子に付き従う取り巻きが現れました。皇帝にはもちろん皇帝配下の臣下がついています。武帝がいつ死ぬのかはわかりませんから、どちらにつくかは賭けのようなものでもあります。そうして、現君主派と皇太子派の派閥対立が激化していくのです。

皇帝在位が長くなれば、皇太子派はイライラしてくるし、それを見ながら皇帝は「俺のことを早く死ねと思っているな」と疑いの目で見るようになります。そして、ついに「皇太子が皇帝を呪詛しました」と皇帝に讒言《ざんげん》する者が出てきました。

皇太子は釈明しようとしますが、果たせずに追い詰められ、とうとう本当にクーデターを起こしてしまいます。五日間にわたる市街戦を繰り広げ、死者は何万人にものぼったということです。

昭帝――前漢の第８代皇帝（在位前87～前74）

結局、衛皇后と皇太子は自殺しました。
皇太子が死んだとき、武帝には弗陵《ふつりょう》という男の子がいました。すでに四歳。体が大きく、頭もよかったので、皇太子に立てようと思いました。しかし、その前に武帝が何をしたと思いますか。この話をあらかじめ知らない読者の方々にはとても想像が及ばないと思います。弗陵の母（鉤弋夫人《こうよくふじん》）を呼びつけて、何も悪いことをしていないのに、罵り、投獄します。夫人は獄中で自害させられました。

「なぜ皇太子になる人の母を殺すのですか」という臣下の問いに対し、皇帝の答えは「オレが死んだときに、君主が小さいと、まだ若い母親が権力を握って、何をするかわからない。だから、先に殺しておくのだ」です。

憂いの元を取り除かないと心配で子どもを皇太子に立てられないと。いや〜、中国人に生まれたくないですよね。ぞっとします。

武帝は病が重くなり、八歳の弗陵を皇太子に立てるとすぐに亡くなりました。母を殺された皇太子弗陵は皇帝（昭帝）になりますが、国庫潤う国を引き継いだはずの武帝が亡くなった頃、国力は消耗し、人口は半分に減っていました。

最大版図を得て領土が大きくなったにもかかわらず、人口は半分です。というより、最大版図を得るためにいかに無理をしたか。国が発展して大きくなったわけではないのです。ですから、武帝のときの最大版図がずっと漢だと思ったら大間違いで、拡大しては縮小する。その繰り返しです。

それが証拠に、武帝が死んだとたんに、朝鮮半島は直轄でなくなります。いわば、リストラです。南方からも引き上げます。西の方の朝貢国も「友好関係」どまりにし、直轄の郡県をやめます。国境が定まらないのは大陸国家の常ですが、シナではその拡大縮小が頻繁に起こります。

繰り返しますが、シナには都市とそれをつなぐルートしかありません。その都市も直轄にしたり、リストラしたりするのです。リストラといっても、それで困るのは皇帝直属の役人ぐらいで、地方の都市のほうは中央が力がなくなると、「やった〜」と独立します。たくましい人々です。研究対象としては、こんなに面白いところはないと思いますが、いろいろな意味で日本人に生まれてきてよかったと、つくづく思います。

第二章

世界帝国の真実
――後漢から唐の衰退まで

ハンパでない人口激減を繰り返すシナの歴史

武帝時代は最大版図を実現した前漢の最盛期のように言われます。しかし、第一章でお話ししたように、その実、とんでもない国の疲弊を招きました。せっかく豊かになっていた国を滅亡へ導いたとも言えるわけです。その後の前漢は下り坂で、最後外戚《がいせき》の王莽《おうもう》（前四五～後二三、在位八～二三）に国を乗っ取られてしまいます。

王莽は西暦八年、国名を改め、新《しん》とします。彼は狂信的な儒教信者で、イデオロギーに凝り固まっていました。教条主義的に儒教にのっとった政治を行なおうとしたのです。「夷狄は野蛮なやつらなのだ」とあからさまに邪険に扱います。以前は、たとえ周辺諸族を格下に見ていても、実利は与えるなど、双方が満足するような形で治めていました。しかし、王莽は、朝貢にやってきた遠方の客に対する返礼を減らしたり、「高句麗」という名前は立派すぎる、夷狄らしく「下句麗」にせよ、などと高圧的な態度に出たのです。当然、周辺諸族は怒ります。

儒教は長幼の序など、上下の秩序を重んじます。誰もがそれで納得すれば問題はありませんが、それぞれの実力などを考えずに、四角四面に、しかも恣意的に実行してしまうと、うまくいきません。それは、その後の朝鮮半島の歴史を見ても明らかです。教条主義的な儒教思想で、しゃちほこばった秩序に固執すると、創意工夫をつぶしてしまうので、経済発展にはマイナスです。

新では、形式や格式ばかりが優先され、不満が高まりました。反乱につぐ反乱によって、人口が半分になります。前章で前漢の武帝時代に人口が半減したと述べました。しかし、後の皇帝たちが無理をしなかったので、西暦二年には約六〇〇〇万人弱に増えていました。それが、王莽の新が滅ぶ西暦二三年には、また半分に減ってしまうのです。

「なぜ人口が半減したことがわかるのか」とよく質問を受けますが、戸籍があるのです。『漢書』や『後漢書』に、各州の人口統計が端数まで載っています。漢人になるということは、税金を払う、徴兵される（または、一定の金額を納めて免除してもらう）という政府との契約なので細かく調査されているのです。

前章の復習になりますが、都市と都市のネットワークから、やがて領域国家になり、秦の始皇帝が統一国家をつくりました。始皇帝はさらに拡大し、異民族の領域にも町を建設していき、万里の長城を築きました。つまり、国境のようなものができあがったのです。国の中には州という政治の統治単位ができ、それぞれの州の人口が、はっきりと数値で上がっているのです。最近の中華人民共和国より古い時代の数字のほうが信用できるかもしれません。

新が滅びるまでに人口が半減している上に、それで混乱がすぐに収まったわけではないので、その後、さらに人口が減ります。

次に統一を回復し、安定させたのが光武帝《こうぶてい》（前六～後五七、在位二五～五七）で、武帝の異母兄を先祖とする前漢皇族の傍系筋の人です。この光武帝が後漢を起こしますが、その時点で、なんと、一五〇〇万人ほどしか残っていませんでした。紀元前後が六〇〇〇万人ですから、そこから四分の一になってしまいました。ジェットコースターのような人口増減です。

歴史は繰り返すと申しましょうか、そんなことはこれで終わりではありません。その後、人口は回復し、二世紀半ばには、また五〇〇〇万人弱に達するのですが、後漢末から三国時代にかけて、再び大幅に人口が減ってしまうのです。

なぜ、シナでは、こうも急激に人口が減るのでしょうか。

シナ大陸の、特に華北の平原地帯は、どこまでも平野が広がっていて、地形に変化がありません。天候の良いときはどこも良い。悪いときはどこも悪い。雨が降らないとなると、どこもかしこも同じように雨が降らないのです。

日本列島は、周囲を海に囲まれ、細長い国土に山あり谷ありで、太平洋側と日本海側は隣同士なのに、山をへだてているだけで気候には大きな違いがあります。ですから、捨てる神あれば、拾う神あり。こちらが旱魃《かんばつ》でも、あちらに行けば気候がよく、作物が実っているかもしれません。また、海に潜れば魚がいます。海産物は農産物ほど天候の影響を受けません。山に入れば動物がいる。木の実がある。どこかに何かあるので、日本列島に住む人々が一斉に絶滅に瀕することはないわけです。

もちろん飢饉のためにやせ衰えた人々の絵などが残っていますから、日本でも飢餓がまったくなかったわけではありません。近現代でも、戦後、都会の人が飢えに苦しんだという話などを聞いたことはあるでしょう。しかし、これも「都会の人は大変だっただろうなあ」です。田舎には食べ物がありました。芋やかぼちゃしかなかったけれど、贅沢を言わなければ、何か食べるものがあったのです。

シナ大陸は、いったん飢餓状態になると、その規模が全然違うのです。灌漑地が一様に広がり、旱魃が来ると、どこも旱魃。作物が実らないときは、どこまで行っても何もない。大平原では飢饉は広大な範囲に及ぶのです。

旱魃とほとんどセットになっているのが蝗《いなご》です。作物を食い尽くし、餓死者が大量に生まれます。シナ史上、再三再四、蝗の被害が報告されています。流民が発生し、どこまでも歩いて行くのですが、何もなくて、人肉を食う話

光武帝――後漢の初代皇帝（在位25～57）

などが残っているわけです。自分の子どもを殺して食べるのは忍びないとして、子どもを交換して食べたなどという悲惨な話が、伝わっています。

毛沢東の大躍進で人口の十分の一が死んだが、後漢末の人口は十分の一になった

そんなシナで後漢末、大規模な農民反乱が起こります。太平道《たいへいどう》という新興宗教が起こり、その中でも張角《ちょうかく》は貧窮農民の心をとらえます。信徒を組織して一八四年に蜂起し、反乱は全国に広がっていきました。衆徒は目印として黄色い頭巾を着用したため、「黄巾《こうきん》の乱」といいます。それ以後、三国時代にかけて、天候不順に加え戦乱が長く続きました。

戦争が起こると兵隊が必要なので、軍隊が人々を徴兵します。農民が徴兵されれば、田畑を耕す人が減ることになります。徴兵されなくても、戦争で村や田畑が焼かれたりするので、農民は逃げます。平和で守られた状態であってこそ、作物を植え、収穫し、それが流通して人々の食物となるわけです。それが、戦乱の真っ只中では、命を守るのが精一杯で、作物を植えるどころではありません。土地があっても作物を植えない。植えなければ、季節がめぐっても実りません。実らなければ、当然、次に植える種もない。

人がいなくなり、田畑は荒れ、収穫物はない、食べるものがない。翌年はもっとない。翌々年はさらにひどくなる……と毎年、状態が悪化していきます。これが何十年も続いたらどうな

るでしょうか。連年の戦乱で農業は壊滅的な打撃を受けます。多くの人が飢えてバタバタと死んでいきました。死にたくなければ、奪い合い、共食いなどするしかありません。人心は荒れ、各地で地獄絵図さながらの光景が広がります。

そのため、後漢の一五六年に五〇〇〇万人弱であった人口が、三国に分裂した二三〇年代には、魏が約二五〇万人、呉が約一五〇万人、蜀が約九〇万人、三国を合計しても五〇〇万人足らずになってしまいました。なんと十分の一です。

『三国志』にも『水滸伝』にも、人食いの話があり、『三国志』には、町を出たら誰もいないなどの情景描写があります。フィクションだから誇張されているわけではなく、本当にそうだったのです。『水滸伝』の舞台は十二世紀の北宋末ですから、その後も歴史は繰り返されたのです。

二十世紀における毛沢東の「大躍進」政策でも大量の餓死者が出ました。「大躍進」とは一九五八年から六〇年代前半にかけて、中国で毛沢東思想に基づいて始められた高度経済成長政策です。「十五年でイギリスに追いつく」を合言葉に鉄鋼大増産、人民公社化などが図られましたが、経済均衡の失調、農村の荒廃により、二〇〇〇万〜四五〇〇万人（諸説あり）の餓死者を出し、五九年に毛沢東は国家主席を辞任しました。その後まもなく行なわれた「文化大革命」も悲惨な運動でしたが、文革では、悪者を吊るし上げて殺したので、殺人・処刑です。こ

毛沢東が進めた大躍進政策で劣悪な鉄を原始的な方法で量産させられた農民たち

れに対して、「大躍進」では拷問死や処刑もありますが、多くは餓死したのです。

聞いた話ですが、人を集めて人民公社で共同で作業をし、共同の食堂で食事をしました。食材は月に一度、運び込まれます。何百人分の、しかも一カ月分の食料ですから、当然のことながら、最初の全体量はとても多いわけです。それまで貧しくてカツカツの生活を送っていた人たちが、大量の食材を目にしたので、すぐにたらふく食べようとします。しかし、食事を作る側に計画性がなく、最初の半月で全部消費してしまいました。残りの半月は何もありません。急遽、追加で配給されるなどという柔軟な対応はないので、飢えに苦しむことになってしまいました。計画経済を実行しようとするその現場では、計画も何もなかったのです。

また、「鉄をつくれ」という命令を受け、懸命にくず鉄をつくるのですが、その分、農作業がおろそかになり、収穫が減りました。

これら信じられないようなバカな出来事が一九五〇～六〇年代に起こりました。まるで笑い話のようですが、笑うに笑えません。

「大躍進」と「文化大革命」合わせて六〇〇〇万人ぐらい亡くなっただろうと言われています。何千万人が餓死する。これが、つい数十年前のことです。当時の人口が五億人程度ですから、十分の一程度が死んだことになります。信じられないことですが、人口激減の歴史は、いまだに続いているのです。

文革や大躍進は現代の出来事なので、記録や写真などもありますし、その悲惨さはよく知られていますが、シナの歴史上、もっとひどいことが何度もあったと思ってください。そのうちの一つが黄巾の乱から三国時代の混乱期で、十分の一が死んだのではなく、十分の一になったのです。十分の一死ぬだけでも想像を絶する惨状なのですが、死んだ割合が逆ですから、次元が違います。大陸の歴史を学んでいると、基準がズレて、数字に鈍感になりそうです。

同族村はなぜつくられたのか――頼れるのは家族だけ

こういう極限状態で、いかに生き延びるか。人間は一人では生きられませんが、誰と一緒に生きるかが問題です。味方は誰か、敵は誰か。誰を助けるのか、誰が助けてくれるのか。もっとも強固なつながりは家族です。そして、祖先を同じくする一族。さらには言葉のわかる同族。古来、国家がまったく当てにならないところですから、自己防衛手段が発達しました。シナにはシナの生きる知恵があります。

たとえば同族村です。シナでは基本的に均分相続をしますが、限られた土地を子ども全部に分けたら全員が貧乏になりますので、跡取り以外の次男、三男、四男は移住するしかありません。一人では危険なので、集団で別の場所を開拓し、同じ姓の人からなる村ができます。これが同族村です。移住した村人も故郷を忘れません。どこからやってきたのか、代が変わっても子や孫に伝えていきます。しかし、基本的に故郷から遠く離れた場所に村を築き、各村ができていくので、隣村の人とは出身地が違い、言葉が通じないという事態が生じます。

ユン・チアン『マオ―誰も知らなかった毛沢東』（講談社、二〇〇五年）という毛沢東の評伝があります。著者のユン・チアンは四川省出身、イギリス人と結婚し、ロンドン在住の女性

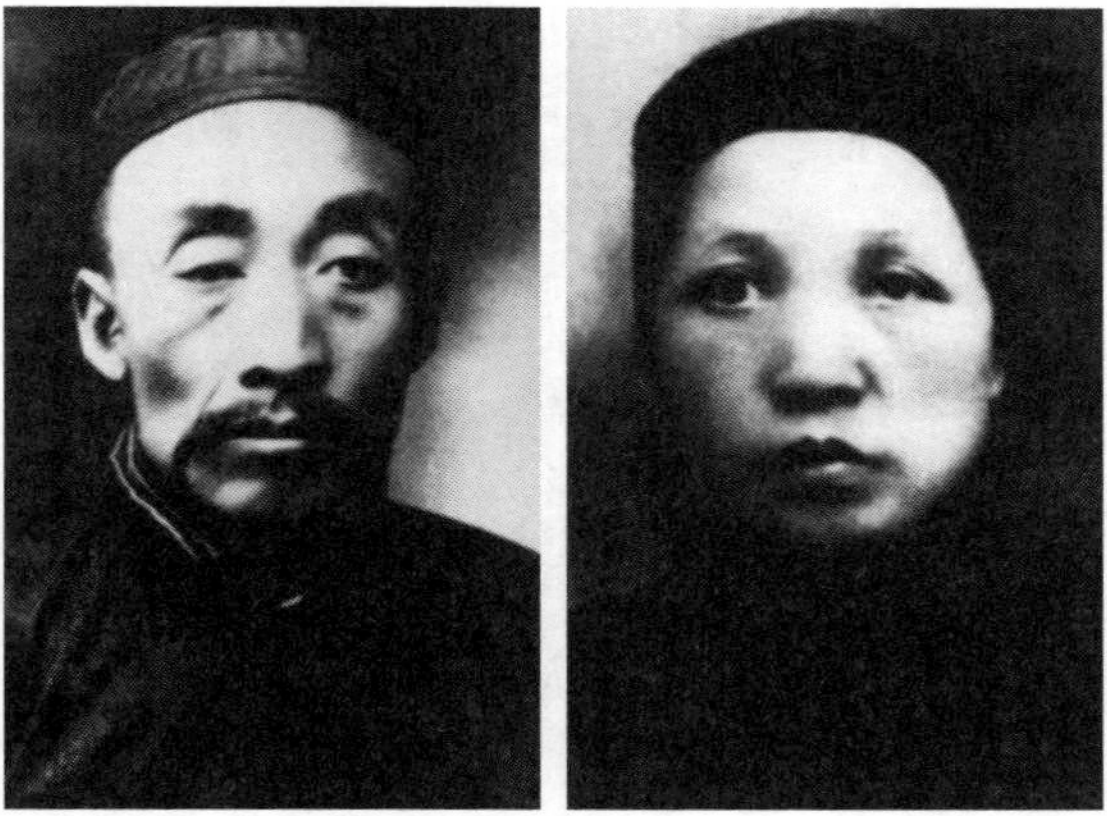

毛沢東の父親・毛貽昌と母親の文素勤

です。祖母・母・自分の親子三代について書いた『ワイルド・スワン』（講談社、一九九三年）で一躍有名になりました。最近の『西太后秘録―近代中国の創始者』（講談社、二〇一五年）はあまり感心しませんでしたが、『マオ』は興味深い本です。

その『マオ』ですが、冒頭は、毛沢東の故郷である湖南省の「ゆるやかな丘陵に囲まれた」村から始まります。毛沢東の父・毛《もう》貽昌《いしょう》は十歳のとき、十キロほど離れた村に住む十三歳の娘と婚約しました。その村までは「峠を越えて行くのだが、当時はわずかこれだけの距離でも、二つの村では話す言葉がほとんど通じないほどだった」とあります。十九世紀末ですよ。

隣村といっても全然違うところから入植してきた人々の子孫同士で、近代になっても言葉が通じませんでした。村人同士も、嫁入りでもなければ隣村などへ行かないのです。「土地が少なければ、ふつう近くの土地を開墾するのではないか」と日本人なら思うところですが、そこは商売人の国ですから、発想が違います。遠いところに行って村をつくったほうが、ネットワークが広がって、商売するにも、何をするにもメリットが大きいのです。

それに、何度も全滅の危機に直面してきた人々です。近くにいたら、死ぬときは、みんな一緒に死んでしまいます。互いに離れ離れでいれば、誰かが生き残る。あるいは、こっちがダメでも、あっちに逃げていけば助けてもらえる。前述のように大旱魃などのときはそれでも苦しいかもしれませんが、局地的な災害や襲撃の場合は有効なリスクヘッジです。

その結果、同じ省、同じ県でも隣村同士は言葉も通じないという状況が生まれます。意思の疎通ができなければ、共同作業などは無理ですが、仲良くやっていくに越したことはないので、同盟村を決め、互いに嫁入りします。結婚を通じて親戚になるのです。

『マオ』には、毛沢東の父と母の縁談は「親どうしが決めたもので、実用的な理由があった」とあります。母の祖父の墓が父の村にあり、定期的に墓の手入れが必要なため、親類があれば便利だろうということで縁組みが決まったのです。つまり、両村は昔から互いに婚姻関係を結ぶ間柄の同盟村だったと考えられます。

現代中国でも家族・同族の結びつきは、大変強いです。しかし、他人同士はけっして信頼しあいません。言い換えれば、そのときそのときで信頼する人を決めています。この仕事はこの人と組む。しかし、仕事が変わったら、以前の関係はご破産になって、別の人と組む。今、誰と組めば一番都合がいいか、それを常に考えています。そのため、腹を割って全部見せたら、それでおしまいです。「うまい汁は吸うだけ吸った。もう利用価値はない。あんなヤツはいらない」と。日本人的な感覚では、とても生きにくい社会です。それだけ厳しく、みんな必死に生きている感じで、余裕がありません。

黄巾の乱から三国志の時代へ——ところが人口が減って満足に戦えない

黄巾の乱は最終的には鎮圧されます。後漢の正規軍のほうが武器も整っているし、兵も訓練されていますから強い。腐っても鯛なのです。対する黄巾軍は農具で戦っていました。

しかし、これをきっかけに群雄割拠が招来されます。このころはまだ人間が財産でしたから、将軍たちが、鎮圧した農民を自分の部隊に吸収し、各将軍の部隊の兵力が膨らみ軍閥化したのです。今や将軍同士の争い、権力闘争が始まりました。これが『三国志演義』の世界です。まず董卓《とうたく》が現れ、のちに魏・蜀・呉を打ち立てる、おなじみの主人公たち、曹操《そうそう》・劉備《りゅうび》・孫権《そんけん》が活躍します。世の乱れた後漢末から、「我こそは」と多数の荒くれ者、ヒーローたちが出てきて戦争を繰り広げます。

なぜ戦うか。陣地を広げるため、そして、家来を増やすためです。戦争ばかりしている、この時代、いったい誰が農業をするというのでしょうか。誰も田畑を耕さなくなって、ガタンガタンと人口が減っていきました。後漢は滅亡し、三国鼎立《ていりつ》の時代となります。光武帝に続く平穏な時代にやっと人口がもとに戻ったのに、また十分の一になってしまったのは前述のとおりです。

小説や映画で有名な『三国志』は、元末~明初にかけて羅貫中《らかんちゅう》が完成させた小説『三国志演義』が下敷きになっています。それで魏・呉・蜀の興亡にまつわる話は有名で、日本人も大好きです。

人気の理由は、登場人物がたくさんいて、どの役でも、それぞれに見せ場があり、観客も役者も喜ぶからです。今はゲームにも『三国志』があります。私はプレイしたことはないのですが、聞くところによると、ゲーマーがキャラクターを選ぶことができるようになっています。各人が曹操になったり、劉備になったりして、それぞれ楽しむということです。

明代に『三国志演義』が流行った理由も同様です。バラエティに富んでいて、俳優も観客も満足度が高いのです。配役多数で、ヒーローも曹操・劉備・孫権だけではありません。他の演劇作品では主人公は一人で、あとはみんな家来・脇役というパターンが多いのですが、それより、ずっと受けます。最近のドラマは主役・準主役級の役を数多く設定し、場面転換を頻繁に行ない、視聴者を飽きさせない作り方をしていますが、その先駆けのような作品です。

ところで、なぜ三国に落ち着いたのでしょうか。人間がいなくて、大戦争ができなくなったからです。それで、配下の人間をとりあえず町など特定の場所に囲い込みました。三国で争ったのは確かに事実ですが、戦争そのものは局地戦で大きなものにはならず、三つに分かれて睨み合う時代が続いたというほうがイメージとしては近いものがあります。

三国とも人が少ないので辺境で「人狩り」をします。戦争に勝つためには兵隊が必要なのです。呉は、台湾まで行って原住民を数千人、連れ帰っています。蜀は、雲南で人間狩りをしました。諸葛孔明《しょかつこうめい》が現地の豪族である孟獲《もうかく》を七度捕らえながら、そのたびに解放してやり、ついには孟獲の心を捉え帰順させた話は「七縦七擒《しちしょうしちきん》」という、相手を自分の思いどおりにあしらう意味の故事となっています。

そして、もっとも大々的に移住政策をとったのは魏の曹操です。多数の遊牧民を辺境から呼び込みました。烏桓《うがん》や鮮卑《せんぴ》は馬ごとやってきて、強力な騎馬軍団となります。そのため、魏の騎馬兵は最強でした。

しかし、二〇八年、赤壁の戦いが起こります。長江中流の赤壁で魏の曹操が劉備・孫権の連合軍に負け、シナの三分割が決定的になります。赤壁の戦いは二〇〇八〜〇九年の『レッド・クリフ』という映画でもおなじみです。嘘だらけの映画でしたが、川の戦いが魏には不利だったというのは本当です。魏の強みは騎馬兵にありましたが、川の上では騎馬兵は役に立ちません。

図6は分割状態の三国の地図ですが、かなり嘘が入っています。全体的に領域をベタッと塗りすぎです。海南島やベトナムまで呉であるはずがありません。少しでも関係したところは、その領土として色を塗ったという感じです。都市のネットワークが国であって、シナには点と線しかないという話を思い出してください。しかも、当時は人がいちじるしく少ないので、土地支配ができない状態なのです。魏の一部、北のほうが縞になっています。魏であって魏でない。この地図は、その微妙なところを縞で表現しています。支配できていないところが多いという意味では、本当は、全体が縞ないし点々のはずですが、わかりにくくなってしまうので、説明図としては、この程度が限界です。

北魏は鮮卑族の王朝——異民族だが正統！

魏には北方の異民族が大勢、受け入れられました。ほとんど絶滅状態の漢人を補うために迎え入れたのですから、シナの北方は異民族だらけの土地となってしまいます。

魏はその後、二六五年に晋に乗っ取られ、その晋も内紛を起こして三一六年に滅びます。内乱の過程で諸王が諸民族の力を借りましたので、彼らの力が増していき、五胡十六国時代が到来します。五胡とは匈奴・鮮卑・羯《かつ》・羌《きょう》・氐《てい》という五つの種族のことです。この時代、彼らが

［図6］後漢滅亡後、魏・呉・蜀の三国時代

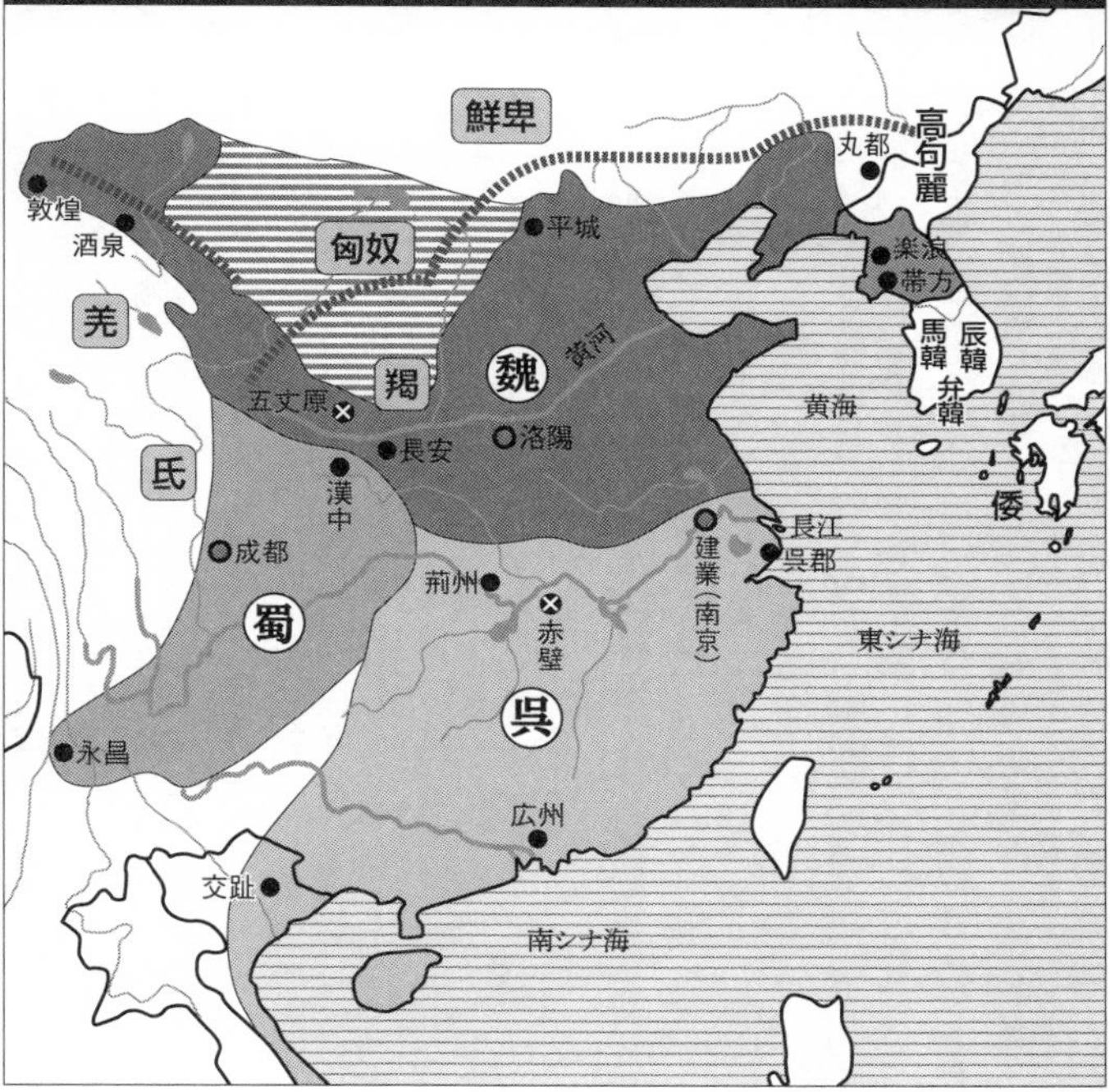

中原の黄河流域を中心とする華北に次々と国を興しました。

華北の王朝交代について「五胡十六国の乱」などとも言われますが、それは南の漢人からの呼び名であって、「五胡」自身はシナ風に国家を建てたというだけです。とりたてて「乱」よばわりされるほどの特別な「乱」ではありません。これが乱なら、その前の時代も「三国の乱」と呼ぶべきでしょう。

もともといた漢人は、十分の一になってしまったので、囲われた町に固まって細々と暮らしていたり、南方の長江方面へと亡命しました。南のほうが作物などが豊かだからです。江南にもともといた現地人は主にタイ系でした。彼らと混ざり合って、こちらも新しい漢人になっていき、南朝政権を担います。

こうして長安など華北の中心部はすべて遊牧民・狩猟民の国が占めるようになりました。そして、百年以上にもわたる五胡十六国時代を経て、北魏が四三九年に華北を統一します。すでに北朝・南朝と書いてしまいましたが、一般に北魏統一後のことを南北朝時代といいます。

北魏は鮮卑族の王朝ですから、南朝の基準に従えば、「乱」の続きのはずです。ところが、シナ史で北魏が重視されているのは、隋・唐がここから出ているからです。北魏を野蛮人にしてしまうと、隋と唐も野蛮人になってしまって、都合が悪いのです。それで、北魏から「王朝」扱いするという、便宜的な措置でした。

だからというのも変なのですが、北魏は一応、日本の学校でもきちんと教えます。中国人の歴史観がそうだからと、無批判にそのまま右から左に学んで、教えて、どうするのか。現在の日本の歴史科目が日本人のための歴史を教えていないことについては、私の本『日本人が教えたい新しい世界史』（徳間書店、二〇一六年）、『どの教科書にも書かれていない日本人のための世界史』（KADOKAWA、二〇一七年）で詳述していますので、ご参照ください。

ともあれ、北魏を建国した鮮卑族は満洲の北方にある大興安嶺《だいこうあんれい》山脈のあたりから南下してき

［図7］５世紀の東アジア

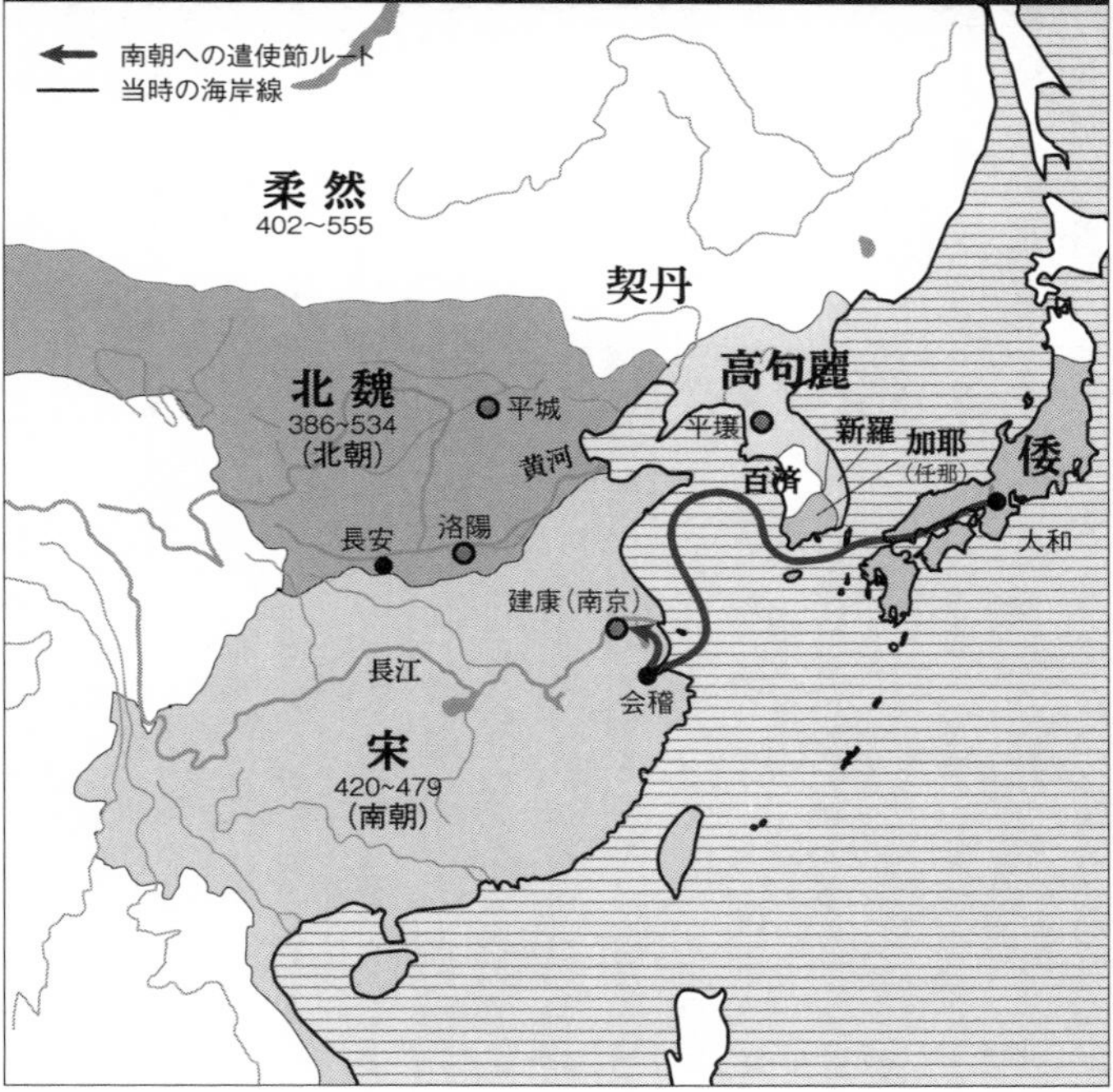

た人たちで、狩猟民と遊牧民が交じったようなグループです。

　そのため、北宋の司《し》馬《ば》光《こう》（一〇一九～八六）が著した歴史書『資《し》治《じ》通《つ》鑑《がん》』（全二九四巻）は北魏を蔑視し、北魏と同時代の南朝方であった宋が正統の王朝だと記しています。南朝は宋の後、斉・梁・陳と移りますが、『資治通鑑』では、陳の最後の皇帝までは「皇帝」で、その後、正統が隋に飛び移ります。隋は五八一年に建国されていますが、それまで、楊堅《ようけん》（文帝）は「隋主」扱いでした。隋はニセだというのです。しかし、五八九年からは隋を王朝とし、楊堅も「文帝」と皇帝号で記されます。南朝は滅び、シナ世界が統一されたからです。

シナ史は天命が降りた王朝を正統とし、その正統は一つしかないと考えます。したがって、複数の王朝が林立しているときには、一王朝だけを正統とし、残りはみなニセと書かなければならないのです。そんなコジツケにどういう意味があるのか、理解し難いところではありますが、儒教的に考えると、そうなるわけです。

さきほど『三国志』の話をしましたが、三国を対等どころか、むしろ蜀の劉備を善玉、魏の曹操を悪玉として描いている『三国志演義』は小説や戯曲の世界です。それとは別に歴史書の『三国志』があります。西晋の陳寿《ちんじゅ》によって編纂されました。こちらの正史『三国志』では魏が正統で、呉と蜀はニセ扱いになっています。魏の皇帝には武帝（曹操）・文帝（曹丕《そうひ》）・明帝（曹叡《そうえい》）……と「皇帝」号をつけていますが、呉と蜀の君主は「呉主」「蜀主」です。本当は三つ並列しているのに、正統はひとつしか認めないのです。

その正統の認め方も編纂者によって異なり、『資治通鑑』の「魏紀」は二代目の文帝（曹丕）から始まります。初代曹操の時代にはまだ後漢があったからです。また、南朝の王朝をまとめて「六朝」と呼んだりしますが、六つの王朝とは「呉・東晋・宋・斉《せい》・梁《りょう》・陳《ちん》」で、正史『三国志』も『資治通鑑』も正統とみなしていない三国時代の呉が含まれています。

変な原則を押し通そうとしながら、通しきることができずに、無茶苦茶なことになっていることがおわかりいただけるでしょうか。

新しい漢人の登場？——北魏はまるでシンガポール

北魏前期は平城（現在の山西省大同市）に首都を置いていましたが、四九四年、孝文帝が洛陽に遷都し、さらに漢化をすすめます。これをもって、漢人や今の中国人は、「野蛮人が漢（中国）文化に染まった」と言うのですが、その時代の洛陽と長安に、どの程度、シナ文明が残っていたのでしょうか。人口が十分の一に減るという壊滅的状況です。漢人など死に絶えています。

では、なぜ北魏がシナ服を着たり、漢字を取り入れたりしたのか。もともと遊牧民の政権は部族連合で、部族長たちが盟主を選挙で選びます。のちにチンギス・ハーンが遊牧帝国を築き上げたときも、その後も、遊牧民の世界では、ずっとそうなのです。バラバラの部族が一緒になって国を建てるのですが、領民に対する支配権はそれぞれの部族長が持っています。国連のようなもので、領民は自分たちの領民であって、大連合したときに盟主が必要だから「カガン（ハーン）」を選ぶ、いわば各部族が対等の関係にあるのです。

ところが、北魏の皇帝は、遊牧民部族連合の「盟主」から、シナ型の「皇帝」になろうとしました。皇帝として支配権を行使しようとすれば、部族連合が邪魔です。皇帝を同僚の一人のようにみなし、「オレが、オレが」としゃしゃり出てくる人が大勢いるのでは困ります。

北魏は部族的な遊牧民的社会構造を捨て、「国家」の統治に入ろうとしたのです。その意味ではシナ化です。生活形態が変われば、統治方法も変わる。シナの地での生活・社会形態に合わせた必然的な統治機構改革です。

洛陽に移住した孝文帝は、新たに建設した居城では、同じ部族の出身者同士が固まって住むことを禁じます。バラバラにして、個別に自らの臣下にしようとしました。これは現代のシンガポールの住宅政策に似ています。岡田英弘『皇帝たちの中国』から引用しますが、「多民族国家のシンガポールは、個人の住宅を壊して高層集団住宅を新築し、核家族単位での入居を法律で定めた。親族や同民族が隣り合って同じ階を占拠することは禁止されている。そのため、広東人の右隣はインド人、左隣はマレー人、向かいは福建人という具合になっている。これは種族ごとの差別を打ち破り、おたがい同じシンガポール人という国民意識をつくりだすことを目的にしている」。このように、シンガポールではインド人やマレー人、中華系の華僑が混ぜこぜに暮らすように法律で定めて実行しているのです。街を歩けば、特定民族のレストランが集まっている通りなどはありますが、住居は別です。みな「シンガポール人」にするために、同じ一族を近くに住まわせない。

意外と知られていないのですが、シンガポールは「明るい北朝鮮」などと言われるぐらい強権的な国家です。二〇一八年に米朝会談が行なわれたとき、トランプ大統領が会談の場所としてシンガポールを選んだのは、金正恩への遠回しのメッセージであったという説もあります。「シンガポールのやり方を参考にしろ。これなら許してやってもいい」と。

シンガポールは、道路にゴミを捨てたら罰金など、細かいことまで厳しく法律で定め、しかもその法律を厳格に運用しています。結局、国は発展したので「成功」とされていますが、そうでなかったら、内外からもっと批判を浴びているところでしょう。もっとも、あまりにも多種多様な民族から構成される社会だったので、「シンガポール人」として一つの国民にまとめるにはやむをえない措置だったのかもしれません。そして、そんなシンガポールでは、英語を共用語（共通語）に採用しています。英語はどの民族の言語でもない第三言語であり、かつ、世界の通商語だからです。

北魏が漢文を共通語にしたのも同様の理由です。特定の部族の言語を優遇するのではなく、東アジア地域で通用していた、第三言語を採用したのです。しかも、その時代の北方遊牧民・狩猟民には、まだ文字がなかったので、そこにある漢字を使うのが最も手っ取り早い選択でした。

また、前述のように、漢字はあくまでもコミュニケーション手段としての成り立ちを持っています。どんな読み方をしてもいい。意味さえわかれば筆談できる。しかも国際語として有用とくれば、採用するしかないでしょう。東アジアにおいて漢字・漢文は、その後も有用な国際語でありつづけます。北魏から隋と唐が生まれますが、彼らもまた、漢字・漢文を共通語とし、記録を後世に伝えました。

このように、北方の遊牧民・狩猟民だった人たちが南下して漢字を使うことができるようになりました。漢字が使える人は「漢人」です。というわけで、ここで「漢人」が入れ替わります。秦・漢時代の漢人と遺伝的にはまったく違う人たちが、新しい「漢人」になったのです。新しい漢人はアルタイ系です。これは言語学上の概念で、アルタイ語族というトルコ語・モンゴル語・ツングース語などユーラシア大陸のアジア方面に広がる言語グループがあります。この系統の言語では、語頭に二重子音やr音がありません。かつての漢人は二重子音やr音で始まる言葉が発音できたのに、新しい漢人にはできませんでした。このことは言語学の研究によって明らかにされています。

日本語の系統については諸説ありますが、この意味ではアルタイ系言語と同じです。古代の日本語にはラ行で始まる言葉はありませんでした。しりとりゲームをするときに、いつもラ行で困りませんか？　今でも日本語の中にラ行で始まる単語は少なく、多くは外来語です。

悪名高い隋の煬帝――運河は偉業だが、高句麗遠征に失敗

北魏は六世紀の前半、東西に分裂します。分裂後は長続きせず、東魏は北斉に、西魏は北周

［図8］隋朝の大運河

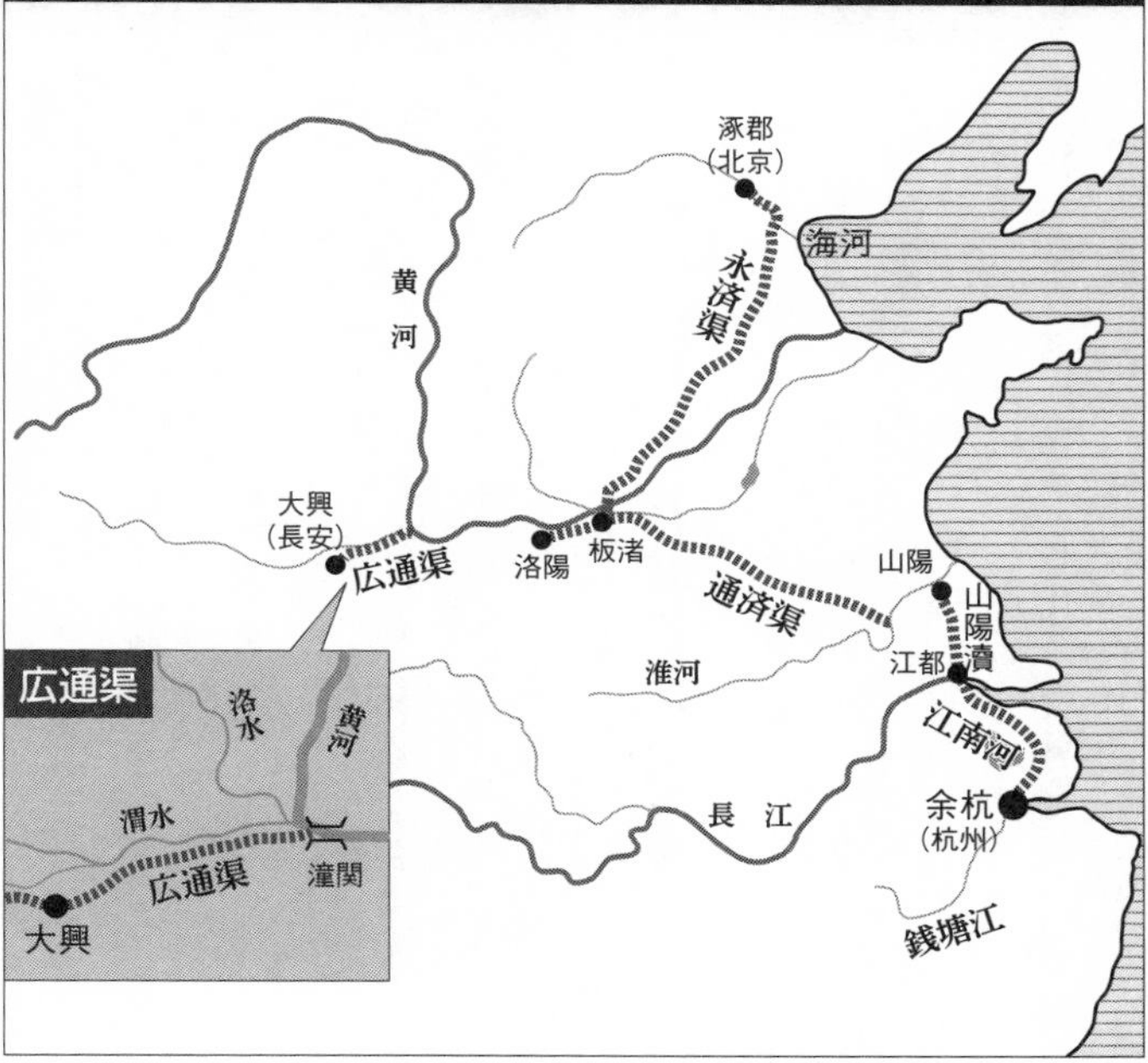

へと王朝が移ります。同時代の南朝には陳が立ち、再び三国が鼎立しました。北斉は五七七年、北周に併合されます。その北周を外戚の楊堅《ようけん》が奪い取り、五八一年に隋を建国します。

そして五八九年、ついに隋が南朝の陳を降し、シナを統一しました。二二〇年に後漢が滅亡してから、約三七〇年ぶりです。その隋は三十年しか続かないのですが、統一シナは唐へと引き継がれ、隋・唐帝国と並び称され

煬帝——隋の第２代皇帝（在位604－618）

ます。

　隋といえば第二代皇帝の煬《よう》帝《だい》（五六九～六一八、在位六〇四～六一八）が有名です。悪名高い皇帝で、最後は臣下に殺されてしまうのですが、大運河をつくったことだけは評価されていいと思います。

　図8（一〇三頁）を見てください。まず、五八四年、長安と黄河を結びます（広通《こうつう》渠《きょ》）。続いて五八七年に長江と淮河《わいが》（山陽瀆《さんようとく》または邗溝《かんこう》）、六〇五年に淮河と黄河を結びます（通済渠《つうさいきょ》）。さらに、六一〇年には長江から、海港のある杭州《こうしゅう》まで水路を開き（江南河）、長安から杭州までが水路によって結ばれました。また、高句麗遠征の食料輸送用に黄河と北京を結ぶ永済渠《えいさいきょ》を六〇八年に建設しています。杭州～揚州～開封、さらに長安へ、あるいは北京へと主要都市が結ばれました。煬帝の時代に建設されたこの大運河は現在でも使われています。

　第一章でも触れましたが、黄河中流域の洛陽や長安は、東西南北の交通の十字路、商業の中心地として栄えましたが、農産物が豊かに収穫できる地域ではないのです。しかし、シナ文明の中心ですから、人口は多い。そのため、食料は常に不足しがちでした。今や大運河ができたおかげで、豊かな江南の物資を直接に運ぶ流通経路が確保され、洛陽盆地がいっそう栄えるようになりました。シナ大陸に大動脈を通した煬帝のこの大土木事業は、統一に寄与したという意味で、秦の始皇帝に継ぐ業績だと思います。そのわりに、この皇帝があまり評価されていないのは、後が悪かったからです。

煬帝は六一二年、一一三万人の大軍を率いて高句麗に遠征しますが、失敗します。煬帝は翌年も翌々年も遠征するのですが失敗し、ついに断念します。三回も隋の軍勢をはねのけた高句麗は強い！　今の習近平と金正恩ならどうなるかと想像すると面白いですね。当時の高句麗と現在の北朝鮮は領域的にかなり重なりあいます。

隋の次の唐も高句麗遠征に何回も失敗しています。というのも、北京を越えて東へ向かう道は、非常に悪くて、通行が大変なところなのです。隋も唐も百万の大軍を送っておいて、鴨《おう》緑《りょく》江《こう》までは行くけれど、「その向こうまでは無理」「冬が来たら凍える」などと書かれた記録が残っています。冬の鴨緑江は凍るのです。

思うに、シナ文明が朝鮮半島を経由して日本に入ったというのは、正しくないのではないでしょうか。つまり、半島は通りにくいので、誰も好んで通らない。日本の遣隋使・遣唐使にしても、どちらかというと海を渡っています。北路と南路があり、北路は確かに半島に寄ります。しかし、半島を経由というよりは、半島沿いをかすっていく感じです。そして、南路は半島をかすりもせずに直接大陸に渡ります。

現在の北朝鮮から満洲にかけての地域に住む狩猟民（隋の時代は高句麗）が、変に強力でやっかいな人々であること、何より道がよくないこと（現在もあまりよくないと聞きます）から、けっして、半島は文明伝播の主要ルートではなく、大陸と日本をつないだのは主に海ではなかったかと、強く思う次第です。

米作も、東南アジアや雲南から直接、日本に到達しています。それに、唐辛子など、逆に日本から朝鮮半島に入ったものも多いのです。日本人は乾燥させて七味唐辛子にするなど、控えめに使いますが、あちらでは焼き肉やキムチなどに使って、何でも辛くしますね。それで唐辛子というと、朝鮮料理のイメージですが、実は、日本に先に入っていました。

話を戻しますが、隋・唐にとって高句麗は手強い相手でした。隋・唐は鮮卑族の王朝ですから、もともと同じ狩猟民族として高句麗とはライバル関係にあります。同族嫌悪のようなところもあったかもしれません。

基本的に、いわゆる狩猟民・遊牧民出身者が「文明化」すると、軍事的には弱くなります。おいしいものを食べて、都会生活を送り、ぜいたくに慣れていきますから、「野蛮な」生活をしている人々のほうが勇猛果敢で強い。中央アジアでもそうです。後にモンゴル帝国の時代がやってきますが、遊牧地に残った部族のほうが、都市化した元遊牧民より強いのです。

隋の場合、もともと似た者同士の狩猟民が、こっち（隋）は弱くて、あっち（高句麗）が強いということになると、おちおち眠れないわけです。いわば目の上の瘤《こぶ》。脇を突かれるのが怖いので、できることなら高句麗を滅ぼしてしまいたい。しかし、高句麗を打ち負かすことはできませんでした。

高句麗戦に敗れて失望した煬帝は、自らが開鑿《かいさく》した運河で江南に行きます。揚州の町を気に入り、南方の生活を楽しみます。港町揚州はアラビア人やペルシア人もたくさんやってくる国際都市・貿易の中心でした。気候温暖で文化の香り高い町から煬帝は離れようとしません。しかし、家族が北方の草原などにいる家臣たちは、帰りたがります。六一八年、少しも帰る気配のない煬帝に対し、家来たちがついに反乱を起こして殺してしまいました。煬帝は五十歳でした。

煬帝は潰れた王朝の最後の皇帝ですから、人格攻撃のような記述が多く残っています。『隋書』によると「帝の性格は常軌を佚《いっ》しているところが多く、行幸するところも人に知られたがらなかった。……郡や県の役人たちは競って供物を献上し、豊富に献上した者は抜擢され、献上の品が粗末であった者は罪を得た。悪徳官吏は民から搾取し、朝廷の内外は枯渇し、厳しい人頭税が課され、人々は安心して暮らすことができなかった。この時、国の軍事と内政は案件が繁多で、息つく暇もないほどであったが、帝は驕《おご》り且つ怠慢し、政務を耳に入れることを嫌がり、冤罪を見過ごし、奏請された事も滅多に決裁しなかった。また臣下を猜疑の目で見、信任することはなく、朝臣に自分の意にそぐわない者があれば、必ずその人に罪をこじつけて一族までも根絶やしにした」。（中林史朗・山口謠司監修『隋書』勉誠出版、二〇一七年、一三九〜一四〇頁）

天命を失ったら、後世の歴史書に悪く書かれる。お決まりのパターンです。秦の始皇帝も、隋の煬帝も、なぜ天命を失ったのかを説明するためには、とことん悪く書かなければならないという変な決まりに基づいて、性格が悪かったなど、長々と書かれていますが、どこまで本当かはわかりません。

誰もが知る立派な業績を残しているのに、天命が離れたからマイナス面ばかり強調されるというのは気の毒な限り。為政者は孤独です。シナ人は歴史が評価すると言うけれど、シナ人の筆になる評価は上述のように当てになりません。業績は後世にも残りますので、文献だけでなく、実証的に事績を見ていくことが大事です。

一方、褒められるということは舐められているという場合もあります。特に敵から、「アレはいいやつだ」と褒められたら終わりです。敵には悪口を言われたほうがいい。日本のメディアは外国のだれかが日本を非難・批判したといって大騒ぎし、ともすると、相手側の要求に従えという論調がほとんどですが、とんでもないことです。本来は、非難し返すか、「それがどうかしましたか」と無視するものです。たとえこちらが悪くても、それが国際スタンダードです。まして、いわれのない非難には敢然と立ち向かわなければなりません。

クーデタで皇位についた唐の太宗・李世民——やらなければやられる？

唐を開く高祖・李淵《りえん》（五六五〜六三五、在位六一八〜六二六）は、煬帝の臣下で太原の軍司令官でした。煬帝から人心が離れ、部下に裏切られて殺害されると、さっそく兵を挙げ、長安を落として根拠地とし、唐を建てます。

シナの皇帝の名前（といっても死後に贈られる廟号ですが）は、ある意味で合理的についています。必ずではありませんが、王朝の始祖には「高祖」「太祖」など「祖」をつけ、二番目を「太宗」とします。それ以後は特に決まっていません。もう一度「祖」がつく場合もあります。例えば、モンゴル帝国は一代目が太祖チンギス、二代目が太宗オゴデイですが、五代目の世祖フビライにはもう一度「祖」がつきました。元を創始したからです。

また諡号《しごう》なので、皇帝の事績を象徴するような名前がついています。戦争をして領土を増やした皇帝は「武帝」、内政を充実させた皇帝は「文帝」などです。逆に、廃されたから「廃帝」、

李淵――唐を開いた高祖

幼くして廃位・殺害されたから「少帝」、若死にしたから「哀帝」などという、かわいそうな名前の皇帝もいます。

モンゴル帝国は太祖チンギスのほうが、太宗オゴデイよりはるかに有名ですが、唐は高祖李淵より太宗李世民のほうが有名です。初代の李淵は「何をしていたの？」と言いたくなるぐらい影が薄い。受験では「六一八年に李淵が唐を建てた」と覚えさせられますが、それだけです。また、李淵についての記述は、すべて李世民時代以後に書かれたものなので、李世民に都合よく書かれています。

李淵は皇帝になると、長男の李建成《りけんせい》を皇太子とし、次男の李世民を秦王としました。しかし六二六年、李世民は兄の皇太子・李建成と弟の斉王・李元吉《りげんきつ》を殺してしまうのです。「玄武門の変」といいます。李淵は退位し、李世民が皇帝になります。李世民はクーデタにより兄を殺し、父を隠居させるという形で政権を奪ったのです。

しかし、残っている歴史書によると、建国時には「李淵は優柔不断だったが、李世民がイニシアティブを取って行動したので唐ができたのだ」、クーデタも「やられそうになったから、やった、正当防衛だ」ということになっています。本当かどうかは、大変に怪しいと思います。実は、十四世紀末の李氏朝鮮の建国当初も似たような話になっているので、よくある改竄《かいざん》パターンなのではないでしょうか。

岡田英弘によると、王朝の黎明期は、文書管理者たちが都合の悪いことは処分して消してしまっているのです。「建国者が偉かったので今の王朝が続いている」と美化し、場合によっては神格化し、いかに立派だったか、いかに優れていたかという美談だけが残される。正史は次の王朝、あるいは、もっと後になってから書かれるものですが、悪く書きたくとも記録がなければ書けません。

最後のほうの皇帝は混乱のさなかで整理する間がなく、残っている記録の幅が広いので、後世の人たちが悪く書こうと思えば、材料が豊富にそろっているのです。

そして、前述のように、シナには天命思想があります。興った新王朝は天命が降りたのだから立派でなければならず、逆に王朝末期

李世民——実質的な唐の開祖

については天命を失った理由、つまり悪口を書かなければなりません。

とはいえ、李淵・李世民らは、隋の煬帝から部下の心が離れていくときに数ある将軍の中から頭角を現しました。建国時にも、その後のクーデタにしても、ライバルたちを蹴落として李世民らが生き残ったということは、やはり政治力があったということです。李世民は有能な人ではあったのでしょう。

ところで唐の建国にあたっては、もう一つ重要な要素があります。実は北の突厥《とっけつ》帝国に援軍を要請したのです。隋の中の一地方を治める一将軍にすぎなかった李淵らが勝てたのは突厥の援軍のおかげです。

唐より大きかった突厥帝国が滅亡——唐の皇帝が遊牧民の君主に！

突厥について、少し時代をさかのぼってお話しします。

六世紀半ば、モンゴル高原に突厥帝国ができます。領土を広げたのはムカン・カガンの時代で、一代で東は満洲の遼河《りょうが》、北はシベリアのバイカル湖、西はカスピ海にいたるまでを支配下に入れました。ユーラシア大陸の東西に広がる大帝国です。唐より大きい（図9参照）。

その頃、北魏は西魏と東魏に分裂し、それぞれが対立しながら、まもなく西魏→北周、東魏→北斉と王朝が交代していきました。両王朝は突厥帝国に公主を嫁がせ、貢ぎ物を贈り、争うように突厥との関係を深めようとします。

突厥のほうは、そんな両者を手玉にとって高みの見物をしていました。ムカン・カガンのあとを継いだ弟のタスパル・カガンは「私の南方にいる二人の息子さえ親孝行なら、何で物資の不足を心配する必要があろうか」と言ったそうです。二人の息子とは北斉と北周の皇帝たちのことです。つまり、分裂した北魏の後継国のライバル同士が突厥帝国に頭を下げて、「こちらの味方になってくれたら、貢ぎ物を差し上げます」と、へいこらしていたのです。

ところが、突厥のほうも国が大きくなりすぎて五八三年に東西に分裂してしまいました。東突厥のイシュバラ・カガンの妻は北周の皇族の娘、千金公主でした。突厥は分裂しても強国です。北周に取って代わった隋の文帝は、千金公主を自分の帝室の一員ということにして、名前を大義公主と変え、娘あつかいにしました。

同じ隣国でも高句麗は叩きますが、突厥との同盟は維持したい。それだけ突厥は強大だったのです。高句麗にしても煬帝が三回も遠征して失敗するのですから、なかなかに強いのですが、征服できると思える程度の小国でした。高句麗と突厥は、現代に例えるなら、北朝鮮とロシアの違いでしょうか。突厥やロシアは到底潰せない。潰せないなら仲良くしておかなければならないということです。

時代は下って、隋は唐に代わります。唐建国にあたって突厥の援助を得た太宗李世民は、突厥帝国に対して友好的に振る舞いながら、様子を見ました。案の定、東突厥のイルリグ・カガン（頡利可汗）が同族をないがしろにし、ソグド人やシナ人などを重用したため、内部対立を起こします。その上、年々大雪が降り家畜が死に社会不安がつのりました。機を見た李世民は、突厥とは異なる鉄勒《てつろく》系薛延陀《せつえんだ》部の族長と同盟し、六三〇年、東突厥（突厥第一帝国）を滅ぼします。イルリグ・カガンは捕らえられて唐に送られました。

唐は、それまで下手に出ていたのに、しかも建国にあたっては力を貸してもらったのに、すきを見て突厥を倒しました。立場逆転です。さらに、このとき同盟した薛延陀も六四六年に滅ぼしてしまいます。

それまで大帝国突厥のカガンを君主として仰いでいた北方の遊牧民の族長は、長安にやってきて、太宗にテングリ・カガンの称号を奉《ほう》戴《たい》します。今や唐は突厥を吸収し、その上に立ったので、李世民がシナだけではなく北方全域の君主になりました。ちなみに、このとき史上初めて蒙兀《もうごつ》（モ

[図9] モンゴル高原の遊牧民・突厥（トルコ）

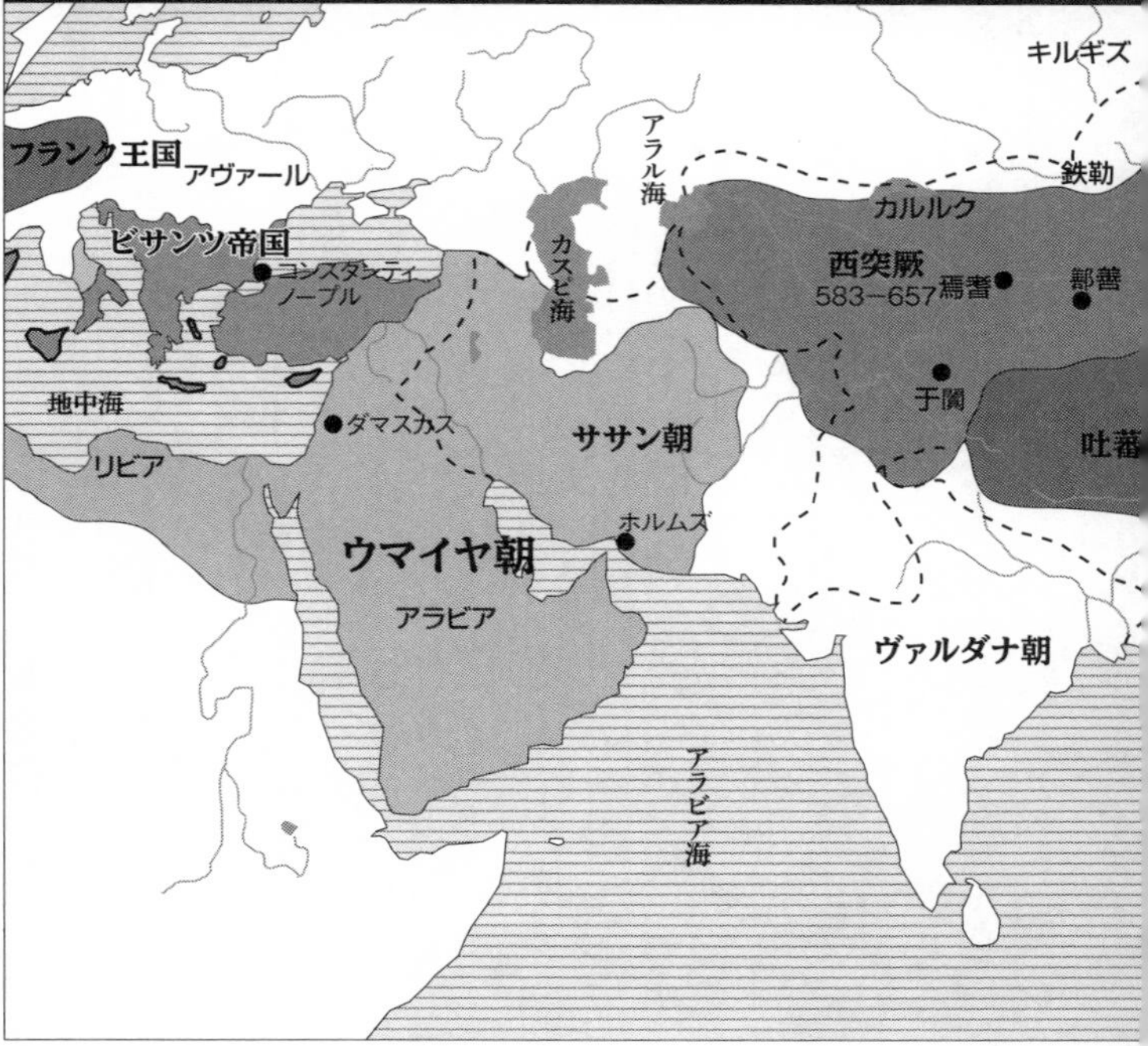

ンゴル）という部族の名前が記録に残ります。

敗戦後の突厥は唐の支配体制に組み込まれ、家来として俸給をもらって生きていました。

しかし、その後、再起をはかり、ついに六八二年、陰山山脈付近を拠点として独立します（第二突厥帝国）。すると、唐支配に甘んじていたかつての同胞が集まってきました。

ちなみに、突厥は初めて文字を持った遊牧民とされ、ビルゲ・カガン（在位七一六〜七三四）の時代には民族主義的な内容の碑文が残されています。「タブガチ（拓跋、突厥は当時の唐を鮮卑族の拓跋氏族の建てた国と理解していました）の甘い言葉に惑わされてはならない。やわらかい絹や美食などに騙されるな。我らは遊牧民なのだ」と。

「世界帝国」としての唐――中央アジアの国際的な人々がつくった国

唐といえば、「国際的」「世界帝国」「中央アジアとのつながりが深かった」などと教科書で教わります。しかし、それまでそうでなかった民族、華北の「漢人」や江南の「タイ人＋漢人」がいきなり「国際的」になるでしょうか。実は、唐が「国際的」なのは、中央アジアの人々がやってきて長安に住んだからです。代々住み続けている人の意識が「国際的」になったのではなく、住む人の出自が「国際的」になったのです。

漢文で記録を残すので一見シナの王朝のようですが、その実、鮮卑族が王朝を建て、突厥人も入って、君主は拉致同然ですけど、自発的にやってきて商売をした人たちもいました。同じような流れの中で中央アジアの人々もまた、やってきたのです。はっきり言えば、シナの土地が北と西にのっとられた状態です。

五胡十六国以来、どんどん外から人が入り続け、北魏を経て、隋・唐になったら、もっと来た。それまでは来なかったサマルカンドやタシュケント（現ウズベキスタン）から、長安だけでなく今の北京の地にも人が移住してくるようになりました。

彼らの中には唐の政治や経済の中枢を担う者も現れました。日本の阿倍仲麻呂《あべのなかまろ》（六九八頃～七七〇頃）は玄宗《げんそう》時代の唐で出世し、高官になりますが、けっして例外的な存在ではありません。向こうでは別に珍客扱いされることもなかったでしょう。

唐は、様々な人種・民族の人々の混在する世界帝国であり、長安は開けた首都でした。そのことに間違いはありませんが、ここまで述べてきたような経緯をふまえると、世界史教科書から受ける印象とは全然違ったものに見えてくるのではないでしょうか。

逆に、それ以前に東夷・西戎・南蛮・北狄がどんなに入ってきても、交じっても、「国際的」と言われなかったのは、唐代になって入ってきた中央アジア人ほど異質ではなかったということでしょう。シナ人が元来、東夷・西戎・南蛮・北狄の混血であるなら、それも不思議ではありません。

それにしても、唐の皇帝は、それら諸民族をまとめていたのですから、なかなか大したものだと思います。漢人をおさえ、北方の遊牧民も従えます。李世民の治世についての記録は大いに美化されてもいるのでしょうが、事実関係を拾っただけでも「貞観《じょうがん》の治」と讃えられるだけのことはあります。

そして、ついに高句麗を降します。六四四年に行なった李世民の高句麗遠征は失敗するのですが、次代の高宗（六二八～六八三、在位六四九～六八三）が六六八年に高句麗を滅ぼし、唐の支配下に入れました。日本が百済に援軍を出し白村江で大敗したのはこの直前のことです。その後の日本の政治・外交の舵取りに大きな影響を与えた大事件です。

ちなみに、一世紀後の七五一年、唐はタラス河畔の戦いでイスラム軍に敗退するのですが、そのときの将軍は高仙芝という高句麗出身の人です。そのころには高句麗人もまた唐帝国の一要素としてしっかりと組み込まれていたことがわかります。

チベット（吐蕃）は唐より強大な国だった

この時代に唐はチベット（吐蕃《とばん》）とも関係します。当時のチベットは唐より強く、戦争に負けた唐がチベットに対して和を申し入れたりしています。六四〇年、太宗は養女とした娘を文成公主としてチベットに嫁がせました。突厥が強ければ突厥に皇女（公主）を嫁がせ、チベットが強ければチベットに嫁がせるわけです。

「公主を嫁に」と要求したのはソンツェン・ガンポ王でしたが、王は息子のグンソン・グンツェン王に王位を譲り、文成公主は、この新王と結婚します。ところが、新王は三年後に落馬して死んでしまいました。

しかたがないので、ソンツェン・ガンポが復位します。「文成公主をそのままチベットにとどめて私の妃にします」と唐に使いを送ると、唐の太宗は快く承諾しました。息子の嫁と義父が結婚したわけです。これは儒教国ではありえないことです。

唐自身、玄宗皇帝と楊貴妃《ようきひ》のロマンスが有名ですが、楊貴妃はもともと玄宗の息子、寿王李《り》瑁《ぼう》の後宮にいた女性でした。それを父である玄宗が愛姫にしたのです。

儒教道徳には反する行為で、いずれも唐の皇室が、いかに漢人（儒教徒）ではないかがわかるエピソードです。

遊牧民・狩猟民には、父の死後、実の母以外の（父の）妻を自分の妻として迎える風習があります。結婚とは同盟なので、君主であれば特に、父の結んだ他部族との同盟関係は後継者である息子も維持しなければなりません。同盟の担保である妻たちに帰られては困るのです。

妻は家来をたくさん実家から連れてきています。財産もあります。それらを全部引き継ぐために、もう一度、息子が結婚するのです。もちろん実質的な夫婦関係を持つかどうかは別の話ですが。

文成公主――公主はプリンセスの意。太宗の養女。640年チベットに嫁いだ

その昔、前漢時代に匈奴に嫁入りした王《おう》昭《しょう》君《くん》も、夫である単于《ぜんう》の死後、その息子と結婚しています。漢人の道徳観からすると近親相姦に当たる行為なので、以来、シナでは王昭君の「悲劇」として語られました。しか

ソンツェン・ガンポ王と二人の后

し、文成公主の場合は、何の問題もなく認められています。唐とはそういう王朝だったのです。
もっとも、文成公主はグンソン・グンツェン王が亡くなった三年後の六四六年にラサにラモチェ（小昭）寺を建て、唐から迎えた釈迦牟尼像を祀って亡き夫の菩提を弔い、グンソン・グンツェン王の喪が明けてからソンツェン・ガンポ王と再婚しています（山口瑞鳳『チベット』下　改訂版、東京大学出版会、二十四〜二十五頁）。
上の写真はポタラ宮にあるソンツェン・ガンポ像です。両脇に座っているのは二人の王妃、文成公主（右）とネパール王女ティツン（左）です。チベットは唐とネパールの両方から仏教を入れました。

シナ史上、最初で最後の女帝・則天武后――北の女は強い！

唐にはシナ史で唯一皇帝になった女性がいます。高宗の皇后、則天武后（六二四〜七〇五、在位六九〇〜七〇五）です。夫の高宗は気も体も弱い人で、夫の在世中から「もう見ていられないわ」と武后が指図をし、六八三年に高宗が亡くなると、皇后自らが皇帝になってしまいました。ちなみに、清朝末期の西太后《せいたいこう》も政治の実権を握りますが、陰で幼い皇帝を操ったのであって、正式に皇帝になったわけではありません。

則天武后は漢を乗っ取った王莽が新《しん》を建てたように、短期間ではありますが周王朝を開きました。「皇后なのだし、そのまま唐でいいじゃないか」と思うかもしれませんが、男系ではない、つまり皇帝一族の血筋ではない外戚なので王朝が変わります。そこがロシアのエカテリーナ二世とは違うところです。エカテリーナ二世はドイツ貴族の娘でロマノフ家の血を引いていませんが、別の王朝を建てたりはせず、ロマノフ朝の君主の一人として数えられています。しかし、シナ大陸では事情が異なり、則天武后は出身部族（武氏）を背負っているのです。ちなみに前漢・後漢の間に新を建てた王莽も外戚の一族でした。

要するに、李氏の唐が、武氏に乗っ取られ周になりました。

唐というと、奈良時代の日本が律令制度のモデルとした国として習いますから、日本人は、

則天武后（624～705）。唐の高宗の皇后からシナ史上唯一の女性皇帝に

よほど優れた立派な国だったのだろうと思い込んでいます。しかし、この唐には、大きく四つ、初唐・盛唐・中唐・晩唐と時代区分があります。初唐末、則天武后の時代に府兵制が崩れます。唐の皇族の多くを殺し、権力を武氏一族に集中させようとしたのですが、その過程で唐の政権基盤が大きく破壊されました。周は六九〇～七〇五年の十五年間ですから、日本が奈良時代（七一〇～七九四）に入る直前の出来事です。

彼女の死後、則天武后の後継者を武后の実家である武氏から出すのか、李氏に戻すのか、議論があったようですが、結局、則天武后の息子、つまり、高宗の血を引く李朝の男系男子を皇帝とし、国号も唐に戻りました。

それにしても、なぜそんなに女が強いかというと、北方出身だからです。遊牧民・狩猟民は女性が強いのです。なにせ人が少なく、普段から離れて暮らしています。君主が亡くなり、次

馬に乗る唐の女性たち。このなかの一人が楊貴妃の姉

の君主を選ぶには、散り散りバラバラの一族や各部族の長を集めて集会を開かなければなりません。後継者が決まるまでは、とりあえず先代の妻が政治を行ないます。監国皇后という言葉があり、そういうものとして社会に受け入れられています。たまたま強い性格の女が権力を握るのではないのです。また、後継者が幼い場合も母（多くは先代の妻）が摂政として政治を行ないます。

日本では父子・兄弟など男性親族が摂政になりますが、遊牧民出身の王朝は基本的に女性親族がその役割を担います。また、息子が成長した後も母が口を出します。女性の発言権はけっこう大きいのです。

上の図で楊貴妃の姉が馬に乗っています（残念ながら楊貴妃は描かれていません）。馬にまたがって座り、自分で御しています。馬に乗る民族の出身であることがよくわかります。

則天武后や楊貴妃らは、この時代に君臨し、政治をも動かした北の女たちだったのです。

府兵制も均田制も全国一律ではなかった――徴兵は北から、徴税は南から

ここで日本の律令制のモデルとなった（はずの?!）唐の府兵制と均田制について説明します。

府兵制とは徴兵制のことです。図10上の棒グラフは折衝府《せっしょう》という、兵を集め、訓練なども行なう軍府の数です。これを見てわかるように、徴兵した地域は、主に長安の北側に広がる草原地帯の現在のオルドスと、陝西省《せんせい》・山西省に相当する地域です。そして、華北のあまり農業に適さない山間部、北京周辺部、現在の山東省の辺りからも少しずつ兵を取っています。しかし、南の地方からはまったく徴兵していません。図で棒グラフが立っている地域は五胡十六国および北魏の時代に、遊牧民が住み着いたところです。五胡（匈奴、鮮卑、羯、氐、羌）は農耕民族ではありません。農業をしない人から穀物税は取れない。それで、兵隊を取ったのです。逆に、南の農業地帯からは、従来通りの方式で穀物税を納めさせました。府兵制を全土に敷いたわけではないのです。

また、日本の班田収授制のモデルとなった均田制ですが、その実施状況は大変に怪しいもの

[図10] 唐代に府兵制が敷かれた折衝府と十節度使

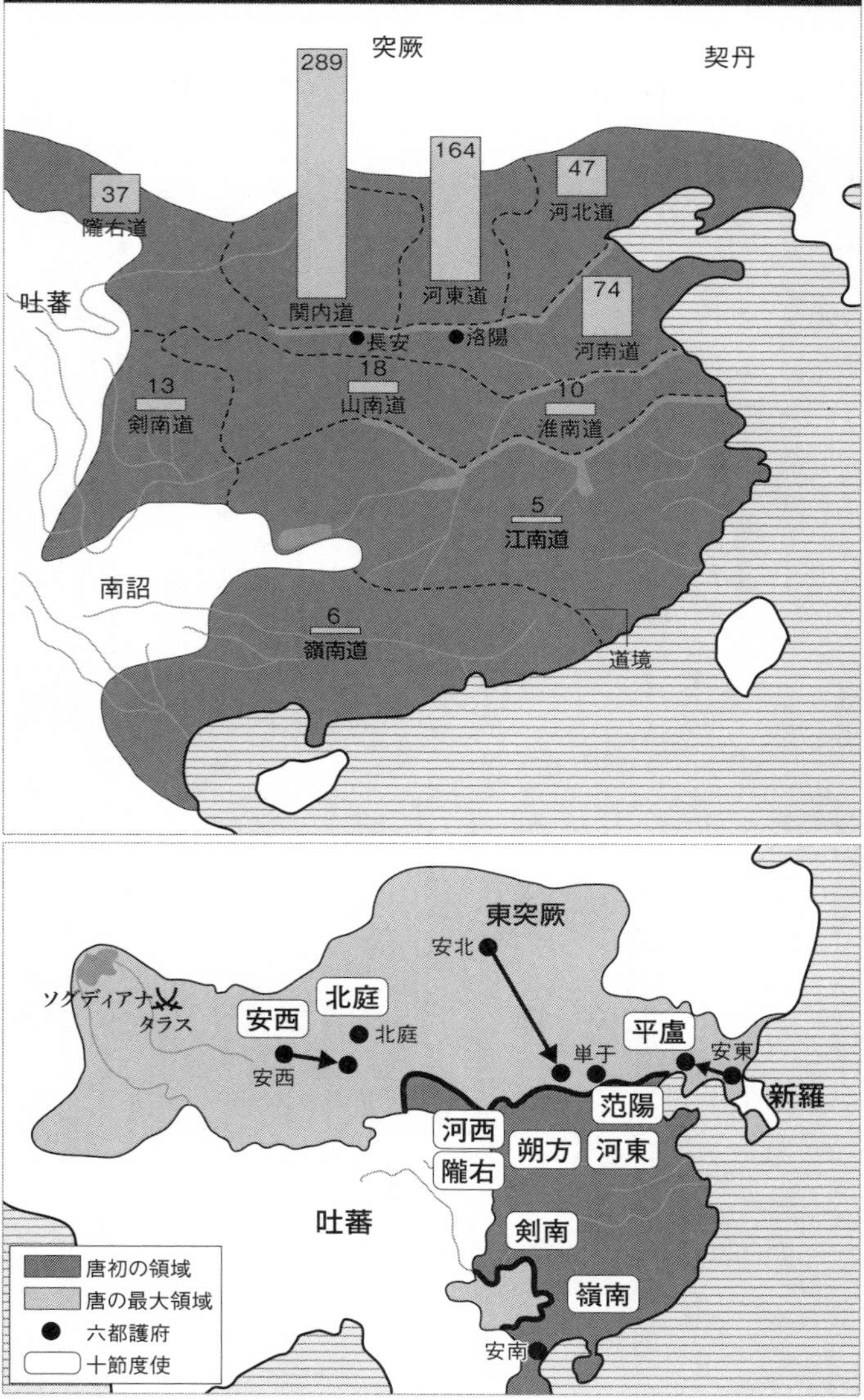

です。

一九〇〇年、敦煌《とんこう》（甘粛省）から唐代の書類が出土しました。敦煌文書（敦煌文献）と呼ばれていいます。大半は仏典なのですが、売買契約文書や土地台帳なども含まれていて、均田制が実施されていたことを示す記録が出てきたのです。それを見て、中国人はもちろん、日本の学者も「敦煌みたいな辺境でも律令制がきちんと施行されていた！」と喜びました。しかし、それは話が逆で、敦煌は辺境だからこそ均田制が可能だったのです。

新しく征服した土地だから、分かち与えることができました。人が住み着いているところで、その人たちから土地を取り上げるわけにはいきません。もともと人がいた地域では均田制など行なわれていないのです。

確かに唐は法律を整えましたが、その法律がしっかり運用されていたかどうかは別の話です。そして、定められた法律が国中に行き渡り機能していたかどうかという研究はほとんどありません。研究書に書いてあるのは「こういう立派な法律があります」という形式論だけなのです。

さて実際にどのような運用がなされていたかというと、兵隊を徴兵する折衝府から、どんどん人が逃げていき、最後には、ほとんど人がいなくなって徴兵しようにもできなくなってしまいます。やはり徴兵されるのは負担が大きく辛いのです。

定期的に課される国都での衛士《えじ》は武具を自己負担しなければならず、在役中に一度は辺境防衛（防人《ぼうじん》）に赴かなければなりませんでした（富谷至・森田憲司『概説中国史　上　古代―中世』昭和堂、二〇一六年、二三八頁)。

集兵できなくなった唐は、辺境の新しく従えた遊牧民たちを軍隊に編入しました。「そのまま、そこに駐屯して、さらに外側の敵から守ってください」というわけです。そうした遊牧民の軍隊が、唐の中盤から、どんどん増えていきました。彼らは漢字が使えないし、言葉も違います。指示や命令が的確に伝わらなければ軍隊が機能しませんから、将軍には、彼ら兵士たちと同じ種族の人を採用します。それが節度使という現地駐屯軍の長官です。

日本の班田収授制もうまくいかなくて、後々、三世《さんぜ》一身《いっしんの》法《ほう》だの、墾田永年私財法だのと修正法を定め、それによって私有地が増え、荘園を認めていきます。これらの評価は置いておくとして、日本人研究者の中に「私たちは辺境の島国で、法律をきちんと運用できませんでした」と自虐的に捉える人がいるので強調しておきます。オリジナルの唐の律令制も、実はグダグダなのです。

唐は六一八〜九〇七年、いちおう約三〇〇年間、続きましたが、時代によっても様相が異なりますし、法律があっても運用されていたかどうかが問題です。そして、八世紀の半ばころから、辺境地域の「漢人化」していない異民族に国境警備という重要な役割を担ってもらうために唐の重要な役職を与え、給料を与え、その集団の指導者を節度使に任命していくことになったのです。

安史の乱とソグド人――盛んでなくてもなぜ「盛唐」なのか

則天武后が壊した唐の基盤を、孫の玄宗（六八五〜七六二、在位七一二〜七五六）が持ち直しました。その時代を「盛唐」といいます。日本の奈良時代前期と重なります。しかし、七五五年、安禄山《あんろくざん》・史思明《ししめい》の乱（安史の乱）が起こります。

国際帝国だから、遠くから異民族がやってくる。しかし、あまり中央に入れたくない。辺境でそのまま駐屯して、自力で防衛しているようにと留めておいたら、その総大将である節度史が反乱を起こした。これが「安禄山・史思明の乱」です。

乱を主導した安禄山は、母が突厥の巫女《シャマン》で、父がイラン系ソグド人です。「安禄山」はシナ人のような名前ですが、幼名を軋犖山《あつらくざん》といい、Alexandros の音、またはソグド語で「光」を意味するロクシャン roxan の音をあてたとされます（竺沙雅章・藤吉真澄『アジアの歴史と文化2　中国史―中世』同朋舎出版、一九九五年、一五二頁）。

左図は肖像画です。体重三三〇〜三五〇斤（約二〇〇〜二一〇キログラム）という、大変に太った人だったようです。膝まで垂れるようなお腹をしていて、玄宗に「お前のその巨大な腹には何がつまっているのか」と問われ、「ただ陛下に対する忠誠心だけでございます」と答えたエピソードが残っています（陳高華『元の大都』中公新書、一九八四年、五頁）。

安禄山は現在の北京あたりを本拠地とする節度使でした。もう一人の乱の指導者である史思明も安禄山と同様、突厥とソグド人の混血です。安禄山は玄宗の寵《ちょう》を得て、複数箇所の節度使を兼任し、しかも、平均して二年任期のところを長期間務め、節度使総兵力の約四割を手中に収めていました。

しかし、宰相・楊国忠《ようこくちゅう》が安禄山を中傷します。玄宗の寵姫《ちょうき》・楊貴妃の従兄弟である楊国忠は玄宗の側近として中央にあり、皇帝の寵を競うには安禄山より有利でした。安禄山は失脚の危機を感じて乱を起こすのです（前掲『アジアの歴史と文化2　中国史―中世』一五三～一五五頁）。

安禄山――トルコ人の女シャマンの息子でソグド人将軍の養子

反乱軍は北京から長安に向けて押し寄せてきます。洛陽が陥落し、さらに西へ、長安の目と鼻の先にやってきました。玄宗皇帝一行は都を逃げ出し蜀（四川省）に向かいます。楊国忠と楊貴妃も当然、同行します。

しかし、そもそも楊国忠の専横によって安禄山と史思明の反乱が引き起こされたのですから、不満を持った警護の兵士たちに楊国忠は殺されてしまいます。楊貴妃もまた縊り殺されました。長安から、ほんの少し西に移動したところでの悲劇でした。側近と寵妃を殺され、玄宗は泣きながら成都に向かいます。

なぜ日本人は「唐詩」が好きなのか――漢人とは異なる文化

ところで、漢文の時間に唐詩を習いますね。実は、杜甫や李白、白楽天など、日本人が大好きな詠み手はみな、出身は鮮卑など、漢人ではない人たちです。唐詩が素敵なのは、「四書五経」などの先例に頼ることなく、つまり、もともとあった語彙を使わず、それでいて漢詩の型を使って、自分の話し言葉による発想を、習い覚えた漢字で表現しているからです。

遊牧民は歌や踊りが大好きです。突厥とソグド人のハーフである安禄山は、とても太っているのにクルクル回る胡旋舞《こせんぶ》の踊りが上手だったといいます。彼らが自分たちの言葉でいつも歌っていた詩を漢詩にしたので、漢詩に新しい息吹が吹き込まれました。歌い込まれた情景が詩的で美しく、それをまた日本語で詠むから、その気持ちが伝わる。だから日本人は唐詩が好きなのです。漢詩と言えば唐詩というぐらい、唐詩以外の詩は、あまり人気がありません。気持ちがこもっておらず、魅力がないのです。

混乱のさなかの七五六年、皇太子の粛宗《しゅくそう》が霊武《れいぶ》（現・寧夏回族《ねいかかいぞく》自治区）で即位し、父の玄宗は退位しました。そして、安史の乱への反撃は粛宗が中心となって行ないます。このときは

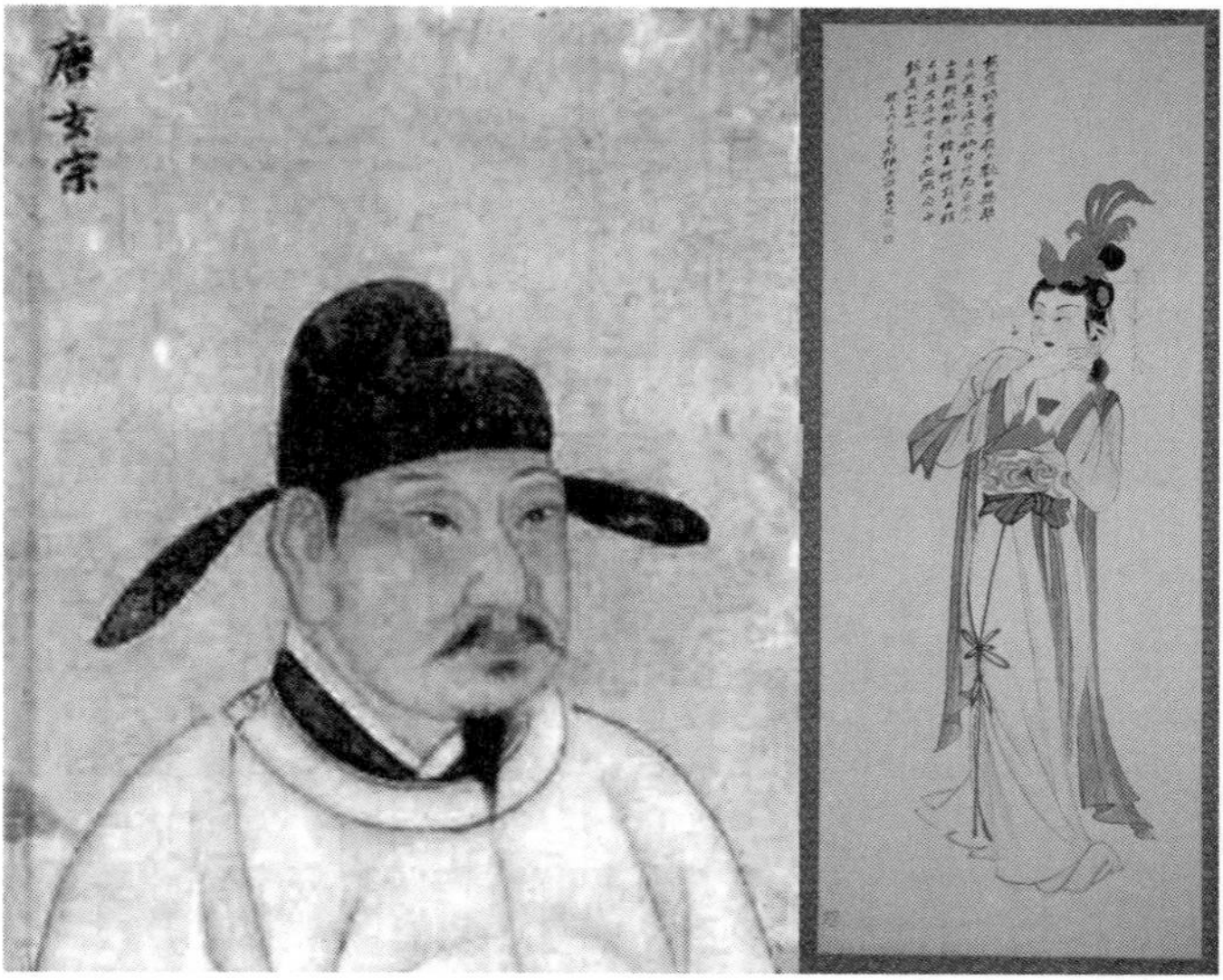

玄宗皇帝と楊貴妃

突厥のあとでモンゴル高原の覇権を握ったウイグル（回鶻《かいこつ》、今のウイグルではありません）に助けを求め、なんとか鎮圧に成功します。またしても他の種族を使いました。

　周辺民族に辺境防衛をまかせ、節度使の反乱を招く。しかも助っ人を異民族に頼む。こんな状態で「盛唐」です。「盛り」を過ぎた中唐・晩唐は推して知るべし。乱を鎮定したからといって平安な世の中になるわけがありません。状況はひどくなる一方です。最後の晩唐には、節度使たちが勝手なことばかりするので、もはや唐は中央集権を保つことができなくなり、部族主義にもどってしまいました。唐という国があることによって利する人たちがいるので、なんとか国が崩壊しないで続いている状態です。

日本では、八九四年に菅原道真の建議で遣唐使が廃止されます。日本人は唐の実情を見て、「遣唐使なんか派遣する必要はない」と正しい判断を下しました。

隋・唐が、それぞれ偉業を成し遂げた大帝国であったことは間違いありません。ただ、ふつうの日本人が持っているイメージとはだいぶ違う国だったということです。

第三章

モンゴル帝国の興亡
——五代十国から元朝まで

五代十国を経て宋が建国――漢人の王朝だが初代皇帝は北京出身

唐の末期、八七〇年代の初めには連年の水害や旱魃《かんばつ》、そしてイナゴの被害によって流民が発生していました。社会不安を背景に八七五年、黄巣《こうそう》の乱が起こります。黄巣は指導者の名前です。唐全土を巻き込んで、十年におよぶ大乱になります。

唐は盗賊や異民族の首領などを節度使に任じて、なんとか反乱軍を鎮圧することができましたが、彼らが軍閥化して唐朝の滅亡（九〇七年）を招きます。

唐の滅亡から北宋の成立までの間、黄河流域を中心とした華北を統治した五つの王朝（五代）と、華中・華南と華北の一部を支配した諸地方政権（十国）をまとめて五代十国時代といいます。

五代は後梁・後唐・後晋・後漢・後周です。このうち後唐・後晋・後漢は西突厥の沙陀《さだ》族の王朝です（『岡田英弘著作集Ⅳ　シナ（チャイナ）とは何か』藤原書店、二〇一四年、二五九頁）。

そして後周の武将であった趙匡胤《ちょうきょういん》（太祖、九二七～九七六、在位九六〇～九七六）が九六〇年、宋（～一二七六）を建国します。そして、九七九年に趙匡胤の弟である二代目太宗が統一をなしとげました。

東洋史学の泰斗である内藤湖南（一八六六～一九三四）が「宋代は近世の發端となりて」（「概括的唐宋時代観」一九二二年）と言って以来、宋が最も中国らしい王朝であるとする向きがあります。漢学者なども宋好きの人が多いです。いわく「庶民の生活が向上し、飲食店なども栄えた。紙が普及し、書籍の出版・販売が進んだ。絵画や音楽などの芸術が発達した」と。

趙匡胤――宋の初代皇帝（在位960～976）。後周の世宗側近の武将であったが、世宗の没後、各地に分立していた政権を統一

宋代の絵画「清明上河図《せいめいじょうがず》」には開封《かいほう》の町の賑わいが描かれています。橋の上やたもとに人が大勢集まっています。河を行く船も多く、船上の人が橋を見上げています。この絵に象徴されるように、文化の香り高い時代とされているのが宋代なのです。

この宋、漢人の王朝ということになっていますが、建国の祖・趙匡胤は北京の出身です（まだ北京という名前はありませんが)。北京といえば、安史の乱を起こした安禄山の本拠地ですから、血統としては、鮮卑か突厥かソグドかと疑いたくなる背景ではあります。それでも、宋は漢人王朝を自称していますし、歴史学の世界でも、いちおう漢人王朝ということになっています。

中華思想は宋から始まった――遼と金を野蛮人として蔑む負け惜しみの思想

宋とほぼ同時代に、北部では契丹人が遼(九一六~一一二五)を、ついで女真人が金(一一一五~一二三四)を建国しています。この二国を、漢人は「我々は文明人、あいつらは野蛮人」というスタンスでバカにしています。

しかし、少しおかしくないですか?

内藤湖南(1866~1934)。東洋史学者。大阪朝日新聞などの記者を経て京都大学教授。日本の中国史学の発展に貢献

三国時代から五胡十六国・南北朝時代を経て漢人が入れ替わったという話をしました。隋・唐時代の漢人は秦・漢時代の漢人ではなく、もともとは北方アジア系の遊牧民や狩猟民、いわば、漢字を使う五胡です。古い漢人は華北では絶滅しました。江南に逃れて生き残った人もいますが、彼らが華北に戻ったわけではありません。開封(黄河沿いの都市)を首都とする宋を担った人々は、明らかに新漢人です。鮮

清明祭を描いた清明上河図の部分。12世紀（北宋末期）の張択端の作品とされる

卑族や突厥の居残り組が新しい漢人になって、契丹や女真など新興の田舎者を野蛮人としてバカにしたのです。空っぽの都会を占拠して居座った五胡の国々を統一した北魏も、続く隋・唐も、そして、宋にしても、よく考えれば、もともとは、みんな田舎者です。

宋と並立した新興の「野蛮人」である契丹と女真は強く、宋は負けっぱなしでした。

遼は燕雲《えんうん》十六州と呼ばれる、今の北京から大同にかけての一帯を支配していました。宋は統一をなしとげると、この地域をも取り戻そうと燕京（現北京）を攻めますが、大敗し、命からがら逃げ出します。

そして、一〇〇四年には、逆に遼が攻めてきました。軍が宋の首都開封に迫り、澶州《せんしゅう》（河南省）に達したとき、宋は和議を申し入れ、澶淵《せんえん》の盟《めい》を結びます。宋が遼に毎年絹二十万匹、銀十万両を支払うという条件で国境が保たれることになりました。お金を払って許してもらうという情けなさに、漢人の自尊心が傷つきました。

この時期に「中華思想」が生まれます。「文明人である中華とその周辺の野蛮人（東夷・西戎・南蛮・北狄）は違うのだ」と、中華の文化的な優位性を誇り、軍事力では強くても文化程度が低い野蛮人を蔑《さげす》む思想です。

しかし、中華思想は、弱いからこそ出てきた負け惜しみの思想です。強かったら、わざわざ言う必要がないことです。唐の時代にはありませんでした。元朝も言いません。清朝の満洲人も中華思想など持ちませんでした。だから、日清戦争で日本に負けた中国もまた言うのです。いまだに言っています。ということは、「世界第二位の経済大国」などと言われ、経済発展しているように見えても、実際には日本に負けているという自覚があるのです。確かに、両国の違いを感じ取るまでに長く住む必要はありません。短期滞在の旅行者にも一目瞭然です。

それで、日本に来た中国人の言うセリフがふるっています。「戦争に負けた日本がどうしてこんないい国になって、勝った中国がどうしてあんなにひどい状態なの！」

そんなときはいつも「あなたがたに負けたわけじゃない」と喉まで出かかります。

徽宗皇帝が金に拉致されて南宋が成立――遼と金の違い

百年後、狩猟民の女真人が勢力を伸ばします。女真人は遼の支配下にありましたが反乱を起こし、一一一五年、金を建てます。宋はこれ幸いと「遼を挟み撃ちしよう」と金に呼びかけ、一一一九年に両者の間に密約が成立します。しかし、宋は進軍に遅れた上、燕京攻めでは、追い詰めながらも敗退するという失態を演じます。金は、ほぼ独力で、一一二五年に遼を滅ぼしました。宋は何も貢献していないのに、燕京をくれと要求したので、両者は対立します。このときは交渉が成り立ち、宋が金に莫大な金品を貢ぐという条件で、金は引き上げましたが、度重なる宋の違約に、とうとう金は怒って、宋に侵入します。翌年、宋の徽宗《きそう》・欽宗《きんそう》父子をはじめ三千人が金に拉致されてしまいました。この事件を靖康《せいこう》の変といいます。金は淮河に至るまでの華北地方を領土に加えました。

欽宗の弟である高宗は逃れ、一一二七年、南京で即位します。靖康の変までの宋を北宋、それ以後を南宋といいます。宋は遼には年貢を取られ、金には領土を奪われました。やられっぱなしです。

学校の世界史では宋が（弱いけれども）大国で、遼や金は（強いけれども）周辺国あつかいですが、この時代の宋は東アジアに数ある国々の一国にすぎません。領土的には遼や金と同じぐらいですし、西から南にかけて西夏《せいか》や吐蕃《とばん》、大理《だいり》などに囲まれています（図11参照）。

また、「中国史」だけ追っていると、遼より深く宋に食い込んだ金のほうが強そうに感じられるかもしれませんが、一概にそうは言えません。遼は横に広がり、金は縦に広がったのです。

契丹人の故郷は、モンゴル高原東部、大興安嶺山脈の東斜面の地方でした。自らが遊牧民族

[図11] 契丹(キタイ)帝国と宋

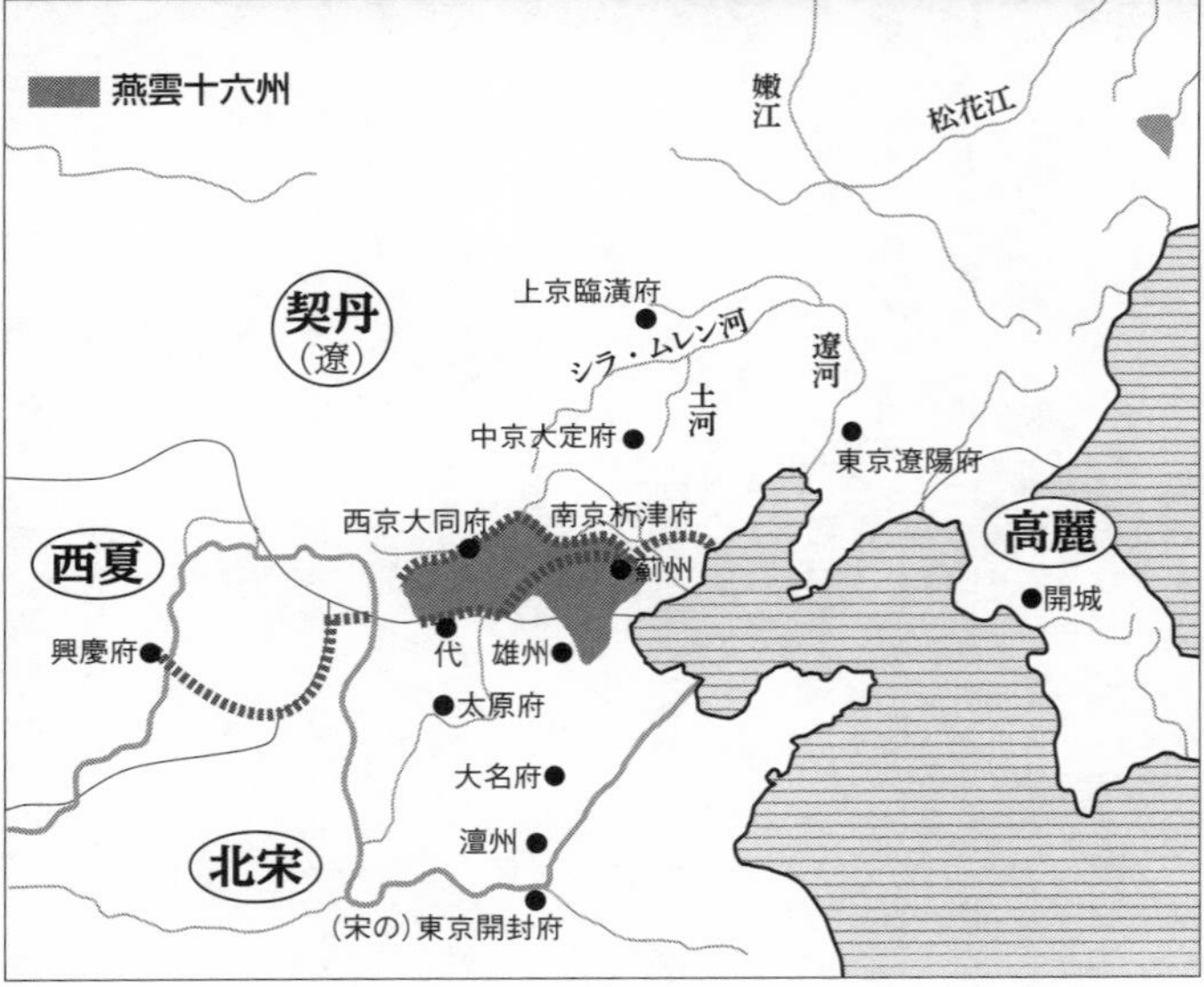

であるため、馬を駆ってモンゴル高原を西へと進み、現モンゴル国の首都ウランバートルを越えた西方まで、契丹が直接に支配しました。

ちなみに「中国」のことをロシア語では「キタイ」、モンゴル語では「ヒャタッド」と言いますが、その語源は契丹です。遼を建国した契丹が北方でいかに強大であったかを物語る証拠ではないでしょうか。チャイナの語源である秦に次いで、世界史に名を残した王朝です。

遼は遊牧型の政治組織とシナ型の都市文明を結合した制度を持ち、この二本立てシステムがのちのモンゴル帝国に引き継がれます（岡田英弘『世界史の誕生』筑摩書房、一九九二年、一七一～一七四頁）。

一方、金を建てた女真人は、満洲平野の狩猟民です。粗放農業を行ない、豚などの家畜も飼う、狩猟・農業・牧畜生活を行なう人々でした。遊牧民族ではないので、草原地帯にあまり興味がありません。図12（一四三頁）に示された境界線（界壕）より東が金ですが、境より西のモンゴル高原は家来筋に任せます。それぞれの土地で支配者としての称号を与えて、同盟を結んだのです。そして、自らは南下し、淮河以北の農業地帯を獲得しました。

その結果、それまで遼の支配下にあったモンゴル高原のタタルや、チンギス・ハーンの祖先などが、金時代には間接支配になりました。遼直属の役人や将軍が引き上げて、遊牧民たちは万々歳かと思いきや、内部の権力闘争が始まり、遊牧民同士の部族抗争時代に突入していきます。

若きチンギス・ハーンは金との同盟によって勢力を増した

第二章で唐の太宗の時代に初めてモンゴルについての記録が漢文に現れたと述べました。その時代のモンゴルはモンゴル高原の東の端、黒龍江の源流アルグン河の南、大興安嶺山脈の近くにいた小さな部族でした。

それから五百年が経ちました。

チンギス・ハーンの本名はテムジンといいます。今のモンゴル国東部、当時のモンゴル部族の西の端の家で生まれました。さらに西にはケレイトやナイマンといった有力部族がありました。父に早く死に別れたテムジンは、苦労に苦労を重ねて、ようやく出世の糸口をつかみます。一一九五年、ケレイトのオン・ハーンとともにタタル部族を攻撃し、戦果を上げました。テムジンの名前が記録に残った最初の出来事です。このとき、テムジンは金帝国に動員された同盟部族という位置づけにあります。平たく言うと、強大な金帝国の使い走りです。

大帝国の後ろ盾を得て、他の部族を下し、勢力を増してきたところで、反旗を翻しました。利用するだけ利用して「もう用済み」と金を切り捨てて攻撃する。よくあることですが、あまり褒められた歴史ではないので、モンゴルの歴史書『元朝秘史』には詳しい記述がありません。しかし、元代に編纂された漢文の『遼史』『金史』には、チンギス・ハーンが最初は金に臣従していたとあります。

そして一二〇六年、モンゴル高原の全遊牧部族長を召集して大会議を開き、チンギス・ハーンという称号を得ました。チンギス・ハーンには天命が降りたことになっています。このときテムジンの義弟の巫《シャマン》が神がかりになって天の託宣を伝えました。

「天上には唯一の永遠なる天の神があり、地上には唯一の君主なるチンギス・ハーンがある。これは汝らに伝える言葉である。我が命令を、地上のあらゆる地方のあらゆる人々に、馬の足

[図12] 金帝国——淮河まで南下した

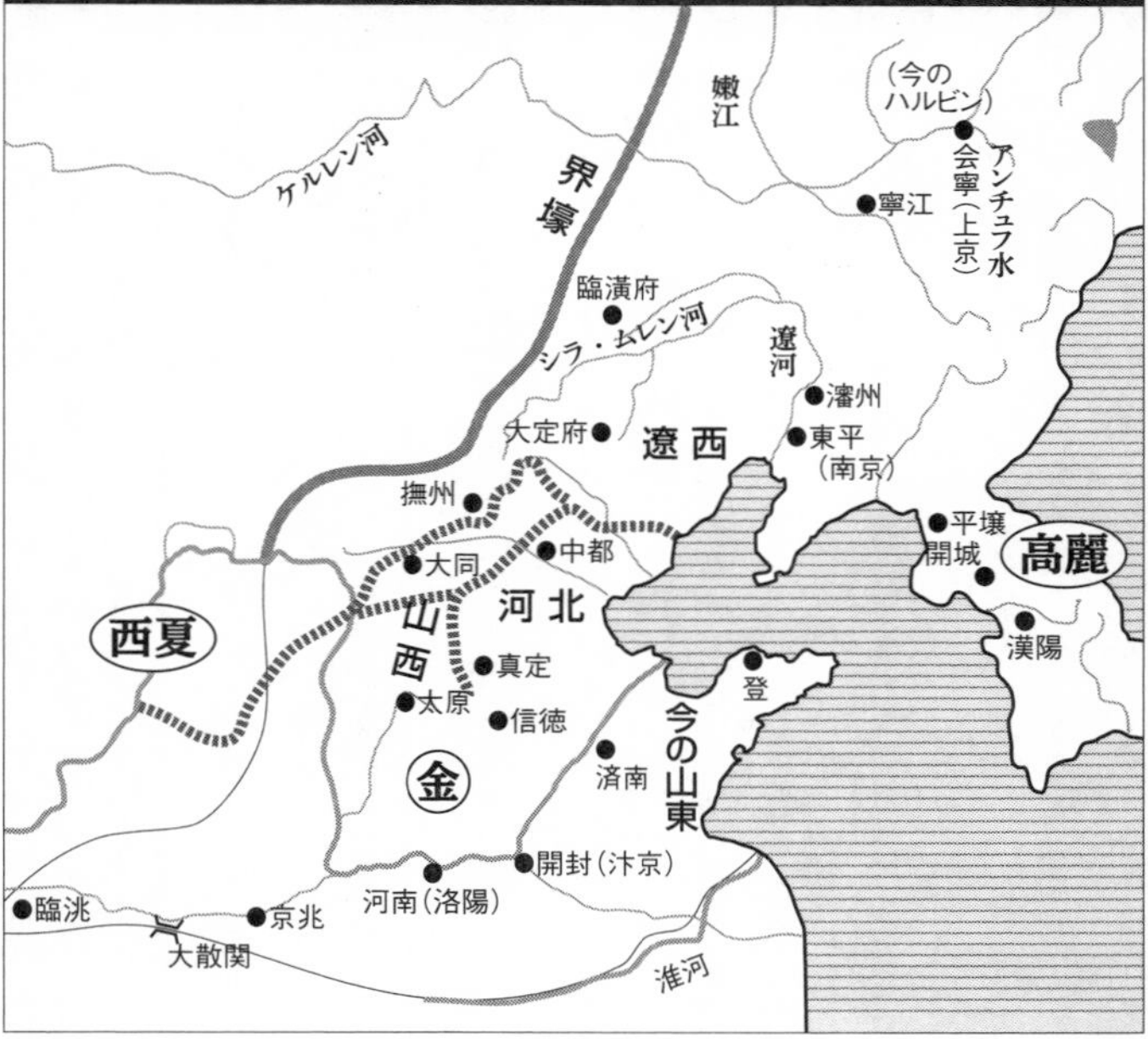

が至り、舟が至り、使者が至り、手紙が至る限り、聞き知らせよ。我が命令を聞き知りながら、従おうとしないものは、眼があっても見えなくなり、手があっても持てなくなり、足があっても歩けなくなるであろう。これは永遠なる天の命令である」

　その場にいた人々は、それを信じました。世界は一つになったほうがいいのだと。現代のグローバリゼーションとそっくりだと思いませんか。一つになったほうが幸せだと、みんながイデオロギーを信じてしまうところが危ないのです。言葉巧みですが、結局のところ、自分に従えということです。

一方、それによって誰が得をするか、考えてみましょう。細かく分かれた国々がなく、一つの組織が広域にあったら、大陸を渡り歩く商人にとっては都合がいいことです。東西貿易のためには国境がないほうがいいですから。そのためイスラム商人は、チンギス・ハーン率いるモンゴル人に各地の情報を伝えたり、経済的支援をしています。つまり、チンギス・ハーンは彼らに祭り上げられたという一面もあるのです。

天命が降りたと人々が信じることで勢いを増したというのも事実かもしれませんが、体制を支える実利がないと国は長続きしません。後世に伝わる文献にはドラマチックな神話が書かれていますが、近代歴史学では、その背景を考えます。

チンギス・ハーンは後に『元朝秘史』などによって、「カリスマ性があり、魅力的なリーダーだから、諸部族が心を合わせて一丸となることができたのだ」などと、生まれながらの英雄であるかのように描かれます。もちろん、帝国を築いた人ですから、それなりの偉人であったには違いありませんが、大帝国の皇子さまならともかく、ふつうの人が、いきなり頂点に立てるわけがありません。

チンギス・ハーンは読み書きができなかったと言われています。そのころのモンゴル族には文字の知識がなく、ケレイトとの接触以前の若いチンギスの事績は後世に書かれた信憑性の疑わしい物語だけです。生まれた年もわかりません。後に、チンギス・ハーンは部下から年齢を尋ねられたときに「知らん」と答えています。生年には三通りの説があり、一一五四年、一一五五年、一一六二年で、最早と最遅で八年も差があります。年齢がはっきりしないのは、モンゴル人が、長幼の序を気にしないためでもあります。実力主義で、生まれた順番によってランクづけされるようなことはないので、生年を気にせずに暮らしていけます。大事なのは、家畜を増やせる、統率力があるなど、よりよく生きていけるかどうかなのです。

もちろん、出世して偉くなり、官僚機構などを持つようになると、文字を扱える臣下が記録を残しますから、チンギスの息子で二代目のオゴデイからは生年月日が正確にわかります。

「ジンギスカン」なのか、「チンギス・ハーン」なのか

『蒼《あお》き狼と白き牝鹿《めじか》・ジンギスカン』という歴史シミュレーションゲームがあるそうですね。「テムジン」から始まって、「ジンギスカン」になり「世界を征服」するのだとか。このゲームのタイトルもそうですが、ジンギスカンといえば枕詞のように「蒼き狼」がついています。しかし、これは残念ながら大変に美しい誤訳です。

東洋史学者の那珂通世《なかみちよ》（一八五一〜一九〇八）がモンゴルの歴史書『元朝秘史』を日本語訳

し、一九〇七年に『成吉思汗実録』というタイトルで日本に紹介しました。「蒼き狼」と「白き牝鹿」という誤訳の元はここにあります。

詳しくは私の『世界史のなかの蒙古襲来』（扶桑社、二〇一九年）をご参照いただくとして、ここでは簡単に説明します。モンゴル語の「ボルテ・チノ」が漢文で「蒼色狼」となり、日本語訳は「蒼き狼」になりました。同様に「ゴアイ・マラル」が「惨白色鹿」となり、日本語訳は「惨白《なまじろ》き牝鹿」になりました。「ボルテ」は「まだら色」、「ゴアイ」は「黄色い毛」という意味で、どちらも漢語訳はあながち間違っていません。漢文の素養があった那珂先生ご自身は正しく理解していたのかもしれませんが、漢文訓読調の那珂訳を読んだ大半の日本人には「蒼き狼」は本当に青い色をした狼、「惨白《なまじろ》き牝鹿」は、「惨《なま》」が落ちて、ただ単に白い牝鹿としかイメージできませんでした。翻訳としては、直訳という名の誤訳です。ただ、文章そのものは美しく、誤解の仕方がロマンティックなものですから、それがかえって感動を呼び、英語までbluish wolfになってしまいました。しかし、青い狼など存在しません。本当は白黒まだらの狼です。

そして、「ジンギスカン」の日本語表記ですが、明治時代に定着していたのに、最近ではチンギス・ハーンのほうが優勢になっています。これ、実は岡田英弘の功績（？）です。著作にも常にチンギス・ハーンと書いていますし、一九九二年のＮＨＫスペシャル『大モンゴル（蒼き狼チンギス・ハーン）』の監修をするなどして、広く知られるようになったので、教科書の記述も「チンギス・ハーン」になりました。ゲームも最初は「ジンギスカン」だったのに、「チンギス・ハーン」に変わったようです。

チンギス・ハーンというカタカナ表記は、現代モンゴル語に近づけているのです。「ハ」はkhの強い音です。ただ、チンギス・ハーンが生きた時代は、まだモンゴル文字がありませんでしたから、当然、モンゴル語による文献はありません。したがって、当時の綴《つづ》りが残っているのは漢文かペルシア語です。

ペルシア語は、どちらかというと「ジンギスカン」に近いです。それが英語に入って「ジェンギスカーン（Jinghis Kahn, Genghis Khan）」になりました。ですから、明治に先に日本に入ってきた発音がジンギスカンだったのでしょう。

那珂通世（1851〜1908）

どちらが正しいということはなく、外国語の音をどうカタカナ表記するかの問題で、モンゴル語をとるか、ペルシア語（英語経由）かの違いです。日本では原地音を採用することが多いようなので、その原則に従えばチンギス・ハーンに軍配があがりそうですね。

余談ですが、ジンギスカンという焼肉料理があります。これは、モンゴルとは何の関係もありません。北海道で、もともとは羊毛を得るために羊の飼育が奨励され、羊が増えたのですが、肉も売ろうと考え出したのがジンギスカン料理です。日本人にとって羊の肉は馴染みがなく、しかも臭みがあって食べにくい。なんとか羊を日本人に食べてもらおうと工夫した結果、濃い味のタレ、そして、臭い脂が斜面を伝って落ちる穴の空いた兜のような形状のジンギスカン鍋の考案につながりました。料理に「ジンギスカン」という名前をつけたのも日本人です。そもそもモンゴルには、醤油やみりんなどの濃い味の調味料はありません。単に塩ゆでした肉を食べるだけです。強いて共通点を挙げるなら「羊」だけです。

日本人は明治の頃から興味や好感、親しみを持って、モンゴルをとらえていました。料理を普及させようとジンギスカンなどという名前をつけたのも、ジンギスカンやモンゴルに対する日本人の好意の表れです。日露戦争後、日本人がモンゴルとより深く関わるようになると、一九〇八年、東京外国語学校（現在の東京外国語大学）に、モンゴル語科が創設されます。当時開設されていた語学科は英・仏・独・露・伊・西・清・蒙・マレー・ヒンドスタニー・タミル・朝鮮の十二言語です（『東京外国語大学史』一二四頁）。現在の東京外国語大学では二十六言語（日本語を含む）を教えていますから、モンゴル語は早い時期に設置された科であったと言えます。

また、「モンゴロイド」や「蒙古斑《もうこはん》」という言葉、なにげなく使っていますが、なぜモンゴルなのでしょうか。「モンゴロイド」とはアジア人種という意味で、名前をつけたのは十八〜十九世紀ドイツの人類学者ブルーメンバッハです。ドイツまで攻め込んできたアジア人はモンゴル人だけなので、アジア人種の代表としたのでしょう。

明治の日本人は、自分たちが「モンゴロイド」であると聞いたとき、「そうか、偉大な英雄ジンギスカンと同種なんだ」と喜び、まったく抵抗なく受け入れました。一方、中国人もモンゴロイドなのですが、中国人は「モンゴロイド」という名前は大嫌いです。モンゴルは自分たちが見下している野蛮人の少数民族です。そんな名前で呼ばれることを潔しとしません。そのため「モンゴロイド」は決して使わず、必ずアジア人種と言います。

エルヴィン・フォン・ベルツ

そして、「蒙古斑」の名付け親は、ドイツ人医師ベルツ（一八四九〜一九一三）です。ベルツは日本にやってきた「お雇い外国人」の一人で、明治天皇や皇太子（後の大正天皇）の侍医も務めました。

彼は日本の赤ちゃんのおしりに青あざを発見して、モンゴロイドに特有の青アザだとして蒙古斑と命名しました。日本で発見したのですから、日本斑でもよかったはずなのですが。

歴史を消されたモンゴル——モンゴル人が書いた「モンゴル史」はない

岡田英弘の著作に『世界史の誕生』があります。モンゴル帝国から世界史が始まるという内容で、筑摩書房から一九九二年に初版、のちに、ちくま文庫から一九九九年に再版されて、今でも売れています。日本でも話題の書でしたが、モンゴル語版もあります。韓国語版も中国語版もあります。中国語は台湾の繁体字版と北京の簡体字版があり、台湾では表紙を変えて再版もされました。モンゴルでも好評で、表紙を変えて版を重ねています。

また私の著書『モンゴルの歴史』も刀水書房から二〇〇二年に初版、二〇一八年に増補新版が出ていて、これもモンゴル語訳されました。紀元前一〇〇〇年から現代に至る三〇〇〇年の遊牧民の歴史をまとめた本です。ハイライトはモンゴル帝国ですが、そこに至るまでの遊牧民族の動向、そして、モンゴル帝国からどのように今のモンゴル国ができあがったのか、その興亡の歴史を一冊にまとめた通史です。遊牧民が進出した地域はすべて扱っています。

「なぜ日本語からモンゴル語にわざわざ翻訳するのか」と思われるでしょう。しかし、モンゴル人の書いた「モンゴルの歴史」はないのです。現代モンゴル史やモンゴル帝国だけを扱った本はありますが、遊牧民の誕生からモンゴル国までをまとめた通史はありません。それで、日本の書籍がモンゴルで翻訳出版されるに至ったのです。どうして、そんな本末転倒なことになっているのでしょうか。

モンゴルは、チンギス・ハーンの時代に採用した縦書きのモンゴル文字を一九四〇年代に止めさせられ、それから横書きのロシア文字（キリル文字）を使っています。モンゴル語にはロシア語にない母音もあるので、文字が少し増えていますが、多少の変更を加えてキリル文字に切り替えました。

次頁の写真は現在のモンゴルで使用されている紙幣です。表にモンゴル文字、裏にキリル文字が記されています。

一九四〇年代というとスターリン時代、しかも戦中です。それ以後のモンゴル人は、古いモンゴル文字の教育をまったく受けていないので、古来のモンゴル語文献は読めなくなってしまいました。朝鮮半島で漢字を廃止し、ハングルだけしか教えなくなったら、若い人が漢字を読めなくなってしまったのに似ています。現代モンゴル人は、ロシア語は読めますが、ロシア語によるモンゴル史文献はお粗末です。その他の外国語で書かれたモンゴル史はあるにはありますが、一般の人は読みません。

そもそもモンゴル文字が読めたとしても、古い文献はモンゴル語で書かれていません。栄光の時代のはずのモンゴル帝国の記録ですら、モンゴル人自身が残しているものはなく、臣従した人々が漢文やペルシア語、ラテン語などで書き残しているだけです。当然、内容的にも被害にあった側、支配された側からの歴史です。従来、世界で語られてきたモンゴルのイメージは、

モンゴル文字が表記された10トゥグルグ紙幣の表（上）、裏はキリル文字で表記（下）

これら外国人による記述がもとになっています。そして、現代モンゴル人はそれらは読ま（め）ない。

だから、自分たちの民族、自分たちの国の歴史でありながら、社会主義になった後のことはわかっても、古い昔のことは、それを専門として本格的に勉強した人でないと、知らないのです。専門家にしても、中央アジアの遊牧民族通史三〇〇〇年などという研究をする余裕はありませんでした。今後は研究者が育っていくと思いますが、これまでモンゴル人自身による総括的な研究はなかったのです。

現代モンゴルでは、チンギス・ハーンは否定される存在

現代モンゴルについて簡単に説明します。モンゴル北部は一九二一年に独立し、二四年にモンゴル人民共和国になりました。ソ連の第一番目の衛星国です。日本では「赤化モンゴル（赤化蒙古）」と呼んでいました。社会主義国でした。

ソ連はモンゴル帝国やチンギス・ハーンに対して否定的でした。「モンゴル帝国は大昔、友好国のロシア人を虐待し、支配した。ロシアだけではない、同胞である社会主義諸国の東ヨーロッパを征服、侵略した悪いやつらだ。チンギス・ハーンを崇めるなんてもってのほかだ」として、非難しました。モンゴルによるロシア支配「タタールのくびき」への恨みです。

モンゴルで民族運動や、他国にもいるモンゴル民族を統一しようなどという動きが高まることを嫌ったのです。ソビエト連邦内には多数の「共和国」があり、多くの民族が暮らしていましたから、各民族が独立を志向すると困るわけです。国外の衛星国である東欧のポーランド、ハンガリー、チェコスロバキアなども、ロシア民族ではありません。社会主義国は労働者の国。支配層を排除して、労働者が政権を担えば、国や民族を超えて一致団結できるというのが建前でした。

チンギス・ハーン生誕800年記念切手

それでも、一九六〇年代に、モンゴル科学アカデミー総裁トゥムルオチルがチンギス・ハーン生誕八〇〇年記念を祝したシンポジウムを開き、切手（上図）が発行されました。

郵便学者の内藤陽介氏のブログによると、「モンゴル政府は、フルシチョフ政権下のソ連が柔軟路線に転じたことを好機として、チンギス・ハーン生誕800年を記念する4種の切手を発行します。しかし、ソ連がチンギス・ハーンの顕彰に対して〝不快感〟を示すと、問題の記念切手の販売もただちに中止され、手持ちの切手を郵便に使用することも禁じられました。特に、4種セットのうち、チンギス・ハーンの肖像を描いた切手は、モンゴル国内の切手収集家や切手商の間からも完全に姿を消し（所持していることがわかると、処罰の対象とされたという）〝幻の切手〟と呼ばれる存在にな」ったそうです（http://yosukenaito.blog40.fc2.com/blog-entry-424.html)。

切手も販売中止ですが、モンゴル科学アカデミー総裁もまた「民族偏向主義者」と非難されて失脚します。それ以来、チンギス・ハーンを称《たた》えることは、完全にタブーになってしまいました。モンゴル人は心の奥底ではチンギス・ハーンに敬意を持っていたけれど、それは表に出してはいけないこととして、モスクワから厳しく監視されながら何十年も過ぎたのです。

また、共産主義は「宗教はアヘンだ」という考え方ですから、モンゴル人が信仰していたチベット仏教も迷信であるとして弾圧されました。「封建領主が罪のない人民を搾取した歴史など学ぶ必要がない」とされ、モンゴル人は自分たちの英雄を崇めることもできず、信仰も奪われる。当時、社会主義国は地球の半分を占めていましたから、モンゴルだけでなく、各地で同様のことが起こっていました。

「いや、社会主義国だけじゃないような……」という声も聞こえてきそうですね。日本をはじめとする先進国でも、共産主義にかぶれた人がたくさんいましたから、私たち日本人も、「人民」とか「搾取」とか、いつかどこかで聞いたフレーズです。日本の教育界を考える上でも、こういった世界情勢について知っておくことは役に立つでしょう。

「チンギス・ハーンって、どんな人？」と日本人に聞くモンゴル人

一九九一年にソ連が崩壊した途端に、各地の民族主義が復活し、抑えられていたものが一気に噴出しました。モンゴルも、九二年に国号を「モンゴル人民共和国」から「モンゴル国」に改め、新憲法を施行しました。なお、南モンゴルは「内蒙古自治区」として、今なお中華人民共和国内にあり、独立国つまり北モンゴルとの統一はなっていません。

モンゴル国は東ヨーロッパと同様に民主化しました。共産党は引き続き残っているのですが、一党独裁をやめます。多数の政党が形成され、選挙をし、民主的に大統領と首相を選ぶようになりました。この九〇年代の民主化とともに、ようやくチンギス・ハーンも「復活」したのです。

「チンギス・ハーン万歳」と叫ぶことができるようになったのは、よかったのですが、実は、誰もチンギス・ハーンについてよく知らない。何十年も歴史を封印されていて、ブランクがあるのですから、かの有名なチンギス・ハーンですら、若い人にとっては「誰？」です。

そのころ、私たち夫婦（岡田と宮脇）もモンゴルに行きました。それまでは、監視がついて、行きたいところに行けず、草原などには絶対に出られない国でした。そんな不自由なところに行ってもしようがないと、岡田も私も行きませんでした。しかし、九二年に初めて二人でモンゴルに行ったのです。その後、九四年と九六年にも行きました。

「どこでも何でも見てください」という歓迎ぶりでした。それに、モンゴル人は好奇心旺盛で「チンギス・ハーンて、どんな人でした？　チンギス・ハーンのことでしたら、何でもいいから教えてください」と質問攻めにあいました。モンゴル人が日本人の私たちに聞くのです。ラジオやテレビにも引っ張りだこ。新聞のインタビューにも答えました。それで、私たちが「チンギス・ハーンの時代はあまり資料がありません。子や孫の時代なら、かなりの事実がわかるのですが」と言うと、モンゴル人インタビュアーは「子も孫も興味がありません。チンギス・

オゴデイとフビライ（下の２枚）を取り違えたモンゴルの切手

ハーンだけで十分です。そんな余裕はありません」と返してきました。

このインタビュアーが、特に無知だったわけではありません。モンゴル人一般がいかにモンゴルの歴史を知らなかったかがよくわかるエピソードがあります。

前頁の図は一九九七年に発行された歴代ハーンの切手です。チンギスとモンケは正しいのですが、オゴデイとフビライが逆です。それぞれの版図がわかる切手も同時に発行されたし、切手上部にアルファベットで名前が書いてあるので間違いがはっきりとわかります。オゴデイはともかく、フビライのこの肖像画は日本の学校教材にも載っている代表的なものです。日本人でモンゴル史を少しでもかじった人は誰でも知っています。例えるなら、日本郵便が信長と家康の肖像を間違えたようなものです。これこそ私たちに聞いてくれればよかったのに、助言する前に切手ができていたので、致し方ありません。記念に買ってきました。

オリジナルの肖像画は、北京の故宮《こきゅう》博物院、そして台湾にもありますが、モンゴルにはなかったのです。九〇年代に切手を作成した人たちは、歴代ハーンの顔を初めて見たのでしょう。何かの手違いで顔が入れ替わってしまいました。それほど歴史について無知な状態に置かれていたのです。

そんな事情があるからこそ、私たちの本がモンゴル語訳され、しかも売れているのです。翻訳者は個人的にもよく知っている人です。九二年から、国立大学に日本語科ができ、そこで日本語を教えている親友が監修者になっています。

自分たちの歴史を文学として勉強したモンゴル人

今、モンゴルの学生たちは、日本に行って勉強するために、熱心に日本語を学んでいます。ところで、今教えている日本語科の先生は、いつ日本語を勉強したのでしょうか。

実は、一九七二年、モンゴル人民共和国と日本は、中国との「国交正常化」よりも半年以上早く、国交を樹立しているのです。当時、モンゴルは社会主義国でしたが、もともと旧満洲の東部内蒙古や、徳王《とくおう》を首班とした蒙疆《もうきょう》政権でモンゴルと関係のあった人たちが、モンゴルを支援したいと動きました。また、戦後、モンゴルには日本人が抑留されていました。一般に「シベリア抑留」と言われますが、全員がシベリアに連れて行かれたわけではなく、ソ連および同盟国各地に分散していました。その一部、約一万二千人がモンゴルに抑留され、一千六百人が亡くなりました。日本人墓地も何カ所もありました。墓参などを含めて、モンゴルと日本は東京オリンピックを機会に交流が始まりました。このように、民間交流が先行して、中国との関係とは無関係に、モンゴルと国交を樹立したのです。

一九七七年にはノモンハン事件の賠償に代えて、日本から五〇億円の無償援助で、ウランバートルにカシミア工場が建設されました。ノモンハン事件は一九三九年、満洲国とモンゴル人民共和国の国境線をめぐる軍事衝突です。日本・満洲国軍とソ連・モンゴル軍が戦い、双方に大きな損害が出ました。

国交が結ばれたときに、学術交流も始まりました。語学教師の交換もその一環です。日本語を勉強したいというモンゴル側の熱意に応えて、日本人のモンゴル学者が日本語を教えに行きました。モンゴルからも、モンゴル語教師が日本に来ます。留学生も一年に二人ずつ交換し、細々とではありますが、ずっと交流が続いていました。

そのようにして日本語ができるモンゴル人が育っていたところに民主化の波が打ち寄せてきました。体制の壁を隔てて遠くにあった日本が、急に近づいて、日本語学習熱が高まる中、日本語を教えられる人は、ほんの一握りですから、一躍脚光を浴びることになりました。コツコツと積み上げてきた努力が報われて、彼らは今では日の当たる地位にあります。

あるとき私の親友で、日本語がとても上手なモンゴル人に、こう聞いてみました。「あなたがたはマルクス、エンゲルス、レーニン主義に染まった歴史しか学べなかったはずなのに、それ以外のものを、どう勉強していたの？」

曰く、モンゴル年代記などは、「文学」ということにして勉強していたそうです。モンゴル年代記とは、縦文字のモンゴル語で記述された歴史書の総称で、チンギス・ハーンに始まる祖先の系図と物語が一緒になったものです。もともと口頭で伝えられていた物語が、十七世紀になって書き留められました。『蒙古源流』や『アルタン・トブチ』が有名です。モンゴルにおける『古事記』と言える『元朝秘史』も、大きく言えばモンゴル年代記に含まれます。

これらモンゴル年代記と呼ばれるモンゴル独自の歴史資料を教えるために文学科を作り、そこで、わずかな学生・研究者が、先生から教わっていたのです。岡田はこれらモンゴル年代記の研究者として世界的に有名だったので、その論文なども、最近になって出版のために急遽訳出されたわけではなく、その頃から読まれて、重要な箇所はすでに翻訳されていたのです。しかし、一般の人々に広める術はなかった。肖像画など、ヴィジュアル素材もなかった。モスクワには睨まれないように、地下水脈のようにアングラで知識を継承してきて今があるのです。

また、子どもたちが学校で古いモンゴルの栄光を教わることは、たぶんなかったと思われますが、それでも心ある家庭では、両親や祖父母から、教わっていたはずです。先の失脚した科学アカデミー総裁のように、本当は偉大な英雄の記念日を祝いたいという人はたくさんいたのです。しかし、国家行事にすることはできなかった。それがモンゴル人民共和国という国でした。そういう時代を五十年以上も経て、民主化して約三十年しか経っていないのですから、消された歴史の復活は、まだまだ、これからです。

それはモンゴルだけではありません。カザフもウズベクもキルギスも同じ。みんなソ連の下で抑えられていました。どの地域も九〇年代以降に歴史を勉強し始めたので、面白い話がたくさんあります。

例えばティムールは、サマルカンドで大きな銅像が建てられ、ウズベキスタンの英雄として大いに顕彰されるようになりましたが、私に言わせれば、ティムールの子孫のバーブルをサマルカンドから追い出したのがウズベク族です。バーブルは何度もウズベク族に敗れて、結局、北インドに入ってムガール朝を建てます。本当だったら敵ではないかと思うのですが、同じトルコ系の遊牧民だからいいのだそうです。

日本にはそういう、社会主義時代には自分たちの歴史を研究することが許されなかった各地域の専門家がいます。彼らもまた、私たちと同様に、それぞれの専門の土地で歓迎してもらっています。各地の愛国心あふれる学者から「日本で自分たちのことを勉強していてくれてありがとう」と感謝されています。

日本人がモンゴル人にモンゴルの歴史を教えるなんて、とびっくりされた方が多かったと思いますが、逆に日本人だから勉強できたのです。モンゴル人は、したくても勉強できなかった。少し変則的ではありますが、日本人だからこそできる世界貢献はこんなところにもあります。さらに、日本人が書いた公平な「モンゴルの歴史」にこそ、意味があると私は思っています。

モンゴルはなぜ大帝国になったのか?——民主的選挙と婚姻政策

話をモンゴル帝国に戻します。

ユーラシア大陸には多くの部族がいて、遊牧民は大会議を開き、選挙で支配者を選びます。かなり民主的です。しかし、なぜモンゴル帝国はあれほど広大な地域を支配できたのでしょうか。

個々の部族がバラバラに戦う中に戦争が上手なリーダーが現れると注目されます。戦略の立て方や戦術の用い方がうまい、戦利品の分配が公平である、人格的に信用できる、公平な裁判を行なうなどの評判が伝わると、人が集まってきます。

各々の部族長は、当然自分たちの利益を考えます。強い集団についていれば自分たちも安全です。寄らば大樹の陰とばかりに、同盟を求めます。こうして、優秀なリーダーのいる強い部族は戦うごとに同盟相手を増やし、投降した者をも加えて急速に集団が巨大化するのです。

一二〇六年、モンゴル高原の全遊牧部族の代表者を集めた大会議でテムジンがハーンに選出され、チンギス・ハーンとなりました。選ばれたハーンには、部族長たちが一族の娘を嫁がせます。婚姻関係でつながることによって同盟を結びます。生まれた子どもは両方の部族の血を引いていますから、それで運命共同体になります。

一九九一年の日本の大河ドラマ『太平記』で、鎌倉幕府に地方の武家の若い跡継ぎの男子が集まって、同じ釜の飯を食べ、共に軍事訓練をしているシーンがありました。彼らはまた故郷へと帰り散り散りになっていくのですが、そこで温めた交流は消えることなく、互いの姉妹を娶《めと》るなどして親戚になります。

同じようなことがモンゴルでも行なわれていました。有力部族の子弟を、チンギス・ハーンの近衛兵として集めて、寝ずの番をさせました。彼らはそこで親しくなり、互いの姉妹と結婚して義兄弟になります。共に過ごしたので顔見知りですし、遠く離れていても親戚です。女子は姓の違う相手に嫁ぎます（族外婚）。結婚は同盟なので、自分の部族の人間と結婚するような、もったいないことはしないのです。

部族長の娘が嫁入りするときには、大勢の家来や家畜を婚資として連れていきます。不動産がありませんから全部動産です。家来たちは、行った先で、同格の家の相手と結婚します。そのようにして、各層で親戚関係が結ばれます。モンゴル高原からロシアまで、ユーラシアを股にかけて血縁の網ができあがります。

遊牧民は有力部族に君主の息子が婿入りする場合も多くあります。部族長の娘と結婚したら、部族長の財産はその息子のものになって統合されます。

戦争で人を殺してばかりの印象があるかもしれませんが、戦《いくさ》は実は効率の悪い方法です。恨みを買いますし、戦となれば命がけですから、勝ち戦であっても大変な労力がいります。平和的に統合できるなら、それに越したことはないわけです。

ところで、ペルシア語で書かれたチンギス・ハーンの同時代史料に、五百人の奥さんがいたという記録がありますが、それは信憑性が疑われます。なぜならチンギス・ハーンが君主になったとき、もう四十代後半か、五十代初頭なのです。しかも、チンギス・ハーンの子を産んだ女性は二人しかいません。糟糠《そうこう》の妻ボルテが四男五女を、フラン妃がコルゲン皇子を産んでいますが、他は知られていません。戦争に忙しくて、後宮で遊んでいる暇はなかったでしょう。しかし、五百人が嫁いできたと書いてある。これは、いったいどういうことでしょうか。

チンギス・ハーンの息子たちは、大勢の妻を持っています。家来の将軍たちも多妻です。つまり、チンギス・ハーン個人ではなくチンギス一族が、帝国全土の有力な諸侯・部族長・諸都市から娘たちを受け入れたのではないかと私は考えています。

逆にチンギスの娘は側近や将軍に嫁ぎ、その息子が大将軍になっていきます。そうやって幹部階級の家では父方か母方のどちらかでチンギス・ハーンの血を引くことになりました。

この考え方は今の中国の高級幹部にも通じます。高級幹部の子は同じ小学校・中学校・高校を卒業します。同窓生の父親が誰かは、全員が知っています。そして、高級幹部の息子と娘が結婚します。政治家が汚職して逮捕されると、家族は母方の一族も、妻の一族も一緒に追及されます。いまだに信用できるものが他にないから血族関係を強化してネポチズム（縁故採用）に陥るわけです。

モンゴル人の妻は資産家——後継者選びには母親の財産がものをいう

遊牧民は移動しながら生活します。妻たちは、テントの中で暮らしています。四つの大きな后妃《こうひ》のオルド（宿営地）があり、チンギス・ハーンは家来をつれて、そこを泊まり歩いていました。

婚資として親に持たせてもらった財産は妻個人のものであって、夫のものにはなりません。夫は、分けて欲しければ、妻にお願いしなければなりません。妻は自分の財産を自分で管理します。当然、財産運用も自分でマネージメントします。投資して増やしたり、戦争に家来を参加させた場合には、戦利品の分け前をもらいます。

第二代オゴデイ・ハーンと妃には、こんなエピソードが伝わっています。

ある日、オゴデイが狩猟に出かけたとき、貧者がオゴデイに三個のメロンを献上しました。オゴデイは貨幣を持ち合わせていなかったので、妃ムカの両耳に垂れている二つの大粒の真珠をこの者に与えるように言いました。

ムカは、「この男には真珠の価値がわからないから、明日また来させて衣服と貨幣を与えるほうがよいのでは」と注意しましたが、オゴデイは、「このような貧乏な人間が明日まで待つことができると思うのか。また、真珠に関しては、それはいずれにしても朕のもとへ戻るであろう」と言いました。案の定、この者は真珠を捨て値で売りました。しかし、買い主は非常に美麗なものであると考え、皇帝に献上し、皇帝はこれを妃に還《かえ》しました（ドーソン『モンゴル帝国史　2』平凡社、一九六八年、一三二頁）。

この場合は旅行先で、オゴデイに持ち合わせがなかったことになっていますが、場合によっては妻のほうが財産があり、夫にお金を貸したりします。そして、妻の財産は実際に政治上、重要な意味を持ちました。

チンギス・ハーンはそれほど子だくさんではありませんでしたが（それでも十人）、息子や孫になると、生まれながらの皇子さまですから、同盟のために諸部族から娘が嫁いできて、それぞれが子どもを産みます。そして、次の君主はその中から選ばれるので、全員がライバルです。しかも、前述のように長幼の序はありません。全員、同等に権利があります。

ハーンは選挙で選ばれますが、そのときに母親の財産がものを言うのです。日本の藤原家は外戚として父や兄が権勢をふるいましたが、遊牧世界では母が直接、政治的にも動きます。大集会で我が子を次のハーンに選出させるべく、客をもてなし振る舞います。もちろん候補者本人が頭脳明晰、人格的に優れているなどの条件は必要ですが、最後の決め手はやはり金！　同母兄弟もライバルですが、その中で選ばれるためには、財産持ちの母の意向が重要な鍵となりました。

第二代オゴデイによるヨーロッパ遠征——彼の死が半年遅かったら?

チンギス・ハーンの時代にウラル山脈から日本海沿岸までユーラシア北部を手中に収めましたが、支配者である遊牧民、当時の「モンゴル人」の人口は百万人程度と言われています。ちなみに一九二四年にモンゴル人民共和国が独立しますが、そのときの人口は約六十万人でした。雨が少ないので、農業ができるところは限られているため、遊牧社会になりました。人間より家畜の数のほうが多い暮らしです。そして、現在のモンゴル国の人口は三百万人強です。日本の人口が一億二千万人ですから、モンゴルの人口は四十分の一です。一方、モンゴルの領土面積は日本の約四倍ですから、人口密度は百六十分の一! 放牧によって養える人口というのは限られていますから、それでもギリギリなのです。

一二二七年、チンギス・ハーンが亡くなります。二代目ハーンにはチンギスの第三子オゴデイが選ばれました。二年後の一二二九年のことです。オゴデイの治世中、帝国はさらに広がります。一二三四年には金を滅ぼします。モンゴル帝国の首都カラコルムを建設したのもオゴデイです。建設直後の一二三五年に大会議が開かれ、世界征服計画が討議されました。もっとも、一度に世界中に進軍するのは無理です。どこから攻めるのか。まずはヨーロッパと決まりました。

一二三六年より、オゴデイの甥バトゥを総司令官とするヨーロッパ遠征が開始されました。ちなみに南宋、高麗への遠征も会議で決議されていますが、まずヨーロッパにしたということは、最も弱くて早く片付くという計算でしょうか。実際に、あの少ない人口で連戦連勝です。

もっとも開始直後は十万人程度の兵しかいなかったのですが、途中で、キプチャク人などを吸収してだんだん増えて、ヨーロッパに着いたときには倍くらいになっていました。昨日の敵は今日の味方です。もっとも、敵も快く参加してくれるとは限りません。最初は攻められ、降伏後にモンゴル軍に組み入れられると、今度は前線に立たされる。そんな彼らがモンゴルについて良いことを書いて残すことは稀です。被害者側の主張は割り引いて読まなければなりませんが、まったくの嘘ではないでしょう。事実、モンゴル軍はたくさんの人を殺しています。

例えば、ヨーロッパ遠征に関しては、耳が六袋にいっぱいになったなど、キリスト教徒による記述が残されています。何人殺したかわかるように、片耳を切り取るのです。後で、戦利品の分配に関係してきます。耳は左右の形が違うので、どちらかに決めておけば、両方取って水増し請求することはできません。

バトゥのモンゴル軍は、ヴォルガ中流のブルガル人、キプチャク人、ルーシの諸都市を征服し、一二四一年にはポーランドに入り、レグニッツァでポーランド軍とドイツ騎士団の連合軍を叩きのめします。ハンガリー王国を蹂躙し、オーストリアやクロアチアにまで達しています。

勢いに乗るモンゴル軍ですが、一二四一年末にオゴデイ・ハーンが死去し、翌年春に前線に訃報が伝わると、司令官バトゥは引き上げます。オゴデイの死が半年遅かったら、ドーヴァー海峡まで征服が完了していただろうと言われます。遮るものがありませんから。

当時のヨーロッパはモンゴルの敵ではありません。ローマ教皇と神聖ローマ皇帝が対立していて、ヨーロッパが一丸となって軍を整えることができませんでした。ハンガリー王が救援を求めてもローマ教皇からは「あなたがたの信心が足りないのです」などと、すげなく断られる。ヨーロッパは、こんな大脅威にもまとまることができない、情けない田舎国家の集まりでした。

遊牧民は上の子どもから独立してゆく――竈の火を継ぐのは末子

モンゴル軍は再度ヨーロッパに攻め入るつもりだったようですが、オゴデイの死後、継承争いが始まり、これがネックとなります。部族連合ですから、抜きん出た人がいないと会議が荒れます。しかも、戦勝を重ねたモンゴル諸部族は豊かになっているので、言ってみれば現ナマが飛び交う世界です。

チンギス・ハーンの四人の息子は同母ですが、それぞれの家が二派に分かれました。ジョチ（長男）家とトルイ（末っ子）家が組み、チャガタイ（次男）家とオゴデイ（三男）家が組みます。オゴデイ亡き後、兄弟のうち生き残っていたのはチャガタイだけですが、彼も翌年亡くなり、その後は従兄弟同士が争います。

二派に割れての継承争いが収まらず、後継者がなかなか決まらなかったので、結局、モンゴル軍によるヨーロッパ遠征は二度とありませんでした。ロシアは支配されましたが、西ヨーロッパは温存されました。


ところで、ヨーロッパ遠征の総司令官はなぜバトゥだったのでしょうか。バトゥはチンギス・ハーンの長男ジョチの子です。遊牧民は、成長した子どもから、親から離れて遠くへ出ていきます。一カ所に集まっていては家畜飼料の草が足りなくなるので、なるべく分散して暮らさないといけないのです。それで、上の子は結婚するとき家畜を分けてもらい、遠方へと離れていきます。そのため、チンギス・ハーンの子孫も長男ジョチ家が一番遠いロシア方面に行きました。次男チャガタイ、三男オゴデイのあとに生まれた末っ子はトルイで、最後まで父チンギス・ハーンと共に暮らし、父親の臨終も見届けます。「末子が竈《かまど》の火を継ぐ」と言いますが、最後に全部、末っ子が相続するのです。それで「末子相続」という言い方がありますが、末子が相続するのは残ったものすべてであって、兄たちはあらかじめ生前に財産分与されているので、いちおう分割相続です。「元手として、これだけやるから、あとは家畜（家来・財産）を自分で増やせ」。それが遊牧民の世界です。

ロシア民話の『イワンのばか』は日本でもトルストイ版で知られていますが、末っ子が主人公です。野心家で強欲な兄たちと違って、末っ子のイワンは純真で無欲です。兄たちは悪魔に騙されて不幸になりますが、無欲なイワンは幸せになります。

「末っ子が得」は草原の文化です。現代モンゴルでも「末っ子が一番親に似る」などと言います。一番長く親と一緒にいて、親の面倒をみるからです。日本では、長男が親に似ると言われます。「一番長く親と一緒にいるから」という理由は同じですが、結論が逆になります。

モンゴル軍はなぜ強かったのか――ノブゴロドは金で解決？

モンゴルの戦争の進め方について、少し説明しましょう。各部隊が独立していて、「何月何日にこの町を落とす」と決めて、別れます。家畜を連れているので、全員が同じ場所に固まっていては草が不足するので、別れて進軍するのです。決まっているのは集合場所と日時だけ。途中の行動に関しては各部隊にまかされています。途中の町を落としてもいい。その場合、戦利品はその部隊のものです。ただし、集合に遅れたら厳罰です。ですから、途中の町を攻略寸前でも、「集合時間に間に合いそうにない」と思ったら、あきらめます。

図13はモンゴル軍のヨーロッパ遠征の進路ですが、あっちに行ったり、こっちに行ったりして、直進していません。各部隊に裁量権がありいろいろな都市を攻めまわっているからです。絶対に攻めなければならないと決められている要所には、各部隊が予定集合地に前後左右から

[図13] モンゴル軍のヨーロッパ遠征

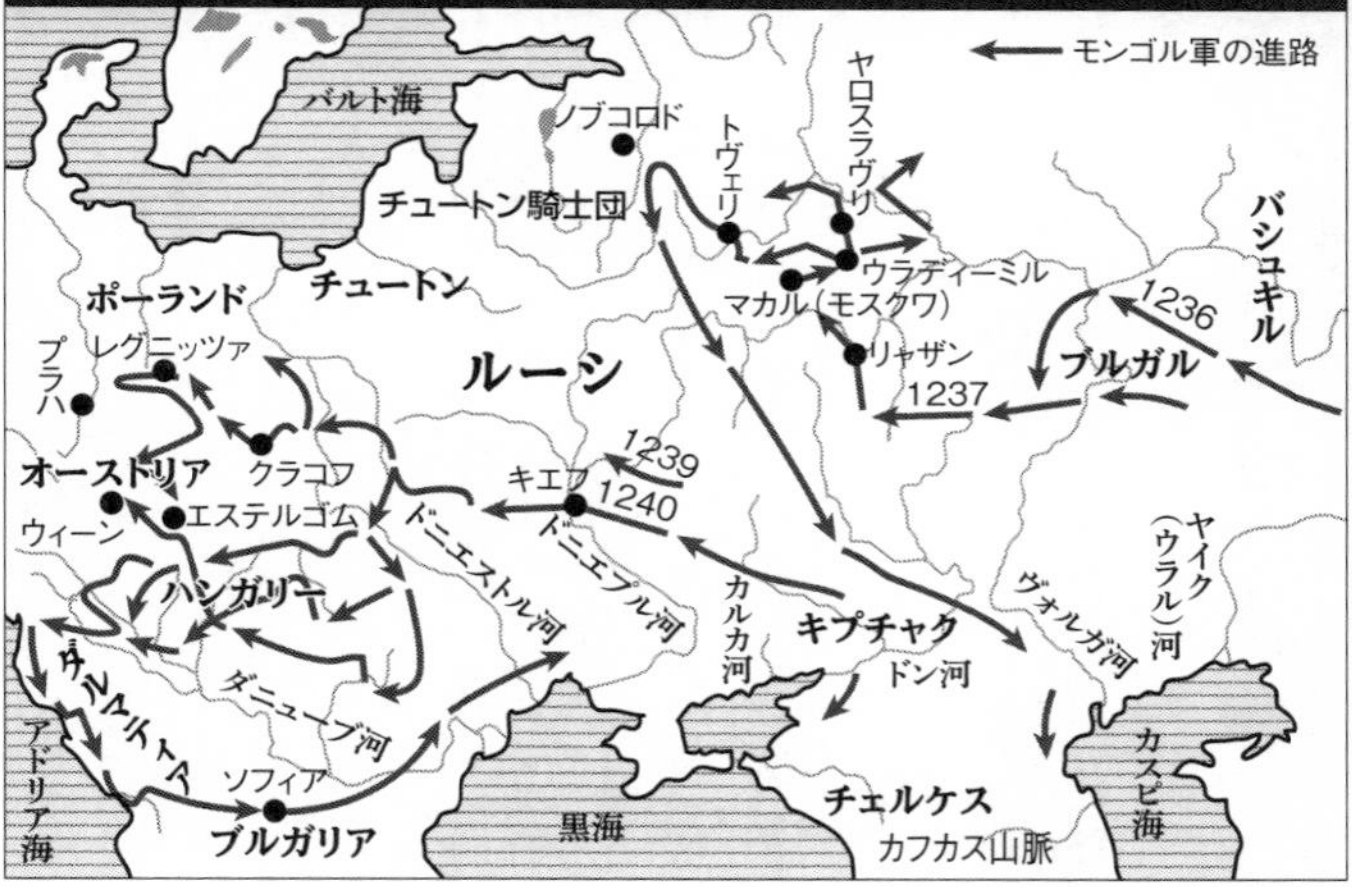

取り囲むようにやってきて、包囲作戦を取ります。一方向からは攻めません。獣を仕留めるときの、ぐるりと取り囲んで追い詰める巻狩り方式で、人間を相手とした戦争も行ないます。全部隊で包囲し、都市を落とした暁には、包囲した部隊はすべて公平に分け前に与ります。それで、東ヨーロッパ全域を走り回ったわけです。

図13で面白いのは、ノブゴロドに向かった部隊が、直前でUターンして南下していることです。ノブゴロドの記録には残っていませんが、みかじめ料を支払ったと言われています。周囲の他の町は攻撃されているのに、ノブゴロドだけ無傷なのは、そうでも考えないと不自然なのです。その後もモンゴルとは良好な関係を維持していますので、うまく交渉したのでしょう。

また、ヨーロッパやイスラム圏には「モンゴル軍に勝利した」と歓喜している史料がいくつかあるのですが、それは、モンゴル軍のごく小さな部隊が、小手調べ程度に戦って引き上げるときに、それを追いかけて捕縛したなど、たいしたことのない勝利です。モンゴル側としては、気の入らない、どうでもいい戦いでの一コマにすぎません。モンゴル軍が本気で攻めてきた戦いではヨーロッパは全敗です。

それにしても、モンゴル軍はなぜこんなに強いのでしょうか。

まず、機動力です。全員が騎馬隊で、しかも、替え馬を何頭も用意していて、迅速に移動することができます。また、豊かな財政状況から、火薬や投石機など、当時の世界最先端の武器を使うことができました。

そして、何より規律をしっかり守ります。上位者の命令は絶対で、命令に違反した場合の罰則は死罪など、厳しいものでした。規律正しい軍隊だからこそ集団戦にも強い。あっという間に取り囲み、矢を射掛け、町を落とす。不利と見ればサッと引き上げる。それまでの戦争とまったく異なっていました。様式化された一騎打ちなどとは無縁の世界です。それで連戦連勝だったのです。

そのまま行けば世界征服できたかもしれませんが、内部分裂を起こしてモンゴル帝国自体が割れてしまいました。

フランチェスコ会修道士ルブルクによるカラコルム報告

帝国が決定的に分裂する前、第四代モンケ・ハーンの時代に、モンゴル人の風俗や首都の繁栄を綴ったヨーロッパ人の旅行記があります。一二五四年に、フランス王ルイ九世が十字軍への協力を求めるために派遣したフランチェスコ会修道士のルブルク（一二二〇頃～九三頃）がカラコルムを訪れ、興味深い報告を残しています。

「タルタル人がつくる家は非常に大きく、ときには、さしわたしが三〇フィートのものもあります。……また或る車について数えたら、二二頭の牛が一軒の家を曳《ひ》いておりましたが、この牛どもは、車の正面に、各列一一頭ずつ二列横隊にならんでいました。この車の心棒は船の帆柱のように大きく、車上の家の戸口に男が一人立って、牛を操っておりました」（カルピニ／ルブルク『中央アジア・蒙古旅行記』講談社学術文庫、二〇一六年、一六六頁）

次頁の図は移動式の君主の住居です。ルブルクの報告は文章しかありませんが、画家が想像図を描きました。

当時、タイヤはありませんから、木製の車輪でこんなものに乗っていたら、ガタガタして乗り心地はあまりよくないだろうと思います。とはいえ、馬の背に乗って移動するよりは楽かも

フランシスコ会修道士ルブルクの報告によるモンゴル君主の移動式住居

しれません。こうして、戦争にも妻子を連れていきました。移動の民なのです。

また、同じルブルクの旅行記によると、モンケ・ハーンはカラコルムで年に二回大祝宴を開いたそうです。夏の祝宴には、二カ月行程内の各地から貴族が残らず宮廷に参集しました。そして、その祝宴で酒を振る舞うために、なんとヨーロッパ人の職人が「銀の樹」を作っていたというのです。

「パリのウィリアム親方が、カン（ハーン）のために、そこに大きい樹を銀でつくり、その根元に銀製の獅子を四頭置いて、その各々にパイプを通し、白い馬乳がそれらの口から吐き出されるようにしました。樹の幹にも、そのてっぺんまでパイプが四本通っていて、パイプの先端は垂れ下がり、それぞれの上には、尻尾を樹の幹にまきつけた、金色燦然《さんぜん》たる蛇がつけられています。このパイプの一本からは葡萄酒、一本からはカラコスモス酒つまり精製した馬乳酒、一本からは蜂蜜

ルブルクの報告による、パリのウィリアム親方がつくった銀の樹

酒ボアル、一本からはテルラッィナと呼ばれる米酒が流れ出、これらの酒を受けるのに、樹の根元のほかの四本のパイプのあいだに、それぞれ銀の酒盤が用意されています。ウィリアム親方は、この樹の一番上に、ラッパを手にした天使像を一体つくりつけ、樹の真下に、人間が一人身を隠せるあなぐらを掘っておいました。そこからパイプが樹の中心を通って天使までとどいています。はじめはふいごをつくったのですが、これでは充分な風を送れなかったのです」（『中央アジア・蒙古旅行記』二九八～二九九頁）。

カラコルムの華やぎ、そこに集まる人々の様子が目に浮かびます。

ロシア人貴族も一皮むけばモンゴル人――タタールのくびき

東は日本海から西はロシアまで、中央アジア、イラン、西アジアといったユーラシア各地がチンギス・ハーンの子孫に支配されました。ハーン一族であったり、婿であったりしますが、何らかの形でチンギス・ハーンにつながる人々が支配者となりました。

もちろん、現地人はそのまま吸収されているので、混血が進めば、顔立ちは現地化していきます。同様に言葉も地域ごとに異なった変容を受けていきます。宗教的にも現地化し、西～中央アジアに腰を落ち着けた人々はイスラム教徒になります。いずれにしても、基本的にはモンゴルの一族がほぼユーラシア全域を支配しました。

それにもかかわらず、「少数派であった支配階級のモンゴル人は、その後、勢力が弱まると追い出された」と語られてきたのです。国の制度や軍事などモンゴル時代の遺産は計り知れないのに、各地に残る子孫たちはモンゴル人（の血を引いている）という自覚はなく、「モンゴル人のような野蛮人からは何の影響も受けていない」と主張しているのです。

ロシア人など、悪いところだけモンゴルの影響だと言います。「ロシア史」と名のつく本に必ず書いてあるのが「タタールのくびき」ですが、モンゴルに支配されていたころには、このような言葉はありませんでした。「タタールのくびき」と言い出したのは十八世紀のロシア人

[図14] モンゴル帝国と元の系図

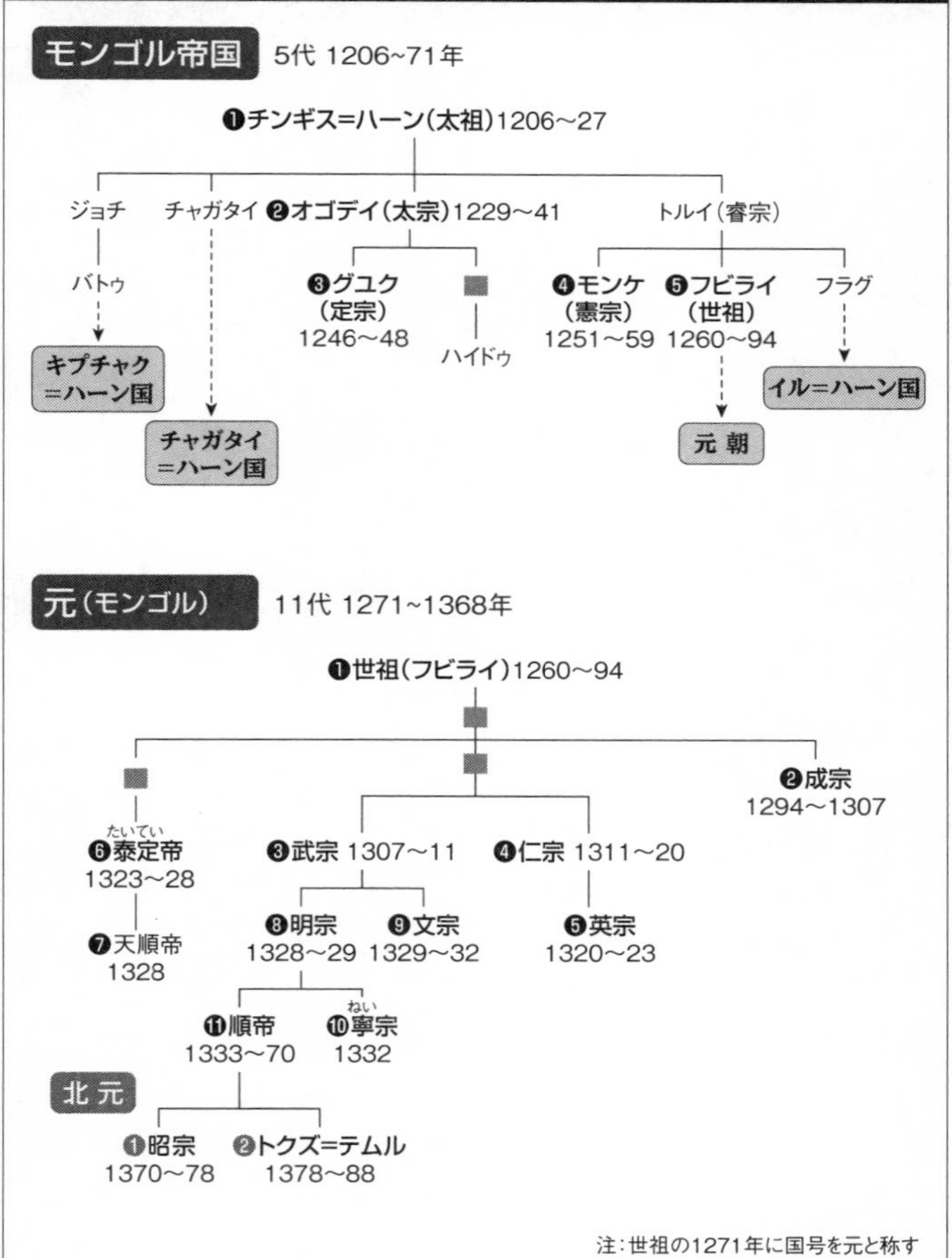

です。「モンゴル支配のせいで、私たちの近代化がこんなに遅れた」と十七世紀までの歴史を否定したのです。

それまでロシア地方の有力者は、我先にとモンゴルに媚を売り、モンゴルの有力者と縁組し、いかにチンギス・ハーンの血を濃く引いているかを自慢していたのに、ピョートル大帝（一六七二～一七二五、在位一六八二～一七二五）の頃から、「アジア的な悪癖はぬぐい取り、西欧化するぞ」といわゆる「近代化」を推し進め、モンゴルについては、否定的な歴史ばかりを書いたのです。ピョートル大帝の時代にも貴族たちの中には遊牧民の血を引く者が大勢いました。「一皮むけばタタール」と言われる所以《ゆえん》です。

実のところモンゴル以前のロシアに見るべきものはありませんでした。モンゴルが支配して初めて、世界の一員になれたというのが、ロシア史の実情です。

チンギス・ハーンは中国の英雄ではない

この本のタイトルは『皇帝たちの中国史』ですが、本章はユーラシア全域に広がってしまいました。ここからは主にフビライ（一二一五～九

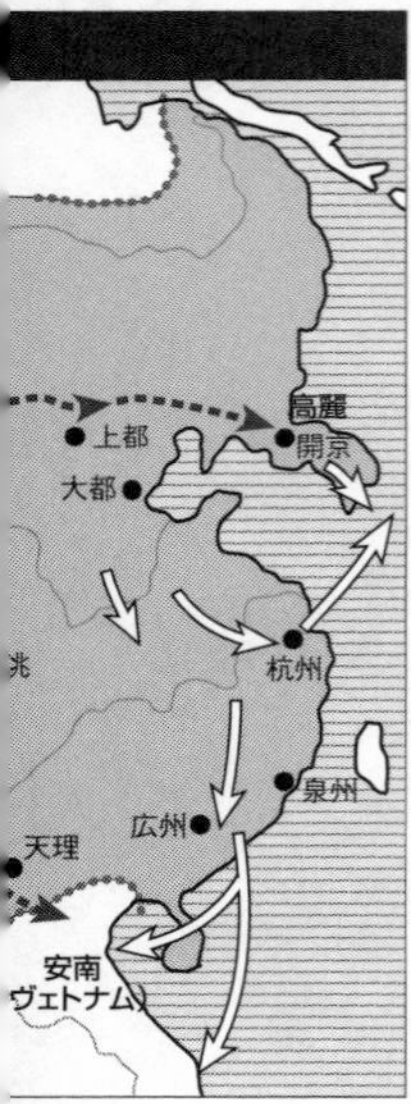

[図15] モンゴル帝国の発展と分裂——最大版図と継承国家

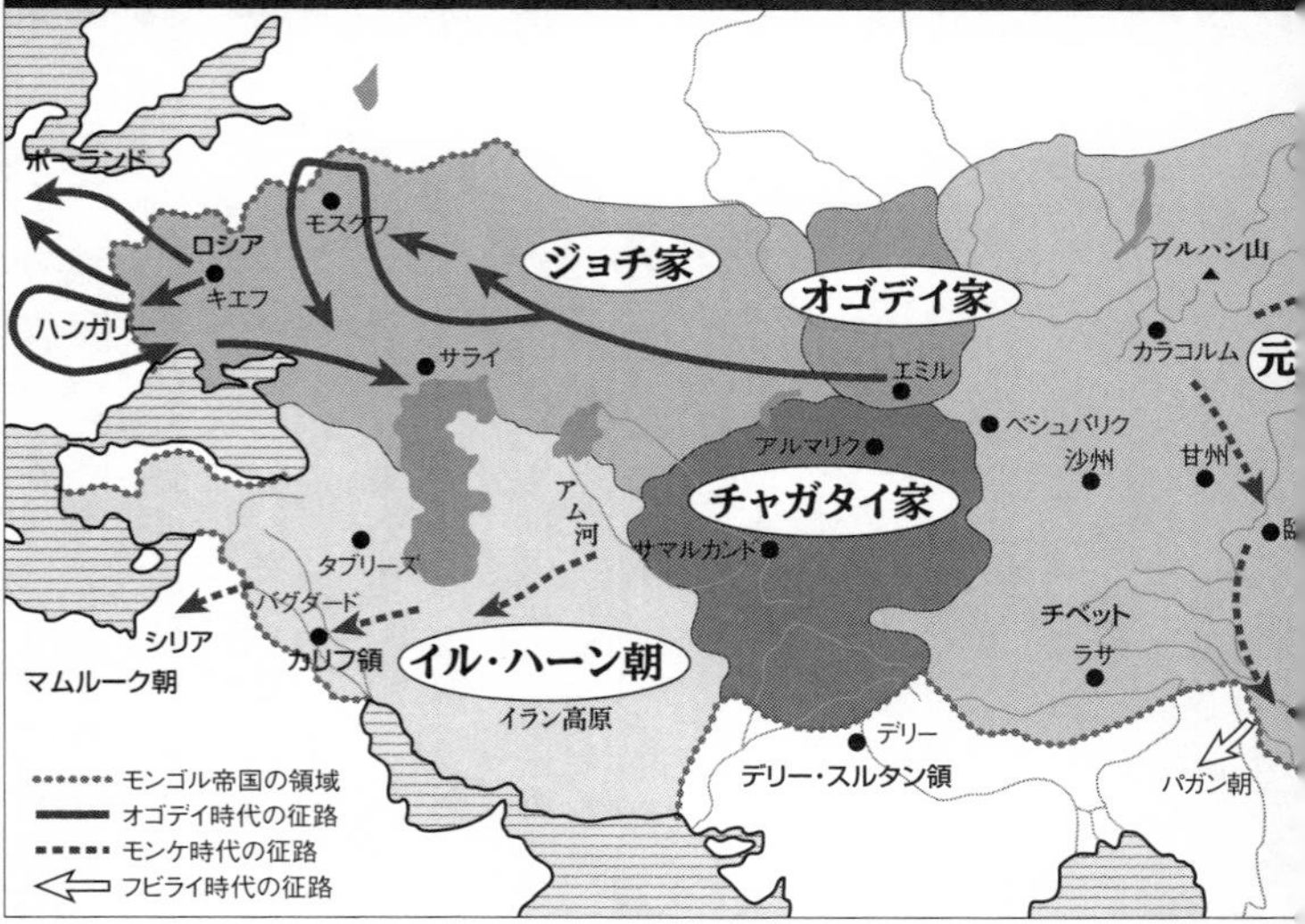

四）と元朝にしぼります。

系図を見ると、太祖チンギス、太宗オゴデイ、定宗グユク、憲宗モンケ、世祖フビライとなっています。それでモンゴル帝国イコール元と思っている日本人や中国人が多いのですが、元の建国は一二七一年で、フビライの時代です。それ以前に元はありません。モンゴル帝国の建国は一二〇六年ですから、六五年もの差があります。

元朝というのは、モンゴル帝国のほぼ三分の一を占め、帝国の宗主国です（図15参照）。それにモンゴル人の故郷でもあります。しかし、モンゴル帝国と元朝は違います。チンギス・ハーンが亡くなったのは一二二七年ですから、まさか自分が元の太祖と呼ばれるとは夢にも思わなかったでしょう。

どうして、「太祖」のような称号があるかというと、元朝を建てたフビライが、初代〜第四代のモンゴル帝国君主にシナ式の皇帝の諡（廟号・死後に贈る称号）を贈ったのです。元ができたのは祖父チンギス・ハーンのおかげであるということで「太祖」としました。第二章で述べたように、太祖は王朝を起こした人に贈る称号です。

元朝の正史である『元史』には、冒頭に「元の太祖チンギス・ハーン（成吉思汗）」と書いてあります。それで、現代中国人は、「中国の英雄チンギス・ハーン」と言うわけです。モンゴル帝国も中国にしてしまう。史実では乗っ取られましたが、歴史戦で乗っ取り返そうとしています。

モンゴル帝国は元ではないし、まして中国ではないのですが、中国人いわく「ここに元の太祖と書いてあるでしょ」と。確かに書いてありますが、右記のような経緯であることを理解しておいてください。

世祖フビライ、大都（北京）を築く――ところが、ほとんど住まない

モンゴル帝国の五代目君主（ハーン）フビライ（在位一二六〇～九四）は、初代元朝皇帝・世祖（在位一二七一～九四）となります。チンギスは「太祖」ですが、フビライは元朝を創始したので、もう一度「祖」がついて「世祖」です。皇后はチャブイ・ハトンといい、かわいらしい丸顔の絵が台湾の故宮博物院に残っています。

フビライ・ハーン――モンゴル帝国の第５代皇帝・元朝初代の皇帝（在位1260～1294）。廟号は世祖

次頁の図には黒い人が描かれています。インド系かアフリカ系か、はっきりとはわかりませんが黒い肌をしています（右図の左）。別図（左図の最右）も同じ鷹狩りの図なのですが、豹が馬上に、しかも人間の背中に添うようにおとなしく乗っています。どうやって馴らしたのか不思議ですが、マルコ・ポーロの『東方見聞録』には「大カーンは十分に訓

鷹狩りを楽しむフビライの側近たち

練された豹を飼っていて、それらは狩りをして獲物を捕まえるのがうまい」とあります（『全訳マルコ・ポーロ東方見聞録『驚異の書』ｆｒ．２８１０写本』岩波書店、二〇〇二年、九六頁）。

フビライは大都（北京）を首都にします。遊牧民にとって町は定住民とは異なった意味あいを持ちます。私たちは首都というと、政治・経済の中心と思いがちですが、遊牧民にとっては商業センターおよび補給基地のようなものです。遊牧民は移動します。しかし、商いの場所は決めておかないと、売り買いができません。

二十世紀のモンゴルでも、ある人に用事があって、訪ねたらそこにいないというケースがありました。そういうときは移動先を追いかけていかなければならないので、大変に困ります。個人レベルでは「いなかった」「追いついた」でもいいですが、大帝国の流通がそれでは大混乱です。

世界中の商人が集まる市場、商品を保管する倉庫が必要です。そのための本拠地として「首都」を定めました。しかし、町はあくまでも経済の中心であって、政治の中心ではありません。政治は君主のテントと共に移動します。もちろん家族や家来、家畜も一緒です。

遊牧民は基本的に町に住むことを嫌います。人が大勢いると汚くなるので、都会に魅力を感じません。カラコルムに宮殿がありましたが、迎賓館のようなものでした。先のルブルクの旅行記にあるように、皇帝は年に二回カラコルムで外国の使節などをもてなし、大盤振る舞いする。そのためだけの都市でした。

通常は草原を移動し、行った先々でサーカス小屋かパビリオンのような大きなテントを張ります。千人も入るような大きなテントです。草原が汚れてきたら、「清潔な」場所に移動します。家畜は、テントから離れたところで遊牧させていますから、家畜が汚すのではありません。人間がトイレに行くなどして「汚す」のです。

フビライは大都（北京）を首都と定めましたが、皇帝とその取り巻きは冬の三カ月しか暮らしていません。他の季節は草原を移動していました。

大都から上都までの地図（図16上）を見てください。上都は夏の離宮です。大都から離宮までルートがいくつかあり、どこを通るかは年によって異なります。草原の状態によって決めるのです。ところどころでキャンプを張り、途中で鷹狩りをしながら、政府が一斉に移動しました。ですから、皇帝は基本的に草原で暮らしています。上都は「都」の字がついていますから城壁の中にありますが、草があり、動物が動き回り、いわばサファリパークの中に泊まり込むようなものです。

一方、大都の中心は南側にあり、北三分の一には建物跡は何も発見されていません。現在、故宮博物院などの観光スポットが集まっているのも、高級幹部の住宅街「中南海」も南側です。

今の北京には北海・中海・南海という湖があり、文字通り、北・中央・南に連なっています。「中南海」とは中海と南海をくっつけた言葉です。北海周辺がレストラン街や歓楽街になっていて、北京市民の憩いの場です。金の時代にはこの辺りに離宮がありました。フビライは南西の旧都（中都）が荒れ果ててしまっているので放棄して、その東北の離宮があった近辺に新しい都、大都を築きました。そして、漢人の臣下は大都に住み、皇帝率いる遊牧政府は移動しているというわけです。

ところで、明の時代も大都が首都であり続けるのですが、北三分の一を放棄しました。明の首都は南三分の二だけを城壁で囲い直したのです。二〇〇八年の北京オリンピックのとき、ちょうど図16（下図）最北の健徳門・安貞門の辺りに「鳥の巣」という愛称のスタジアムをつくりました。旧市街からは相当、北に外れたところです。この辺りが、元朝では大都であったけ

[図16] 大都(北京)は冬の都

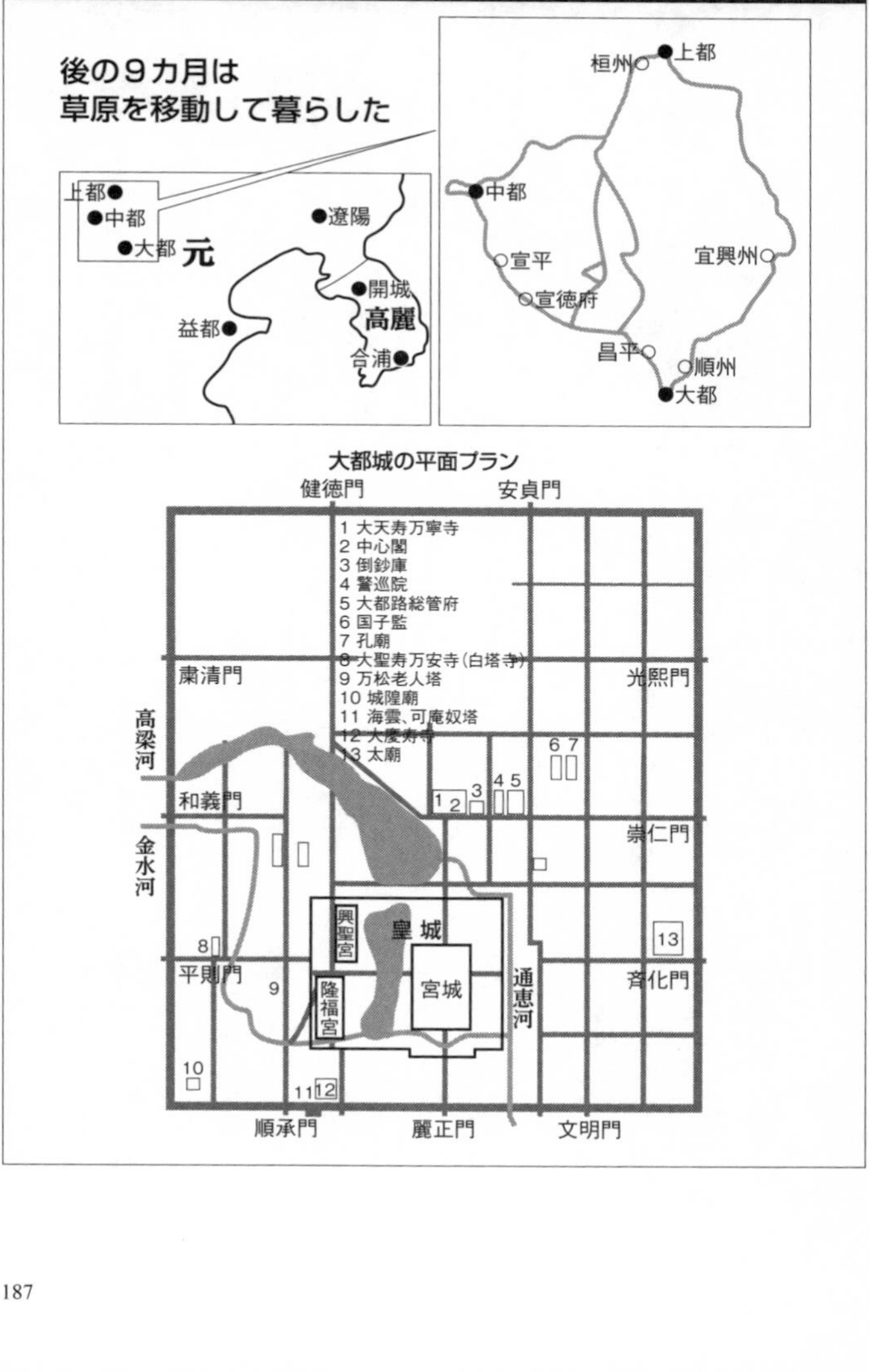
後の9カ月は
草原を移動して暮らした
上都
中都
大都
元
遼陽
開城
高麗
益都
合浦
上都
桓州
中都
宣平
宣徳府
宜興州
昌平
順州
大都
大都城の平面プラン
健徳門
安貞門
1 大天寿万寧寺
2 中心閣
3 倒鈔庫
4 警巡院
5 大都路総管府
6 国子監
7 孔廟
8 大聖寿万安寺(白塔寺)
9 万松老人塔
10 城隍廟
11 海雲、可庵奴塔
12 大慶寿寺
13 太廟
粛清門
光熙門
高梁河
和義門
崇仁門
金水河
興聖宮
皇城
宮城
隆福宮
通恵河
平則門
斉化門
順承門
麗正門
文明門

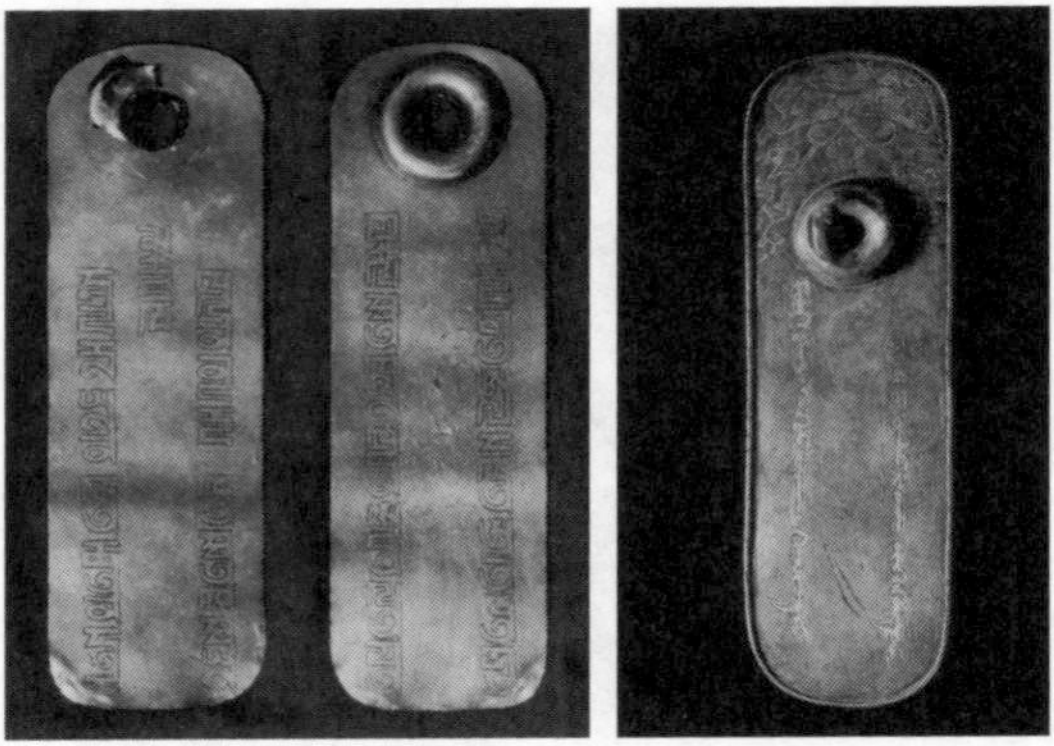

金・銀・鉄のパイザ（牌子）は今のパスポート（図は左が金、右が銀のパイザ）

れども明朝以後放棄されてしまった北部三分の一に相当します。

中華人民共和国になってから考古学的な発掘を進めたところ、塀しかなく、建物跡がまったくなかったということです。明の時代には放棄していたのですから、何もないのは当たり前ですが、元朝の時代も大都の北三分の一は何の建物もなく、ただ塀（土塁）だけが建っていたことがわかっています。つまり、冬の三カ月間、移動してきた遊牧民がここに入り、与えられた区画にテントを張るので、遊牧民用の居住地を確保するために何もない広大な土地が広がっていたらしいのです。後の清朝時代の北京も明朝同様、南側だけしか利用していません。

つまり元朝時代の大都は留守宅なのです。冬の三カ月以外は留守番の漢人官僚が管理し、都の北部には何もない平原が広がっていたのです。

皇帝が移動しているというのが一般の日本人には

乾隆帝に拝謁するイギリス使節・マカートニー（ジェイムズ・ギルレイ作　1792年）

イメージしにくいようですが、遊牧国家では普通ですし、中世ヨーロッパの宮廷も移動していました。

皇帝がいつどこにいるかは、しかるべき人に伝えてあるので、必要なら家来のほうが来ればいいというわけです。外国使節も同様です。草原駐屯と言ったほうがイメージしやすいでしょうか。

日本では東京が過密なので首都を移転すべきだという話が上がっては、「やっぱり無理」と計画が潰れたり、首都機能移転の名目で建物を郊外に移すだけでごまかしたり、実質的な移転は困難ですが、元朝は年がら年中、首都移転していました。

そんなフットワークの軽い彼ら遊牧

民は、巨大な大帝国を縦横無尽に駆け巡るジャムチという駅伝制度を構築しました。帝国全土に道が張り巡らされ、三十キロごとに駅を設け、パイザ（一八八頁）を持った使者が、駆け回っていました。パイザは現代でいうところのパスポートのようなものです。これによって、ハーンはどこにいても情報を得ることができました。

北京に居着かなかったのは元朝のハーンだけではありません。のちの清朝皇帝も、一年の半分は夏の離宮にいました。北京は暑いので、より北にある避暑地、熱河承徳《ねっかしょうとく》（河北省承徳市）に移動していました。十八世紀にシナに貿易を促すために来たイギリス使節マカートニーや、藩部のチベット人、モンゴル人の使者たちは、夏の間、万里の長城の北、熱河の山の中で皇帝に謁見していたのです。皇帝が夏と冬で異なる場所にいる。冬営地と夏営地といいますが、北方出身の皇帝たちにとっては普通のことでした。彼らにとって北京は冬の都だったのです。

歴史の本を読みながら「なぜ首都ではなく、そこにいる？」と疑問に思うことがあったかもしれませんが、こういう背景があるのです。

パックス・モンゴリカ――中国の省の起源は元にあり

現在のシナの姿を決めたとも言えるフビライの大改革は行政単位の変更です。図17は元朝の行政地図で、現在の中国の省の起源です。

[図17] 元朝の行政地図

それまでのシナは、県という城壁に囲まれた都市とその周辺の農村部が収税単位で、何百とありました。モンゴル人の考え方としては「現地の政治はそのまま現地人に行なわせ、税金だけを取ればいい。そのためには細かい単位では面倒だ」ということで、大きい単位にまとめ、徴税官を各省に置きました。

中書省という役所があります。チンギス・ハーンの時代には官僚機構が整っておらず、チンギス・ハーンの命令を様々な言葉に翻訳し、書類にして、全土に命令する役目を担った翻訳官・秘書官たちの役所でした。

帝国が広がると、中書省の権限が強くなり税金も扱うようになりました。中書省は大都にあります。しかし、地方にも出張所を置き、それを「行中書省（行省）」と言いました。「出張した中書省」という意味です。中書省は十の行省（嶺北・遼陽・陝西・甘粛・河南・四川・雲南・江浙・江西・湖広）を置きました。これが今日の中国の省の起源です。各省がヨーロッパの一国ぐらいある大きな区分です。ここから税金が上がってきます。行省ははじめ十でしたが、やがて十一になります。どういうことかというと、日本への蒙古襲来のために置いた征東行省が、一二八七年に常設機関となり、日本征討がなくなってからも高麗と済州島とアムール河下流域を管轄することになるのです。

一方、モンゴル帝国では、税金を払いさえすれば、あとの細かいことは各地に任されていました。完全請負制です。ロシア方面では、徴税官が出世してモスクワ大公になりました。宗教も自由です。モンゴル帝国では宗教団体は、日本と同じように税金が免除されました。ロシア正教もモンゴル統治下の免税措置のおかげで、それまでになく発展しました。フビライはチベット仏教を気に入ったようですが、他の宗教の信者に仏教を強制したりしません。「チンギス一族の幸せを祈ればいい」と寛容なのです。

分裂したとはいえ、モンゴル帝国はゆるやかな連合体としてユーラシア大陸の東西を結んでいました。これにより、東西貿易が発展し、パックス・モンゴリカ（モンゴル帝国の覇権による平和）とも言われました。モンゴル帝国内の人々、そのしくみや機構から利益を享受した人々は、豊かになりました。有名なマルコ・ポーロ（一二五四～一三二四）はヴェネチアの商人でしたが、後述しますが、なかなか故国に帰してもらえないほどフビライに重用されました。大都にはさまざまな国が商館や公使館に相当する施設を置いていました。

大帝国のハーンは選挙で選ばれますが、父系でチンギス・ハーンの血を引いた者でなければハーンになれません。各ハーンは同盟のために各地の部族長の娘を娶ります。妻たちが子を産みます。すると、何世代後かにはいとこ、またいとこが大勢できます。チンギス・ハーンの血を引く人はどんどん増え続け、百年たったころには一万人ぐらいになりました。しかも、そこに長幼の序がなく、「オレが、オレが」と誰もが主張する。後継者問題が起こるのは必然です。

抜きん出て強力な指導者がいれば、遊牧社会は強いのですが、チンギス・ハーンのようなカリスマは、その後、二度と現れませんでした。そうなると、ひとつにまとめるのは難しい。結局は、地方政権に分かれてしまいます。強いて言えば、ティムールが中央アジアから西アジアにかけて大帝国を建設しましたが、それでも最盛期のモンゴル帝国の半分以下です。なお、ティムールはチンギス・ハーンの男系子孫ではないので「ハーン」の称号は名乗りませんでした。その後、遊牧民族が大帝国を持つのは、私の専門とする十七世紀のジューンガル帝国までありません。

しかし、モンゴル帝国はその後のユーラシアに消すことのできない足跡を残しています。モンゴル以前からの遊牧民の部族名・氏族名はすべて消滅し、モンゴルの氏族名がこれらに代わりました。つまり、中央ユーラシアの遊牧民は、ほとんどすべてがモンゴル人の社会組織に組み込まれ、モンゴル人になったのです（『世界史の誕生』二〇七〜二〇八頁）。

また、今日の中国やロシア、イラン、インド、トルコの今ある姿は、本来なら、モンゴル帝国の直接的・間接的な影響を抜きには語れません。それなのに、充分に語られているとは言えないのが現状です。

ユーラシア各地においてモンゴル帝国以前と以後では歴史の断絶があります。モンゴル帝国は世界史上のメルクマールであり、岡田英弘はそれを「世界史の誕生」と呼びました。より詳しく知りたい方は、そのままのタイトルがついた『世界史の誕生』をご参照いただきたいと思います。

シナ王朝の名前の付け方が変わった――「大元イコール天」

一二七一年、フビライは自らの所領の名称として「大元」を採用しました。「大元」とは「天」を意味します。それまでのシナ王朝は故郷にちなんだ名前がついていました。「遼」は契丹人の故郷が遼河の上流だったからです。「金」は女真人の故郷がアンチュフ河沿いにあり、アンチュンが女真語で「黄金」という意味だったからです。例外は、王莽のたてた「新」で、これは文字通り「新しい王朝」という意味です。これらに対して「元」は壮大なスケールの王朝名です。ある意味で世界観が変わったのです。

フビライの所領である元は、漢字圏のシナを含みますが、シナ世界だけではありません。それに、元はユーラシア全域を征服したモンゴル帝国の宗主国でもあります。元朝の官僚や軍人にも様々な種族がいます。唐も「国際的」とされる王朝ですが、元はその比ではなく遠方からやってきた人々が行き交います。コーカサス出身者も、色の黒い人もいる。そのため、漢字だけが国の言葉・文字というわけでもないのです。漢字圏のシナ地域は植民地の一つにすぎませんでした。

『元史』によると、「漢人」は、先に降伏した金の人々、つまり、淮河以北に住んでいた人々のことですから、契丹人・女直人（女真人）・渤海人・高麗人を含みます。

元は一二七六年に南宋を滅ぼしますが、南宋の人々は「蛮子《まんじ》」です。つまり、「南蛮人」と呼んだのです。元朝は、あとで支配下に入った南宋を華北と差をつけて、彼らを格下に扱いました。蒙古襲来については後述しますが、二回目に南方から日本に攻めて来た軍隊は蛮子《まんじ》軍と言いました。つまり、旧南宋軍だったのです。すでに、何度も「漢人」は入れ替わっているのですが、ここでもまた「漢人」の意味がズレました。

元では、モンゴル人を第一とし、ついで「色目人《しきもくじん》」のカテゴリーがありました。「様々な種類の人」という意味で、主にイラン系や中央アジア系の人を指しました。その下に、「漢人」、さらに下に「南人」または「蛮子」と呼ばれる人がいました。つまり、漢字を使わない人たちが支配層だったのです。シナ人からすると屈辱の時代と言えます。

もっとも、そういう世界帝国だから、大元イコール天という名前に意味があるのです。漢字圏だけでない、多くの種族を含む世界に一つの王朝、という意味がこの国号にはあります。ある意味で、今の中華人民共和国の考え方の起源もここにあります。

現代中国が「チベットもモンゴルも中国だ」と言っているのは、元朝や清朝を回復するつもりなのです。さらに、その延長線上に、モンゴル帝国イコール元朝と言い出す始末です。モンゴル帝国イコール元朝だとすると、ロシアも元朝です。もっとも、中国人の中には、本当にそう思っている人もいるかもしれません。そして、ロシアが弱くなれば「ロシアも中国だ」と言い出すでしょう。壮大な王朝名およびコンセプトは、その後の明、清にも引き継がれ、現代中国もまた、実質はともかく、領土的誇大妄想だけは受け継いでいるようです。

「帝国」のイメージはスター・ウォーズとレーニンが決めた?!

モンゴル帝国は部族連合であって、上述のように皇帝は各国、各部族に大幅な自治を許し、細々とした指図はしませんでした。自治や自由を認める皇帝像がピンとこないという人が意外と多いようです。現代人には「帝国」というと、ドラマや映画、アニメに出て来る「悪の帝国」的な悪いイメージしかない。しかし「強圧的にすべてを収奪していく無慈悲な悪魔のようなやつら」、これはどちらかというと絶対主義的な中央集権国家の王様です。「皇帝とは何か」を説明し出すと、東洋と西洋では異なりますし、またややこしいのですが、簡単に言うと諸王、諸侯に現地の政治をまかせて、その上に君臨しているケースがほとんどです。強権的に奪ってばかりいたら、大帝国は保てません。

どこから、そういう「悪」のイメージが出てきたのでしょうか。私はスター・ウォーズの影響が大きいと思っています。ただ、スター・ウォーズ、特に旧三部作の「悪の帝国」は製作が冷戦時代に行なわれているためか、帝国側の端役たちの衣装などはソ連や中国がモデルになっているように思われます。人民服のような制服や画一的で個性のない兵士たちが当時の共産圏と印象がダブります。

しかし、それよりもはるか昔に、「帝国」という言葉を地に落としたのはレーニンです。「資本主義」イコール「帝国主義」とし、「帝国主義」が諸悪の根源であるかのように主張しました。そして、共産主義者たちが、それを世界に広めたのです。「帝国」といえば悪者になってしまったのは、共産主義者たちが言論を握って以降です。しかし、共産主義が生まれたのは近代ですから、レーニンの言う「帝国」と十三世紀のモンゴル帝国とは全然別のものです。

いずれにしても、自発的な営みを大事にしなければ、統治は続きません。まして広大な領域の統治は、被支配者を押さえつけるだけでは長持ちしません。あえて行なうと、ソ連や中国のような強権国家になるのです。

英語では、多角化・グローバル化が進んでいる企業などのことを「〇〇エンパイア」と呼びます。統治機構は一つですが、いろいろな会社が包含されています。モンゴル帝国も、どちらかというと、このコングロマリット（複合企業）のイメージのほうが近いと思います。

歴史の講義をするときに一番難しいのは単語の定義です。いちおう最初に定義するのですが、それでも聞き手の中に特定のイメージがあると、どうしても正確なニュアンスが伝わらず、聞き手の理解が進まないということがあります。

「皇帝」や「帝国」も定義が難しい単語の一つです。もともとの訳し方が悪かったということもあるのですが、いまさら新語をつくっても、余計に理解してもらえず、説明に著しく支障をきたすので、しかたなく使っています。

本当にモンゴル人は残忍だったか？——プロパガンダに騙されないために

モンゴル軍というと「モンゴル人は極めて残忍で、敵は皆殺し。通ったあとは、草一本生えない」式に描写され、モンゴル人が大量殺人集団だったような印象を持たれています。

こういった記録が残っているのは西方のイスラム・キリスト教世界です。漢文による皆殺しの記録はありません。実際にモンゴルの部隊は、人を殺していますが、当初、シナ式の普通の戦争をしただけだったのでしょう。だから漢文では同じことをしても記録にも残らなかったと考えられます。

ところが中央アジアを西に移動し、キリスト教やイスラム教の国や地域を攻めたときに、現地の人は大ショックを受けました。それまでのイスラム世界の戦争では、人間は捕えて取引材料に使うものでした。王侯貴族や金持ちであれば人質にして、高い身代金と交換する。そうでなければ奴隷として売る。「……しないと殺すぞ！」と脅すものの、それは交渉・駆け引きであって、皆殺しのようなもったいないことはしなかったのです。

ところがモンゴルは、「降伏すれば助ける。抵抗したら殺すぞ」という原則を貫き、「逆らうものは死」を地で行ったのです。イスラム教徒は交渉のつもりでグダグダしていたら、「問答無用！」と殺戮の嵐が吹き荒れ、見せしめに殺されてしまったのでした。これを見た（知った）イスラム教徒は「本当に殺した～。なんと野蛮な！」と驚愕しました。それでモンゴルの殺戮に関して表現過剰な文章が残るわけです。

例えばヘラートで百六十万人が殺されたと伝えられていますが、モンゴル人が総勢で十万人程度しかいないのに、その十倍以上もの人を殺せるでしょうか。しかも、ヘラートほか中央アジアの町を「全滅させた」はずなのに、その数年後に町を訪ねた人が「大繁栄していた」などと書いているので、本当に大虐殺があったかどうかも疑問です。

モンゴルは言い訳を書き残しませんでした。正当化の必要がないぐらい強かった。負けた側は、そのときは強者に頭を下げます。そして、モンゴルが去った後で「本当は嫌々従ったのだ」とか「モンゴルは残虐だった」などと主張して、自分たちを正当化しました。自ら進んでモンゴルとつながって利権を貪《むさぼ》った人にしても、あるいは、そういう人こそ言い訳をするのです。

もう一つ、モンゴル人自身が虐殺を吹聴したという説もあります。恐怖感を煽って次の町を落としやすくするためです。うわさを聞いた人々が怖がって、すぐに頭を下げてくる。モンゴル側は「よし、よし。税金を払えば許してやる」と簡単に領域を広げることができ、わざわざ戦争をする手間が省けます。

ですから歴史資料は、書いてあるからといって、そのまま信じてはいけません。誰が、いつ、何のためにこれを書いたのか。それを踏まえた上で読まないと、真実はつかめません。やたらと殺していたら、東西貿易が発展するわけがないのです。諸事実を突き合わせて考えれば、モンゴルに関する記述には、かなりの嘘が入っていることがわかります。

いまだに正当な評価がされていないモンゴル帝国と大日本帝国

それにしても、真実がゆがめられたり、言い訳プロパガンダが広まって定着したり、どこかで聞いた話だと思いませんか。モンゴル帝国と大日本帝国、この二つの帝国は、人類の歴史に大きな役割を果たしたにもかかわらず、今の世界史では正当に評価されていません。これについては拙著『どの教科書にも書かれていない　日本人のための世界史』（ＫＡＤＯＫＡＷＡ、二〇一七年）で詳述しておりますので、興味のある方は読んでみてください。しかし、そこで私が特に強調したかった点を簡単にまとめておきます。

歴史とは、たんに過去に起こった事柄の記録ではなく、世界を説明する一つの方法、ストーリーなのです。ストーリーには筋書きが必要です。そして、筋書きは文化や立場によって異なりますので、国や地域、書く人によって違ってきます。だから、史実が明らかにさえなれば、紛争の当事者双方が得心して問題が解決するというようなものではないのです。世界中の人が納得するような世界史は存在しないし、これからもできないでしょう。もっとも、現状では「史実を明らかに」という主張自体にも問題があるようです。誇張を遥かに超えて、史実でも何でもないものを持ち出して、プロパガンダする国もあります。

たいていの国は、嘘をつかないまでも、史実を都合よく取捨選択し、誇張しています。また、関心のある史実を重視し、そうでないものは無視しています。しかし、それぞれに何らかの原則が通っているものです。しかし、日本では、特に世界史に関しては、現地の人の歴史観をほぼ移植してきただけなので、よくわからない歴史になってしまいました。嘘はいけませんが、ストーリーは構築しなければなりません。同じ時代を扱った別々の小説をつぎはぎしたら、ストーリーはメチャクチャになります。日本の世界史事情はこれと似たような状況にあるのです。

ですから、世界のどこかの誰かが言ったことをそのまま伝えるのではなく、しっかりと消化して、日本人のための世界史を日本人自身が書くべきだと思うのです。もちろん、自分たちだけが正しかったというような自己中心史観では説得力がありません。あくまでも史実に基づいて、しかし、善悪二元論を持ち込まず、知らず知らずのうちに刷り込まれている前提条件を打破して、「歴史」を語るべきだと考えます。その前提条件打破の一助として書いたのが『どの教科書にも書かれていない 日本人のための世界史』でした。

蒙古襲来――しかし、モンゴル人は襲来していない?!

モンゴル帝国といえば、日本人にとっては「蒙古襲来」が大事件でした。

左図は、旧御物で今は宮内庁所蔵、令和三年に国宝になった『蒙古襲来絵詞』の一部です。モンゴル軍には様々な顔つきの人が描かれていて、黒い人もいます。船の漕ぎ手はすべて高麗人です。高麗人は髪型が違うのではっきりわかります。船をつくったのも高麗人です。

「蒙古襲来」と言いならわされていますが、私は、遊牧民は絶対に来ていないと思います。彼らは平原を騎馬で進むのは得意ですが、海上は勝手が違います。遊牧民は泳げないので、海の上になど浮かびたくありません。しかも、モンゴル人は人数が少ないので、船上で被支配者か

『蒙古襲来絵詞』の一場面

ら反乱を起こされる心配もあります。中央アジア方面には好んで行きますが、日本に攻めて来たのは、圧倒的に契丹人・女真人・高麗人、そして、高麗二世三世です。「二世三世」とは、オゴデイの時代に高麗人を鴨緑江の北に拉致して入植させているので、モンゴル領内にも高麗系の人々がいるのです。農民として働かせ、穀物税を取っていました。その中から出世し、軍隊に入ったり将軍になる人もまた出てきました。

図18（二〇五頁）はモンゴル時代の高麗です。ほぼ今の北朝鮮に相当する地域は元朝の直轄地、遼陽行省に組み込まれており、高麗は南だけです。その遼陽行省の鴨緑江の北側にもモンゴルが拉致した高麗人六十万人以上が住んでいました。その親王とも言えるのが、日本への蒙古襲来における副司令官、洪《こう》茶丘《さきゅう》です。洪茶丘は南の高麗に対して高圧的に出ます。元の直轄領にいる自分たちのほうが偉い、高

麗は下だというわけです。そんな姿も今の北朝鮮と重なるものがあります。

そして、司令官はヒンドゥ、つまり「インド」という名前の人です。実際にインド人だったのかどうか確認できませんが、絵画を見ると黒い人も交じっているので、雑多な人種構成だったことがうかがえます。インド人がいたとしても不思議はありません。もしモンゴル人の部隊なら、大将もモンゴル人のはずです。そして、モンゴル人の名だたる武将であれば『元史』列伝に記録が残っているはずですが、それらしい名前はないのです。そのような事実からも、日本に攻めてきた人々の大半は遊牧民ではなかったと考えられます。

一二八〇年、フビライは「征東行省」という日本攻略のための役所を創設しました。前述のようにモンゴル帝国は請負制なので、各省は財政基盤を自力で賄わなければなりません。そして、この征東行省は、おそらく日本海岸沿いに住む契丹人、女真人、高麗人が主な担い手であったと思います。したがって、日本攻めは彼らの使命であると同時に、金づるだったのです。

元寇に先立つこと約四十年前、一二三一年にモンゴル軍が高麗に侵入します。以来、五九年に高麗が降伏するまで、約三十年にわたってモンゴル軍は侵入を繰り返し、高麗全土を荒らし回りました。この過程でモンゴルに早々と寝返った高麗人が、最後まで高麗を守った高麗人より、最終的には「偉く」なります。モンゴル直轄領の高麗人には拉致された人もいますが、まだモンゴルと戦っているときに裏切ってモンゴル側についた人や、高麗よりも待遇がマシだからと自ら北に渡った人もいます。

日本攻めにあたっては、裏切り高麗人が、居残り高麗人をアゴで使います。それが面白くないので、居残り高麗人が「こっちに全権をくれ」と言ったりする。そんな権力争いも加わって、行なわれたのが元寇でした。「蒙古襲来」した兵士たちは、実は高麗人が圧倒的多数だったのです。そして、最も半島に近かった壱岐と対馬の人々は、彼らによって惨殺されました。

[図18] モンゴル時代の高麗

朴槿恵が大統領だったときに「被害者と加

害者の関係は千年変わらない」と言いましたが、文永の役が一二七四年、弘安の役が一二八一年ですから、壱岐と対馬の人たちを高麗人が殺したのは約八百年前のことです。「千年変わらないのなら、あなたがたにも八百年前のことを謝罪してもらおう」と言い返せばよかったのです。近代の日本と韓国が戦争をしたことはありませんから、朝鮮人は日本人によって殺されていませんが、元寇のときは、本当に攻めてきたのですから、より明らかな加害者と被害者です。しかし、政治家は誰も言い返しませんでした。

ちなみに、「元寇」は明治になって広く使われるようになった歴史用語です。「寇」という漢字は日本語ではあまり使われません。初出は江戸時代、徳川光圀編纂の『大日本史』だそうですが、一八七一年に日清修好条規が締結されたころから、清側が「倭寇」を持ち出して、かつて日本側から攻められたと、さんざん言い立てました。それで日本は「元寇」が先ではないかと、言い返したのです。

日清戦争の少し前、一八九二年には『元寇』という歌が作曲されています。「四百余州《しひゃくよしゅう》を挙《こぞ》る／十万余騎の敵……」で始まり、世代にもよりますが、知っている人も多いでしょう。それ以来「元寇」という言葉が定着したのです。鎌倉時代の歴史用語は「蒙古襲来」でした。

また、日本海沿岸の地域では、子どもを脅すときに「ムクリコクリが来るよ」と言ったそうです。いつまでも泣いていると声を聞きつけて「蒙古と高麗が来るよ」というわけです。しっかり「コクリ」と言っています。高麗（九一八～一三九二）は高句麗（前一世紀頃～六六八）

［図19］モンゴルの高麗侵入と支配

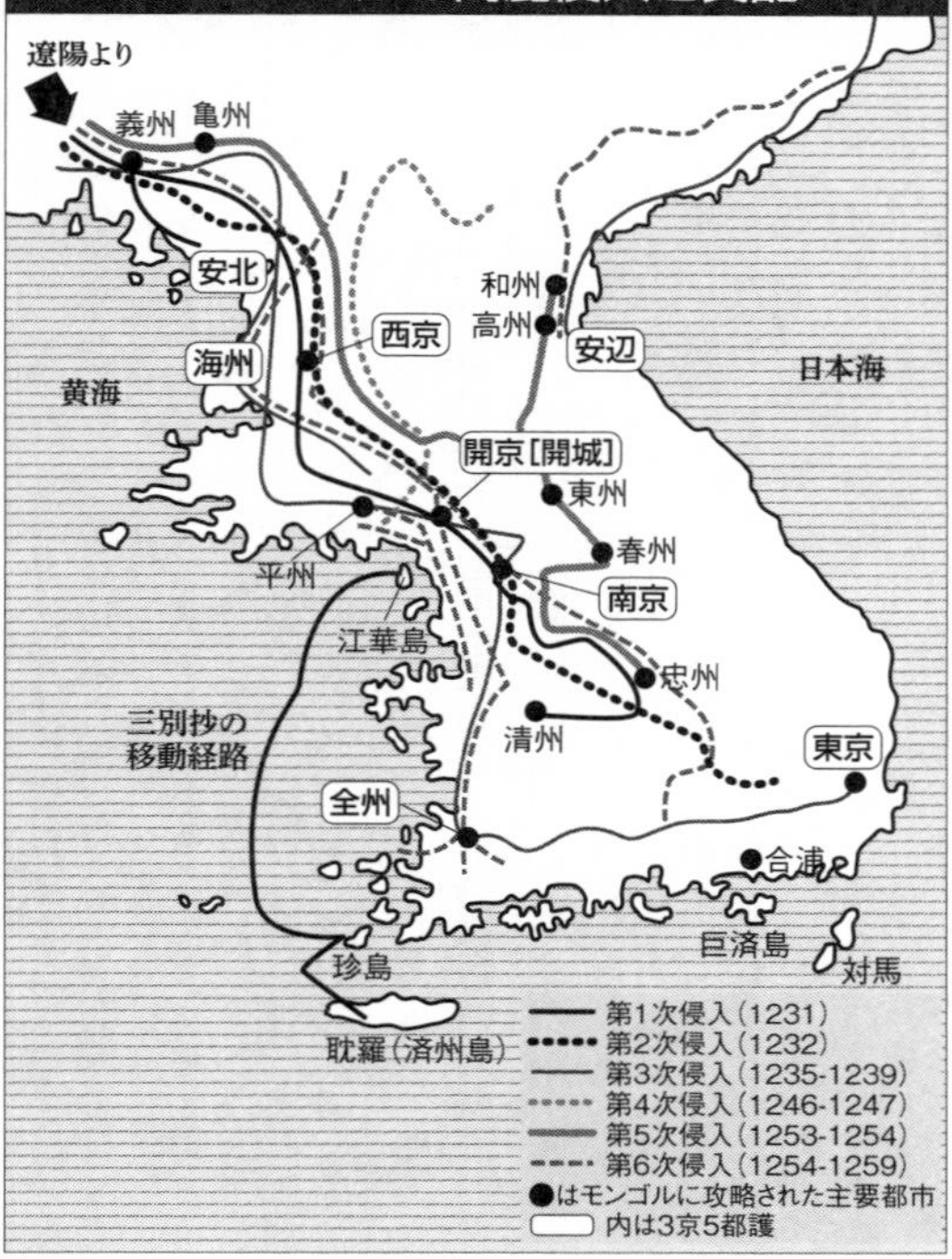

を継承したということで、「高麗」という名称を名乗っていました。

蒙古襲来が二回とも失敗したのは、モンゴル式の戦争ができなかったからです。先の項で、モンゴル軍が強かったのは、前後左右から集まって巻き狩り方式で包囲作戦を行なったからだと述べました。しかし、日本では、海からまず上陸しなければならず、一方向からしか攻められません。それに、おそらくモンゴル人は来ていない。

一回目（文永の役）は準備不足だったようです。短期決戦のつもりでやってきて、物資、特に「矢」が尽きてしまいました。日本側は自分の国土ですから、いくらでも補給ができます。それで元はあきらめて引き上げました。

二回目（弘安の役）は、旧南宋から来る船が、一カ月遅れました。それで高麗軍は対馬と壱岐を占領し、人々を虐殺し、味方の到着を待っていました。なかなか来ないので、高麗軍だけで攻めようとしたら、博多湾の土塁と石塁に妨害されて上陸できません。仕方がないので、やはり待つ。

しかし、旧南宋からの部隊（蛮子軍）は、人数は多いものの、寄せ集めで、船も粗末なものでした。モンゴルは、南宋を降伏させ占領したのですから、南宋軍など邪魔者です。「行け」と追い出された人々による軍隊で、いわば棄兵です。農民たちが農具を持っていたので、九州を占領して九州に入植するつもりだったようです。

遅ればせながら蛮子軍が到着すると、高麗軍は「やっと来たか」と包囲作戦に入ろうとしますが、そこに台風がやってきました。しかも、船が多すぎて、船同士がぶつかって沈みました。でも司令官はよい船に乗って帰ったことがわかっていますので、全滅ではありません。

その後も日本は敵は「また来る」と考え、異国警護を怠りませんでした。しかし、大陸の東北方面や中央アジア、ベトナムなど各地で反乱が起こり、フビライはその都度、日本攻めを中止せざるをえませんでした。近いところの反乱鎮圧が優先です。そのうち一二九四年、フビライが亡くなり、元寇も沙汰止《さたや》みとなりました。

『蒙古襲来絵詞』に描かれたモンゴル軍の陣営

以上、ざっくりまとめましたが「蒙古襲来」について、より詳しくは拙著『世界史のなかの蒙古襲来』（扶桑社、二〇一九年、新書版、二〇二二年）を参照してください。

日本軍もがんばりましたが、やはり海があるとないとでは大違いです。地の利による幸運は否めません。騎馬兵の戦いのできない地域にモンゴル人は行きたがらず、支配下に入れた諸族を使います。日本侵攻の場合は高麗や旧南宋を使いました。毒矢や火薬を利用してつくった「てつはう（手榴弾のようなもの）」を投げるなど、最新の武器はあるけれど、うまく包囲作戦はできない。ですから、ユーラシア中央部での戦争ほどは成功しなかったのです。

後継者争いで弱体化したモンゴル――外戚のフンギラト家による専横

フビライは八十歳まで長生きし、皇太子とされていた息子のほうが先に死んでしまいました。強いリーダーシップを持った指導者の後は、必ずといっていいほど後継者問題が起こります。

フビライの死後、有力だったのは孫たちでした。その母であるココジンは賢い人で、後継者の決定にあたっては逸話が残っています。あるとき息子たちに言いました。「みなの前でチンギス・ハーンの遺訓を暗唱してみせなさい」。それを一番上手に暗唱したのはテムルでした。こうして元朝の二代目皇帝は成宗テムル（一二六五～一三〇七、在位一二九四～一三〇七）が就任しました。衆人の前ではっきりと目立つようにして、後継者を決めたのです。

しかし、系図（図20）を見ていただくとわかりますが、後の皇帝の在位期間が短くなっています。テムルは十年以上位にありましたが、三代武宗ハイシャンは四年、四代仁宗アーユルパリバドラは九年、五代英宗シッディパーラは三年、六代泰定帝イェスン・テムルは五年、そして、七代・八代・十代の皇帝は一年未満、九代文宗トク・テムルは、皇帝になったり、やめたり、復位したりと、ややこしいことになっています。

混乱の理由は、外戚のフンギラト家による介入のためです。フンギラトはモンゴル帝国の臣

［図20］元朝のハーンたちの系図

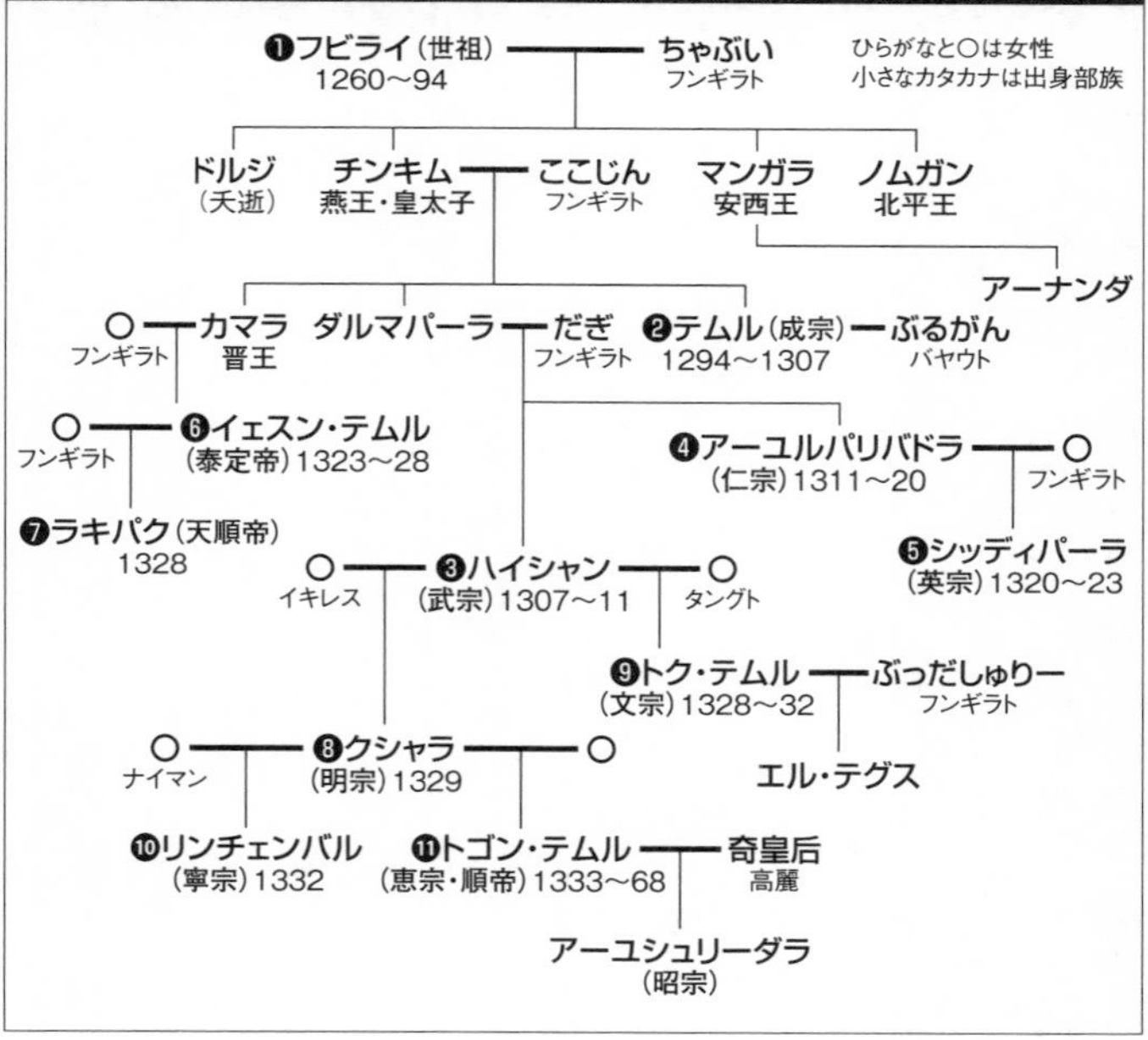

下の中で最も有力な部族です。日本の平安時代の藤原氏が娘を宮中に入れ、その皇子を天皇にしていったように、元朝の有力ハーンの母や皇后はフンギラト家の出が多いのです。フンギラト部は、自分たちの一族出身者を母としない皇子を皇帝にしたくなかったのです。

　モンゴルは、チンギス・ハーンの時代から部族連合で、その強力な同盟関係によって大きな国を支えていました。多くの有力部族が娘をハーン一族に嫁がせて、生まれた子どもが競争しあって次の君主になる。後継者問題は世の常ですが、元朝の場合はフンギラトが圧倒的に強くフンギラト政権といってもいいくらいです。フビライの皇后チャブイ・ハトンも、先のココジン夫人もフンギラトでした。フンギラトの夫人は、息子たちにも、なるべくフンギラトの娘と結婚させ、その子を皇帝に立てたかったのですが、そううまくいきませんでした。それでも、フンギラトが往生際悪く、皇位にしがみついたので争いが起こりました。

なぜそこまで固執するか。日本の藤原氏との違いは何か。それは前述した妻の財産権と関係してきます。妻は、実家から婚資を持って嫁いできます。それは夫のものにならない。妻の財産であり続けます。家来を戦争に出せば儲かる。金を商人に貸し付けたら儲かる。そうやって増やした財産があります。工場経営もする。中央アジアのマドラサ（学校）経営もする。女性が自立して経済活動を営んでいます。

皇后には皇后府のような組織があり、いわば女の財産管理会社です。自分が亡くなった後は、同じ部族の娘に継承させたいのです。別の部族の女には継がせたくない。

時代はさかのぼりますが、フビライの弟フレグがペルシアに建てたイル・ハーン朝では面白いエピソードがあります。フンギラト族ではないのですが、ある中央アジアの大部族から嫁いだ女性が亡くなると、イル・ハーン朝は同じ部族からもう一度、妻を迎えたいとの希望を出しました。そうして送り出されたのがコカチン姫です。中央アジアを横切ってイル・ハーン国に向かうのですが、同種間で争っていたために内陸を通ることができませんでした。それでは海路を、という話になったので、航路に詳しいマルコ・ポーロが姫を送るために同伴しました。それまでマルコ・ポーロは帰国の希望を何度も出していたにもかかわらず、フビライから許しをもらうことができませんでした。しかし、姫の護送を機会にやっと帰らせてもらえました。

イル・ハーン国から同じ部族の人を妻に迎えたいという希望がそれほど強かったのです。フビライがなかなか手放そうとしなかった寵臣《ちょうしん》マルコ・ポーロを使うということは、外交的に重要な意味があったということです。これも妻の財産継承と、それともつながる妻の実家との関係があるからです。もっとも、シナの史書にマルコ・ポーロの名が出てこないので（前掲『概説中国史』下、一一三頁）、『東方見聞録』によるマルコ評は割り引いて考える必要があるでしょう。

しかし圧倒的に強かったフンギラト族の栄光にも陰りが見えます。とうとうフンギラトなどいらないという皇帝が出てきます。それまでの体制に逆らって、なかばクーデタのようなものでした。

もちろん皇帝側には、フンギラトに代わる後ろ盾が必要です。今度は、キプチャク軍団など、コーカサスや中央アジア西部から連れてきた近衛兵を使って、フンギラトをたたきました。

こうして、内紛が起こります。皇帝としては、どのレベルでも血縁でつながっている親戚だらけの部族集団より、皇帝個人に忠誠を誓い、他とは関係の薄いキプチャク軍団の将軍たちなら使いやすいと思ったのです。しかし、功績を上げれば、将軍たちが強くなる。あまり強くなりすぎてもいけない。それで、別の将軍を使って、キプチャク軍団の力を削ぐ。そんなことをしているうちに、当然のことですが、元朝皇帝の支配力が弱くなっていきました。

第四章

秘密結社が建国した明王朝

印象が薄い明朝——明代は研究者の数も少ない

本章は明の時代を中心にお話ししますが、明の印象って、薄くありませんか？　秦・漢統一帝国がシナの礎を築き、隋・唐時代に国際的になり、宋では高度な文化が花開きました……など、各時代には、それなりにイメージというものがあります。

本書では、それはまったくの間違いではないけれども、一般的イメージの背景となる社会変化については、日本人の発想をはるかに超えるダイナミックな変動があったのだという切り口でお話しししてきました。

しかし、それ以後は、より新しい時代であるにもかかわらず、「誰がどうした」「何が起こった」というだけで、これといったイメージすらありません。シナがどう変化したのか、しなかったのかについては、専門家でもない限り、よく知りません。

これまでの日本における東洋史の通説をざっくりまとめると、宋までは漢人が入れ替わったような大変動を過小評価しています。元朝は行省の設置など、シナを大きく変えたにもかかわらず「中国が支配されていた」で終わらせています。これに対して、その後の歴史は、元朝のシステムが生きているにもかかわらず、シナの変質を過大評価しています。「明は元を追い払い漢民族の中国を取り戻した」では、まるでもとに戻ったかのように聞こえますが、そのようなことはありません。

そのこととも関連しますが、実は、元・明の研究者は他の時代に比べて大変少ないのです。内藤湖南先生以来、最も良い時代とされている宋代は研究者にも人気があります。通商が盛んで、経済的に潤い、シナ文明が最も栄えた時代ということになっています。しかし、その実情は、すでにお話しした通りです。そして、その後の時代、元・明・清と、それぞれ長い王朝のわりには、専門研究が少ないので、一般的には、ますますさっと流されてしまいます。

元朝の研究者が少ない理由は、前章で述べたモンゴル人がモンゴル史を知らない理由ともかぶります。範囲が広く、東アジアのみならず、中央アジアやイスラム世界、さらにはヨーロッパのことまで知らなければなりません。その上、日本人にとっては、馴染みのない地名・人名が多すぎて覚えにくいということもあります。

登場人物が漢人ではないので、史料は漢文でも、一見意味不明の長々とした漢字のつらなりばかり出てきます。漢文の文献を読んでいても、漢字の名前が長い。日本語なら少なくともカタカナの部分が名前であるということがわかりますが、漢文はすべて漢字なので、どこからどこまでが名前なのかもわからない。比較的わかりやすい例を挙げると「成吉思汗」。これは日本でも見ることがありますし、パソコンで「ジンギスカン」と打てば漢字変換できます。しかし「斡兀立海迷失」は、どうでしょうか。答えはオグルカイミシュ、モンゴル帝国第三代皇帝グユクの皇后です。

また、征服範囲が広いので、地名が出てきても、ちんぷんかんぷんです。シナだとわかっていれば東アジアの地図を見ればいいのですが、モンゴル帝国はユーラシア全体に広がっていますから、勉強しはじめの学生などは、そもそもどの地図を見たらいいのかもわかりません。細かな地名は世界全図には出ていませんので、ある程度の見当をつけて、地域をしぼって探さないといけませんが、それがシベリアなのかイランなのかもわからないうちは、地図も見られません。

範囲が広いからこそ、大勢の研究者がほしいところですが、わざわざ大変なことをやりたがる人は少ないようです。研究者が少ないから研究業績も少なく、教科書にも載らない。

また、初歩的段階のハードルをクリアし、専門的研究に進んでも、元朝以前のシナ史の研究方法が通用しない世界なので、敬遠されてしまうのです。

明代に入ったら範囲が狭まるのだから、研究者が増えるかというと、そうでもなく、明の研究者も少ないのが実情です。

紅巾《こうきん》の乱の首領が明を打ち立て、元朝の残存勢力は北に逃げ去り、北元になります。明側はそれを韃靼《だったん》と呼びますが、その理由は後述します。北元の成立でモンゴル人が全員北に去ったわけではなく、シナに残る人もいるし、中央アジアにも「モンゴル人」がいます。南のほうでは、雲南が中途半端に明に入っています。元朝がなくなったからといって、元朝が関係していた地域と一気に関係がなくなるというものではないので、明もやはり、面倒くさくて、ややこしい時代なのです。それで、手に負えないと感じられるのでしょう。制度史など、シナ史に一般的な方法論があるのですが、それが通用しないことでは明も元朝と同じなのです。

その難しいところを、本書では、やさしく楽しくお話ししていきたいと思います。

朱元璋は二つの顔を持つ男?!――まるで別人の肖像画

明を建国した朱元璋（太祖・洪武帝《こうぶてい》。一三二八〜九八、在位一三六八〜九八）をインターネットで検索すると、いくつか画像がヒットしますが、二通りの顔があることに気がつきます。ふくよかで堂々とした皇帝らしい肖像画と、アバタだらけの貧相な悪役顔。まるで別人です。どちらが本当の朱元璋でしょうか。おそらく悪相のほうが本当の顔だったのではないでしょうか。

シナ史上、これほど下層から出た皇帝はいません。貧しかったらブサイクと決まっているわけではありませんが、おとなの顔には、その人の生き方がにじみ出てくるものです。

「庶民」から皇帝になったのは、漢の劉邦と明の朱元璋の二人だけです。しかし、劉邦の出自は、地方豪族に準じた、そこそこ裕福な家です。ちなみに毛沢東も豪農の息子です。しかし、朱元璋は、非常に困窮した生活を送っていました。親が死んでしまい、貧しさのために寺に入るのですが、寺も貧しく、十七歳から二十歳まで托鉢《たくはつ》の旅に出て乞食同然の生活を送ります。

左右どちらの絵も明の初代皇帝朱元璋（在位1368～1398）。廟号は太祖。元号から洪武帝と称される

その後、宗教秘密結社の紅巾軍に入ってから、頭角を現しました。郭子興《かくしこう》という白《びゃく》蓮《れん》教徒の地域有力者に認められて娘婿になり、舅の死後は、その跡を継ぎます。郭子興の部下を麾下《きか》におさめ、ライバルにうち勝ち、最後には国家規模の領域を治めることになりました。

そんな出自ですから、もともとは「無筆（字が書けない）」だった可能性は大いにありますが、努力家だったようです。皇帝は書類に決裁する際に、朱で「見た」「これでいい」などと書き加えるのですが、その筆跡は悪筆ではありません。

一つの国、王朝を建てた人なのですから、頭は悪くなかったのでしょう。教育も受けられない極貧状態から、のし上がった立志伝中の人です。

紅巾の乱――農民たちを主導した白蓮教と秘密結社

朱元璋が皇帝にまで上りつめるきっかけとなったのは紅巾の乱です。

前章で見たように、元朝末期には内紛による中央政府の混乱が続いていました。さらに、十四世紀はユーラシア各地が天候不順に襲われ、シナ地域は異常気象や地震などの自然災害が重なります。毎年のように黄河は氾濫し、水害と飢えに苦しむ農民たちは治水工事に駆り出され、不満が高まっていました。

そして、ついに一三五一年、農民反乱が起こります。白蓮教などの宗教結社が中心となって乱を主導していました。反乱者たちが紅い頭巾をかぶっていたために紅巾の乱と呼ばれ、一三六六年まで続きます。

白蓮教というのは、ゾロアスター教の流れをくむ一派です。善悪二元論に立ち、最終的には善神が勝利し、善良な人の魂は救われるという思想です。世界の終わりがやってくるという終末論を説くのですが、スローガンがなんと「天下大乱、弥勒下生」。救世主が「弥勒《みろく》」ですから、仏教の影響も受けています。

今回は「紅巾の乱」ですが、二世紀にも似たような農民反乱「黄巾の乱」がありました。

『三国志演義』の冒頭部はここから始まっています。シナ史上、時代の変わり目にはいつも出てくる宗教秘密結社ですが、歴史上、その始まりは黄巾の乱でした。

ところで、宗教秘密結社とは何でしょうか。一八四年の黄巾の乱まで宗教秘密結社の反乱はありません。理由は紙がなかったからです。紙以前の記録媒体は竹簡や木簡、絹です。絹は高価で、庶民の手には届きません。木簡や竹簡は大変にかさばるもので、持ち運びしにくい。それで、書物は宮廷にしかありませんでした。

それに、当時は読み書き能力が特殊技能で、ほんの一握りの人が独占しています。そのため、後漢末までは、手紙で連絡を取り合ったり、勉強会を通じて思想を深めたり、一斉蜂起の日付を知らせたりすることができなかったのです。

漢末の黄巾の乱の母体は、徴兵された農家の息子で故郷にもどれない人々でした。徴兵されて軍隊に入りますが、一生軍隊にいるわけではありません。兵役を終えると追い出されます。徴兵年限についてはよくわかっていませんが、中年に至ってからでは、もう故郷に帰れません。故郷の家や田畑は兄弟の誰かが継いでいますから、自分の土地はなく、農民に戻れないのです。

政府は何もしてくれません。誰からも守ってもらえず年金もありません。そこで、困った者同士が集まって互助組織をつくるようになりました。都市に出て、軍隊で武器の使い方を覚え、言葉を覚え、漢字も若干は読めるようになっている。このような人たちが、それぞれ各地で事業を起こし、互いに助け合うところから発展したものが宗教秘密結社でした。

シナには、表の歴史と裏の歴史があり、表では、「四書五経」を尊び儒教を重んじる科挙官僚が活躍しますが、裏ではこのような秘密結社が力を持っているのです。

地方ごとに話し言葉が違うので、ある程度の地域を越えて大きな事業を起こそうとすれば、なんらかのネットワークが必要です。漢字を巧みに操ることができれば、中央官庁に入り、高級官僚となって各地へ移動できますが、漢字ができない層の人々はどうするか。小さい共同体をつくるだけなら、義兄弟になるという方法があります。もっと大きな組織をつくる（に入る）なら、宗教団体です。各地に信者・構成員がいて、たぶん日本にもあった「山」「川」のような、ちょっとした符丁合わせで仲間と認識され、どこに行っても助けてもらえます。「わらじをぬぐ」という言葉が日本でもありますが、それです。

国家より信用できる互助組織——民衆が頼るのは同郷会館と宗族

シナには、助け合うレベルが複数あります。

現在でも機能しているのが同郷会館です。各都市に出身地ごとの同郷会館があります。そこに行けば言葉の通じる人がいて、何かと助言を得ることができます。基本的に日本の県人会に似ていますが、あれより、ずっと強固で、切実な問題を扱う組織です。他のネットワークを持たない人々にとっては同郷会館だけが頼れる場所です。

つまり、一口に中国人と言ってもさまざまなのです。二〇世紀になってからサンフランシスコやロサンゼルスにできたのは同郷会館であって、「中国会館」ではありません。国家としての「中国」が滞在者や移住者の面倒をみてくれることはなく、話し言葉が同じ地元の出身で、当地で成功した人が雇ってくれたり、助けてくれたりするわけです。

第二章で、北魏はシンガポールに似ていると話しました。同じ民族を隣同士に住まわせない。その場合、「中国人」はより細かな下部単位に分かれます。福建系や潮州系など、方言の違う人々はライバル関係にあるのです。当然、シンガポールにも同郷会館があります。華僑も一枚岩ではなく、いくつかに分かれているのです。ただし、インド人などさらなる外敵に対抗するために華僑が団結するということはあります。

もうひとつ、異なるレベルでの互助組織があります。宗族という血族集団です。結局、一番頼りになるのは身内です。祖先を同じくする同姓の人々が共同で祖先を祀ったり、教育や経済活動などで助け合います。宗族の構成員は長老が仕切ります。

例えば、金策に困ったときには融資やビジネス上のアドバイスを受けられ、「お前は、〇〇へ行け」などと出張や移住の指示が出たりします。行った先にも同族がいて、サポートしてくれる。海外に出るときも、そうやって同族を頼って、住む所や仕事を見つけます。同じ姓の人同士が助け合う、保険組合のようなものとも言えます。

シナは昔も今も一族が基本である社会で、事実上われわれ日本人が考えるような「国」はないのです。国が頼りにならないから宗族を基本にするのか、宗族社会だから国としてまとまらないのか、どちらが卵か鶏かはよくわかりませんが。

シナの宗教秘密結社は任侠団体とソックリ

このようにシナの中には、さまざまな組織やネットワークがあります。血でつながった宗族、話し言葉が同じ同郷集団、そして、疑似的に血縁関係を結ぶ義兄弟があります。義兄弟の誓いが大規模に行なわれると宗教秘密結社です。前二者のようなネットワークを持たない庶民が宗教を絆にして、まとまり、助け合うのです。

そのため、中華人民共和国を建てた共産党は、宗教運動を大変に警戒しています。もともと共産党自体が宗教秘密結社のようなもので、貧民の互助組織のように生まれ、ネットワークをつなぎ、発展しました。だからこそ、法輪功《ほうりんこう》などの宗教団体を敵視するのです。あのしくみこそが、シナで巨大なネットワークをつくる唯一の方法だからです。共産党以外に、似たような組織ができることは危険だと恐れています。

日本の宗教団体も、団体の中で仕事を融通し合うなど、助け合いの機能があります。指令を出せば、一瞬にして伝達され、動員できます。雑兵にこと欠かない。ただ、日本は他に救いがないという国ではないので、国を転覆するような巨大な組織にはならないのが普通です。

シナの宗教秘密結社というのは、基本的に任侠団体です。清末に太平天国の乱を起こす宗教結社も、近現代の共産党も、その発端や発展の仕方は似たような過程をたどります。そうではないしくみによってシナ人をまとめる方法はありません。上層は科挙官僚と結託し、庶民は宗教秘密結社に助けてもらう。どちらも互助組織です。「宗教」を名乗っていても、本気で宗教の教義を信じている人など、あまりいないのではないでしょうか。

一八四年に黄巾の乱が起きたころから、パターンは同じです。ある種の神をかかげ、誓いを立て、兄弟の盃をかわし、密かに武術などの訓練を行ない、共に行動する。「神」をのぞけば、任侠団体そのものです。

ただ、宗教の経典があると、特定のフレーズや話を知っているかどうかで仲間とそうでない者を区別できる利点があります。また、教主を頭に、働きに応じて格付けするなどして、モチベーションアップにつなげ、結果的に、疑似軍事組織ができあがります。

信者は、命令があれば、どこへでも行き、何でもする。宗教の強みは、この一言、「死んだら天国にいけます」。イスラム教組織のＩＳＩＳと同じです。危険をともなう活動に動員をかけるときに、「天国に行ける」というのは大きいと思います。特に、他に失うものは何もない極貧生活を送っている人々にとっては。

中国史の陰の主役は秘密結社――とりわけ重要な客家のネットワーク

もうひとつ、宗族、同郷集団、宗教秘密結社のいずれとも異なるレベルにあり、現代の華人ネットワークを考える上で欠かせない存在が客家《ハッカ》です。

客家が多いのは江西省、福建省、広東省ですが、彼らの先祖は黄河流域、長安（西安）近郊の中原に住んでいました。これまでもお話ししてきたように中原は何度も戦禍に見舞われ、その都度、戦争難民を出しています。客家のルーツもこのような戦争難民のうち、南に逃れた人々であったと考えられています。

移住の波は、西晋末に始まって何度かありましたが、モンゴルの侵攻によって大規模な移動が起こり、自らが客家である林浩《リンコウ》氏は、この時期を客家の成立期としています（『アジアの世紀の鍵を握る客家《ハッカ》の原像』中公新書、一九九六年、八十二頁）。

客家とは文字通り「外から来た人」、お「客」さんという意味です。「よそ者」でありながら、客家の人々は「我々こそがもともとの漢人だ」との自負心を持ち、自らの出自を誇っています。諸説あるものの、中原と呼ばれる黄河中流域、長安（西安）など古い中心地を故地とし、また事実、客家方言は数ある中国語の方言のなかで最も古い発音を残していると言われています。

モンゴル人が北から入ってきたので、黄河中流域から福建などの沿岸地域に逃げてきたものの、すでに原住民である越人が平地で農業を営んでいます。後から入った客家の入る隙間はありません。それで、まだ開発されていない山岳地域に入りました。

客家の特徴はいくつかありますが、女が纏足《てんそく》をしません。纏足とは、小さな女の子の足を布で縛って大きくならないようにすることです。著しい苦痛を伴いますし、骨が変形し、正直言ってグロテスクですが、昔のシナでは足が小さいことが美人の要件でした。その起源は諸説ありますが、北宋以降に普及し、元朝時代にはかなり広い範囲で纏足が行なわれていました。そのうち、纏足をしないと結婚できないという社会的圧力から、シナ全土で行なわれるようになりました。かわいそうだからと娘に纏足をさせなかったら、もっとかわいそうなことになるので、しないわけにはいかないという悪習でした。

それでも客家だけは纏足をしなかったので、「大足」と呼ばれ蔑《さげす》まれました。纏足をしなかった背景には、生活がそれだけ厳しかったことがあります。山岳地帯ですから、急な坂道を登ったり、川を渡ったりしなければなりません。男女ともに山野を開拓し、田植えや稲刈りなどの農作業もしなければならなかったので、纏足をしている余裕はありませんでした。林氏によると「現在も客家の女性たちは、素足で田畑に下りて働く。小さいころから鍛えているので、彼女たちの足は普通の女性よりも大きく厚く、足の指は開き、足の裏の皮は厚く粗くてたこができている。素足の仕事だからといって砂利をも恐れない（傍点は原文ママ）」そうです（林、

福建省南西部の山岳地帯にある福建土楼。北方から来た客家が居住する集合住宅

前掲書、二三九頁）。

条件の厳しい山中での貧乏暮らしだったので、経済活動には限界がありました。それで、教育を重視しました。優秀な子どもを援助し、科挙の試験に合格させます。

そして、新参者である「客家」は、逆境に負けないために互いに助け合わなければならなかったので、絆が深まり、強いネットワークを形成しました。

そのため、「漢人」という自負心は強いのですが、一種、少数民族のような異質な集団となってしまい、東洋のユダヤ人などと言われることもあります。いずれにしても、助け合いの精神、および、進取の気性に富んだ人々です。

十九世紀、アヘン戦争の後に太平天国の乱が起こりますが、実は、洪秀全《こうしゅうぜん》をはじめ、その主力は客家でした。他にも、孫文、鄧小平、台湾の李登輝、シンガポールのリー・クアンユーなど、そうそうたる顔ぶれが客家です。

孫文本人が客家であるばかりでなく、それを支えた広東の革命運動家たちの中にも、客家が多くいました。

世界中に華僑が散らばっていて、「華僑ネットワーク」などと言われますが、これは総称で、その中にサブ組織があります。ロサンゼルスやサンフランシスコの中国人社会で、よく中国人同士で抗争をしていますが、あれは異なるネットワーク間の勢力争いなのです。先に同郷会館の話をしましたが、この手のネットワークが最も強いのが客家です。

現在でも客家ネットワークは大きな意味を持っていて、客家コネクションなどと陰謀論と結びついた形でも囁《ささや》かれるのですが、陰謀かどうかはともかく、外国に移住した客家が、現地で根を張っても客家同士の関係は維持し、客家というだけで、お互いに便宜を図ったりするのは事実です。

孫文の革命運動も秘密結社の助けがなければ実現できなかった

秘密結社も北と南で違います。白蓮教はもとは南京発の運動でしたが、その後は、北方のシナ人が担い手となります。のちの義和団もこの系統です。

南の方の秘密結社で代表的なものは福建省起源の天地会です。入会のときに天地を拝して父母とするので、この名前があります。イギリス人はこれを三合会《さんごうかい》と呼びました。また、会員は同族という建前をとり、共通の姓が「洪」であるため洪門とも呼ばれます。

天地会の組織は客家にも伝わって、客家の一人、洪秀全が「上帝会」を組織します。この上帝会の起こした反乱が一八五一年に始まる太平天国の乱です。

また、孫文も天地会の助けで革命運動を組織します。孫文は貧乏だったのですが、兄がハワイで成功したので、呼び寄せられて、ハワイや香港で勉強することができ、医師になることができました。

そのハワイで興中会《こうちゅうかい》という、後の国民党の前身となる組織をつくったり、洪門の組織に加入したりしています。つまり、中国国民党は客家の秘密結社からできた組織なのです。そして国民党から分かれた共産党もまた同じと言えます。

客家も天地会とかぶったりする。つまり、「同郷会館」「宗族」「秘密結社」「客家ネットワーク」はそれぞれまったく別個に存在するものではなく、重なり合うところもあるのです。

ネットワークを使わなかったら、政治も経済も広がっていきません。ただ、組織も一枚岩ではなく、同じ天地会が陸の紅幇《ホンパン》と海の青幇《チンパン》に分かれたりします。「紅《ホン》」は「洪《ホン》」に通じるので洪門そのもの。「青《チン》」はもともと安徽《あんき》省の安慶に本部を置いたため「安慶《アンチン》」の略。長江の水運労働者の組織です。

ちなみに、蔣介石は青幇です。そのほか、都市の幇と農村の幇などもあり、それらも天地会の下部組織です。

このように、ヤクザ組織のようなものが、実は、裏で中国史を動かしているのです。それを使わないと出世できないし、できたとしても守ってくれる味方が少ないので、生命の危険が増します。国単位の政治・経済を動かそうと思ったら、出身地を超えた人の助けが必要です。そのためには、特定のネットワークを使うことが必須なのです。

「秘密結社」は名前の通り秘密なので、全貌が明らかになることはないでしょう。教科書にはまったく触れられていませんし、雑誌や本にしても、これを発表したら命の危険があります。学問研究は、近現代史になればなるほど難しい。昔のことは結果が出ていて、史料さえあれば真実を追求することができます。しかし、現在のことは簡単には言えません。せいぜい類推することができるだけです。私にも時折、秘密結社をテーマにした本の執筆依頼がありますが、これはジャーナリストの仕事です。実際に、日本のジャーナリストで危険を顧みず、秘密結社の深部にまで迫ろうとしている人もいるようです。ジャーナリストと学者の線引きも難しいものがありますけれども。

岡田英弘は『中国意外史』（新書館、一九九七年、『やはり奇妙な中国の常識』と改題してワックから二〇〇三年に再版）で秘密結社について三章を割いています。その中で、アラブ系マレー人のアブドゥッラーの自伝を使って秘密結社潜入ルポを紹介しています。アブドゥッラーは近代マレー文学の先駆とされているような人で、シンガポールの創設者トマス・スタンフォード・ラッフルズのマレー語・マレー文化の教師でもありました。好奇心の強い質だったらしく、知り合いに頼んで天地会の本拠地に連れて行ってもらったのです。

アブドゥッラーは、そこで落とし穴やアヘンを吸う男たちを見ています。入会式が行なわれ、彼は壁の穴からその様子をのぞいて見ました。この晩、宣誓して入会したのは四人。五人目は嫌がって、何度も打ち据えられ、それでも入会を承諾せず、結局殺されました。本拠地までの道や、現地の描写などが、詳しくその雰囲気を伝えています。

これも古い情報なので、今も同じかどうかはわかりません。しかし、研究者にできるのはここまでです。現在の人とつながらない「過去のこと」になったら、ある程度のことは表に出てくるかもしれませんけどね。

ちなみに、この自伝の邦訳に、中原道子訳『アブドゥッラー物語』(平凡社、一九八〇年)がありますが、該当部分の「シンガポールにおける天地会」は省略されています。タイトルと、肝心の面白いところが抜けた一ページほどの要約が掲載されているだけでした。

コラム――シナ人の名前のつけかた

余談になりますが、朱元璋の幼名は「朱重八」といいます。兄弟は重四、重六、重七です。重八だから八番目？　しかし、兄は三人しかいません。その兄の名前の数字も飛び飛びです。なぜでしょうか。それは、いとこも含めて、生まれた順番に番号をふったからなのです。

シナの家族は、世代ごとに男兄弟が同じ漢字を一字使うことになっています。そして生まれた順番に一二三四五六……とナンバリングします。朱元璋の場合は「重」の字をつける世代の八番目だったので「重八」になりました。このしくみを「輩行」といいます。

名前を聞いただけで、祖先から何代目の何番目に生まれた男かがわかり、一族の中で秩序づけしやすくなります。機械的ですが、合理的です。その秩序に基づいて、宗族は一族の者を使うわけです。この「長幼の序」はシナでは現在でもたいへん重要です。

日本では学校のクラブ活動などで一～二年違うだけで「先輩」「後輩」といいますが、シナでは、父や祖父など先の世代が先輩、子や孫など後の世代が後輩です。

シナと日本で異なるのは「輩」の意味ばかりではありません。名前の漢字の使い方も違います。日本では鎌倉幕府の執権北条氏が時政・義時・泰時・時頼・時宗など「時」を、徳川将軍家が家康・家光・家綱・家継・家重など「家」の字を、世代を超えて跡継ぎが用いています。これに対してシナでは世代ごとに漢字が変わります。

日本は縦（一族）に、シナは横（世代）に同じ漢字を使うのです。シナと日本、似ているようで全然違う面が、こんなところにも現れています。

シナでは「長幼の序」をはっきりさせるための輩行ですから、同じ漢字を次の世代には絶対に使いません。そして、年長者を敬うのは、単に「お年寄りを大切にしましょう」「親孝行しましょう」という倫理観に従っているだけではないのです。

祖先崇拝の背景には、祖先のほうが「気」が多いという考え方があります。世代が下るに従って「気」が弱まるので、格下になるのです。生きている人の中で、祖先に最も近い祖父が一番気が多く、次は父、そして自分です。子、孫と祖先から離れるにつれて、だんだん弱くなる。だから年長者は尊敬しなければならないのです。日本人も祖先を祀りますが、信仰のあり方がだいぶ異なります。

朱元璋が皇帝に即位——塩商人や紅巾軍内部のライバルに打ち勝つ

明朝誕生の歴史に話を戻します。

元朝の中央政府が継承争いでもめている間に、紅巾の乱に先立ち、南部で塩商人が反乱を起こしました。シナでは王朝末期に政治が乱れてくると、塩の密売商人が暗躍するようになります。それは政府が塩に高い税金をかけているからです。税率は時代によって異なるので、一概に言えませんが、数十倍から、時には百倍にも吊り上げて販売していました。塩の専売制は元朝に限りませんが、元朝はとくに国家財政が塩税に依存する程度が大きい王朝で、世祖フビライの時代、すでに国家財政の八割を塩税が賄っていて、塩価もまた歴朝中最も高価でした（佐伯富『中国塩政史の研究』法律文化社、一九八七年、一七九、三五八頁）。

塩は生きていくのに絶対に必要なものですから、すべての人が使います。塩税は、全国から平たく得られる税収なのです。ただし、高関税をかければ、国家の収入が増えるのは、国が機能している間の話です。中央の政治が乱れ、支配体制が緩んでくると、塩の密売が横行します。官塩が高いので塩商人は闇で半額で売っても大金が手に入ります。もともとの塩は岩塩か海塩ですが、原価は安いものですから、密売塩商人は暴利を貪ることができます。

シナでは、何千年も前から人が住んでいる内陸の塩湖や塩池、岩塩産地などからは塩を取り尽くしてしまい、内陸で塩の収穫できる場所が減ってしまいました。そして、海塩は東南の海岸でしか取れず、国土面積のわりに沿岸が少ない。そのため、人口に比較して塩が貴重だったのです。

なお、シナ史の春秋戦国時代に長安（西安）を取り合ったのは、近くに岩塩が産出したからです。陝西省と山西省の境を南に流れる黄河が東に急カーブする地点にある華山《かざん》で塩が採取できました。しかし、明代には、すでに取り尽くしていました。現在の中華人民共和国はチベットと青海省で取れる塩に頼っています。

日本でも、内陸の武田信玄に上杉謙信が「塩を送った」話は有名ですが、日本列島は四方を海に囲まれているので、基本的に塩は豊富にあります。そのため、悪徳密売塩商人は日本史には登場しません。

塩商人勢力の間を縫って、白蓮教徒の紅巾軍が勢いを増していきます。初期の紅巾軍の指導者である韓山童《かんさんどう》は明王《みんおう》（救世主）を名乗りますが、本格的な反乱を起こす前に捕われ殺されました。その後、息子の韓林児《かんりんじ》が跡を継ぎ、小明王・大宋皇帝と号するなど、一時は大勢力に発展しますが、元軍に敗退します。

このように最初の紅巾軍はたいしたことはなかったのです。韓林児には政治力がなく、各地の反乱軍が、それぞれ勝手に動きます。同じ白蓮教徒といっても命令系統、指揮系統がはっきりしておらず、各地方の首領が軍閥化しました。

個人的に大変残念な出来事は、韓林児率いる紅巾軍が北上し、一三五八年に夏の都である上《じょう》都《と》を焼いてしまったことです。たくさんあったはずの元朝の資料が白蓮教徒に焼かれて消失してしまいました。大都は騎馬兵に守られているので、紅巾軍は、人がいない上都に回ったのです。そのために元朝の文献は大都の漢文史料しか残っていません。北方や中央アジアに関するペルシア語やモンゴル語の記録は上都に置いてあったらしいのです。

白蓮教徒は遼東《りょうとう》半島にも入り、朝鮮半島の高麗にも侵入するなど、各地で暴れまわっています。ただ、反乱軍が地方レベルで勝利を収めても、なかなか大都は落とせませんでした。一三五六年に朱元璋は南京を占領し、地方政権として基盤を固めますが、南方一帯を支配下に収めるまでには一三六〇年代後半までかかります。徐々に塩商人や同じ紅巾軍の軍閥を下し、ついに一三六八年、朱元璋は南京で皇帝に即位しました。

そして、同年、大都を占領し、元の皇室は北方に逃げ去りました。

前章で少し触れましたが、元朝以来、王朝名のコンセプトが変わりました。地名や出身を表すのではなく、遠大な理念を表明するようになりました。元朝が天をそのまま継承した王朝だとして「大元」でしたから、それに対抗するように明は太陽を意味する「大明」を国号としました。元朝を倒して王朝を開くのですから、「元朝と同等か、さらに上回るものを」というのが、建国者・朱元璋の意図でした。

ところで、白蓮教の用語で救世主のことを「明王《みんおう》」と呼びます。そして、朱元璋が名乗った大明皇帝は白蓮教における救世主の意味です。ゾロアスター教やマニ教は光の神アフラ・マズダを最高神としています。「明るい未来」を象徴しているのです。まるで陳腐な政治スローガンのようですが、彼らは真剣です。

また韓林児が「小明王・大宋皇帝」と名乗ったので、「大明皇帝」には、それより上だという意味が、こもっています。

シナ二千年の歴史で、漢人皇帝はたった四分の一

久しぶりの漢人王朝・明ですが、「漢人」はこれまで何度も入れ替わっていますので、遺伝的な連続性はあまりありません。他の話し言葉や文字をまったく持たず、行政や商売を漢文で行なう人を「漢人」と考えるとしても、「漢人」が皇帝だった期間は、秦の始皇帝が皇帝制度を創設して以来、約四分の一しかないのです。

秦・漢・三国時代・晋までは漢人王朝です。隋・唐は北方から南下してきた鮮卑族の王朝です。五代十国時代の華北の五王朝のうち三つはトルコ系でした。五代最後の後周の郭氏、北宋・南宋の趙氏は両方とも少し異民族疑惑がありますが、はっきりと確認できないものは漢人

としましょう。遼は契丹族、金は女真族、元朝の皇室はモンゴル族です。そして、明でやっと漢人王朝になりました。しかし、続く清は再び女真族、後に名前を改め満洲族です。

期間の長さを計算すると、約四分の三が非漢人王朝となります。したがって、漢人王朝は多めに見積もっても四分の一しかないのです。

北方の鮮卑人やトルコ人、モンゴル人は明らかに系統の異なる言語を用いていました。南方の漢人にしても、共通文字として漢字を使っているけれども、文字の使える階層はごく少数なので、話し言葉の通じない人々の集合体です。「四書五経」を丸暗記している上層階級の人々が中央官庁で出世し、遠隔地貿易を営みますが、残りの人は国家とは関係のない暮らしを送ります。

皇帝は替わります。その多くは漢人ではない。逆に、人々にとって皇帝は何人《なにじん》でもいいのです。国家の上層で何が起ころうが、そんなことは自分たちの生活とは関係がない。直接関係があるのは、せいぜい中央から降ってくる役人どまりなので、皇帝に対しては、ほとんど関心がなかったと言えます。

ただ、事績を冷静に分析すると、漢人でない皇帝のほうが、良い政治を行なっています。特に明は暗君が続出した王朝です。

コラム――シナ人に人情は期待できない

大都から脱出した元朝皇族は上都に滞在していましたが、一三六九年、明軍に攻め落とされ、さらに北へと逃げます。明軍はさらに追い、皇族を含む数百人が明軍の捕虜になりました。このときの戦勝報告が南京に届いたとき、朱元璋は、敵のモンゴル人を見下した部下の文章について、こうたしなめました。

「元朝が支配した百年の間、わしとお前らの父母は、みな元朝のおかげで生きてこられたのだ。何でこんな思い上がった言い方をするのか。すぐ書き直せ」

こういうセリフを聞くと、多くの日本人は浪花節的な人情を感じてしまいます。しかし、シナ人は人間の性質がまるっきり違っていると思ってください。日本人だったら、考えられないことを平気でするなど、想像を絶しています。親友のような顔をして裏切る。とても親切だった人が、あるときから、うんでもすんでもなくなり、場合によっては、敵になる。そんなことはしょっちゅうですから、何を考えているかよくわかりません。彼らは絶対に本心を言いません。日本人が悩むようなことで悩まないし、日本人の好きな、いわゆる「人情」の世界はシナ人には当てはめられないのです。

私はシナ史についての著書をいくつも出しているので、「このとき、○○は何を考えていたんでしょうね」と聞かれることがよくあります。「蔣介石は何を考えていたでしょう？」「孫文は何を考えていたのでしょう？」。私の答えはいつも「わかりません」。ほかに言いようがありません。

ですから、元朝に対する、このセリフ一つをもって朱元璋が本当に人情に厚かったのか、それはわかりません。しかし、彼は裸一貫から、のし上がって皇帝になった人ですから、相当、頭のいい人だったはずです。多くのライバルを排して勝ち残った人の言葉ですから、なんらかの意味はあるのかもしれません。ただ、単純に「人情に厚かった」ととらえると、田中角栄以後の日本の政治家や、中国に進出して泣きを見る企業経営者と同じになってしまいます。

明のプロパガンダに騙されるな――元朝は滅びていないし、韃靼はモンゴル

一三六八年、朱元璋は南京で皇帝に即位しました。家来は白蓮教徒反乱軍の親玉ばかりです。皇帝に就任した時点では、シナ全土を支配下に収めていませんでした。

同年、元の皇帝トゴン・テムル・ハーンは押し寄せてきた明の軍隊に敗退し、北京から逃げ出します。

もともと大都は冬の三カ月しか住まない都でした。そこを去るのは惜しくない。しかし、夏の都・上都もすでに焼かれていて、もうありませんから、南モンゴルの応昌府に逃げます。急なことなので、モンゴル人全員を連れて行くわけにはいきません。皇族と供回りのものたちが北方のモンゴル高原に退却しました。

トゴン・テムル・ハーン――元最後（第11代）の皇帝（在位1333～1370）。明の太祖に都を追われて病死した

モンゴル年代記には「順帝悲歌」あるいは「恵宗悲歌」「元朝悲歌」などと呼ばれ

るモンゴル語の長い韻文が残っています。「せっかくフビライが立派な都、大都や上都を建ててくれたのに、私が無力なせいで、美しい都を失うことになった」と嘆き悲しんでいます。原文は長いモンゴル語の叙事詩で、岡田英弘が日本語訳しています（岡田英弘『モンゴル帝国から大清帝国へ』藤原書店、二〇一〇年）。

五十行にわたる長い詩は大都、上都の賛辞から始まり、大都から去る様子を述べ、モンゴル人が大都を失った無念さを詠っています。ただし、「内容的に仏教的要素が入っていることから、十六世紀後半にチベット仏教がモンゴルに再流入した以降に作られたものであろう」とする研究者もいます（森川哲雄『モンゴル年代記』白帝社、二〇〇七年、一七四～一七六頁）。

ところで、大都を放棄した時点で元朝が滅亡したかのように思っている人がいますが、実は「北元」として続いています。モンゴル族としては、植民地であるシナを失いましたが、モンゴル人の国がなくなったわけではありません。自分たちの中では元朝は続いているつもりなので、また南北朝になってしまったのです。その後、百五十年にわたって万里の長城が築かれ、それを境に対立は続きました。なお、逃げたトゴン・テムルは、まもなく一三七〇年、応昌府で病死しています。

その後継者アーユシュリーダラの母、奇《き》皇后は朝鮮出身です。これについては後述しましょう。

元は続いているので、洪武帝・朱元璋は結局、「漢伝国璽」（国の判子）を手に入れていません。漢の時代からある「伝国の璽」は正統の皇帝である証です。皇帝制度を創始したのは秦の始皇帝です。秦の後は漢ですが、漢の皇族は始皇帝の子孫ではなかったので、国璽が重要になりました。「秦の始皇帝の印を継承したのだから、正統だ」というわけです。

武力で支配しただけでは正統性が認められないのです。日本は万世一系ですが、シナは支配者一族が変わるので、国璽継承が正統の証《あかし》になりました。ほとんど「禅譲」の形式をとりますが、実質は脅し取っています。やり方はともかく継承の事実が大事で、継承の証を失ってはいけないのです。

明の武将鄭和（1371～1434頃）。昆陽（雲南省）の人。イスラム教徒。明初、宦官として燕王（永楽帝）に仕え、1405年以降、7回にわたって大船団を率いて遠征した

明朝はこれを手にすることができませんでした。そして、この国璽はモンゴルでも行方不明になるのですが、清朝になる直前になって別の玉璽が現れます。多分に伝説的で、本当かどうかわかりませんが、放牧されていたヤギが見つけて掘り出したことになっています。それが巡り巡ってモン

[図21] 明朝の領域と永楽帝のモンゴル親征路

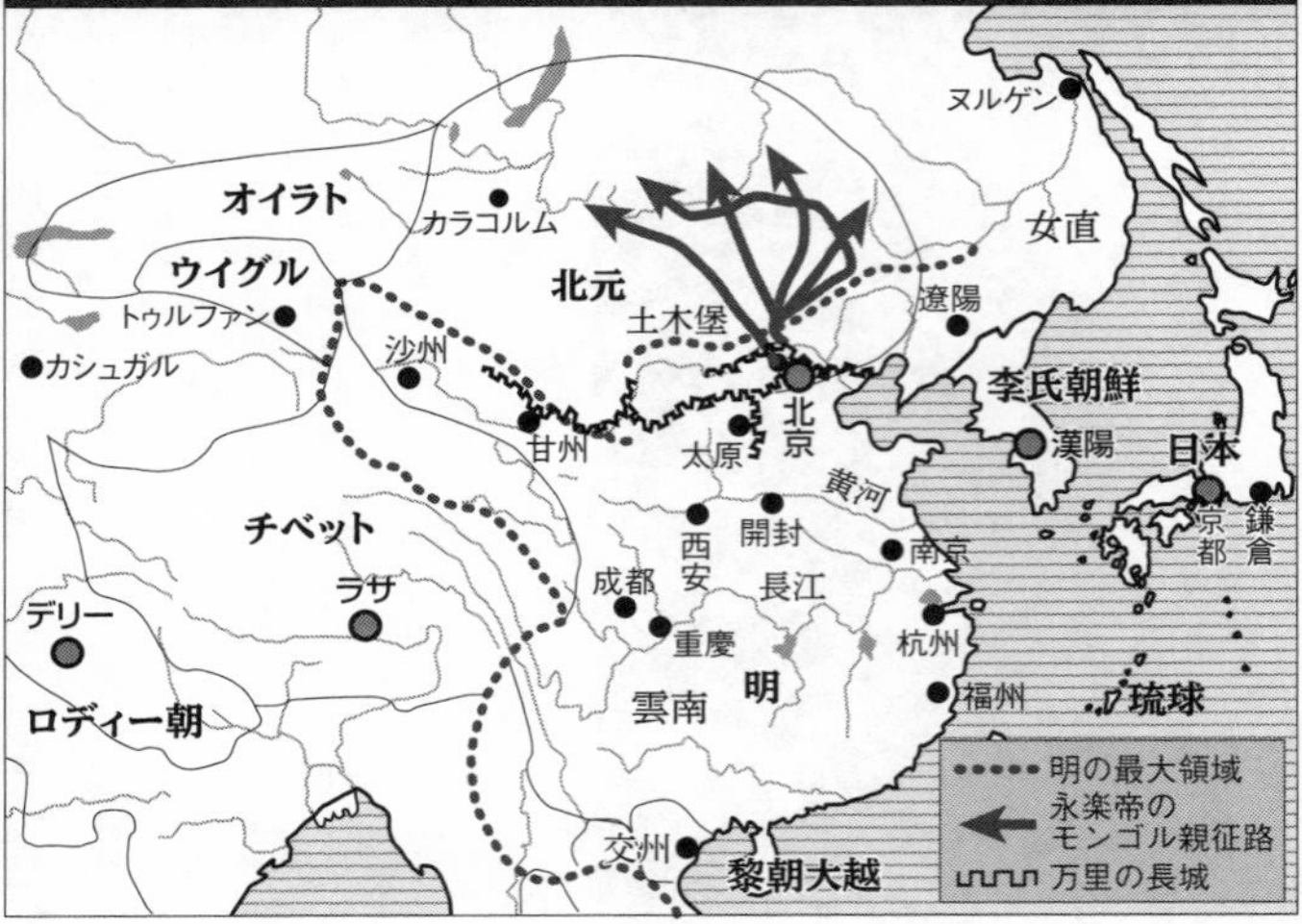

ゴルのリンダン・ハーンの手に渡り、その死後、息子が満洲族のホンタイジに献上するという後日譚がつくのです。

つまり、明朝は約三世紀の間、伝国璽なし。そのため、明は「蒙古（モンゴル）」という名をタブーにし「韃靼」と言い始めました。「モンゴル人は死んでしまって全部いなくなった。今、北にいる遊牧民は昔からそこに住んでいた野蛮なやつらだ」と。

シナにおいて伝国璽は重要なのです。とはいえ結局、伝国璽なしで明は国を治めたわけですから、強固な支配体制があれば、実質的にはいらないものとも言えます。しかし、現に北方にはモンゴルがいて「禅譲」すら行なわれていないとなると、イザというときに足元が危うくなります。彼らが「モンゴル」なら、明はただの簒奪者、ニセ物です。というわけで、中身は同じモンゴルなのに、北に帰った遊牧民は「韃靼」と呼ばれるようになりました。

また、フビライ・ハーン以来、シナの皇帝の資格要件が変わり、伝国璽のみならず、モンゴル高原ほか北アジアも支配下におさめていることが必須条件となりました。それで、永楽帝《えいらくてい》は、クーデタで甥を倒して明の皇帝になった後も、モンゴルには五回も侵攻しています。また、イスラム教徒の宦官の鄭和《ていわ》にはるか西方まで南海大遠征をさせています。フビライ・ハーンの帝国がイメージとしてあるからです。

図21のように、明の軍隊はモンゴル高原中央部にまで侵入しています。しかも、「永楽帝の軍隊がここまで来た」と石碑を建て、証拠を残しています。それにしても、こんなに北のほうまで進軍できるということは、軍隊が騎馬兵から成っていたということだと思います。トゴン・テムル・ハーンが逃亡したとき、遊牧民が全部去ったわけではありませんから、逃げ帰らなかった元朝の軍隊を明が吸収・継承して、北伐に使ったということでしょう。残った官僚や家来たちも、「逃げてしまった皇帝より、新しい皇帝のほうがいい」と、ちゃっかり乗り換えたのです。

明にもあった文化大革命――かつての仲間である紅巾軍を粛清

事実、明は元朝時代に築かれたシステムをほぼそのまま継承します。軍戸と民戸を分け、軍戸に指定された家からは代々職業軍人を出し、民戸つまり農民からは穀物税を取りました。

元と大きく違うのは皇帝の権力を著しく強化したことです。

洪武帝は、元朝時代には皇帝の秘書官として最高権力を持っていた中書省を廃止し、六つの下部組織、吏部、戸部、礼部、兵部、刑部、工部を皇帝直轄にしました。皇帝が総理大臣を兼ねるようなものです。

また、参謀本部に相当する大都督府も廃止し、五つの方面軍司令部に分割し、それを皇帝直属としました。つまり、皇帝が参謀総長を兼ねました。

このように権力を集中しなければならなかったのは、朱元璋が最下層からの叩き上げだったからです。それまで協力してくれたのはすべて白蓮教徒の紅巾軍でした。朱元璋は皇帝になりましたが、先輩はいるわ、同輩はいるわ、皇帝に対して「おい、お前」という感じで接してくる仲間が多いわけです。古い友だちなど、皇帝となった今では厄介者。やりにくくて仕方がありません。

そのため、中書《ちゅうしょ》左丞相《さじょうしょう》の胡惟庸《こいよう》を謀反の罪で逮捕し、一三八〇年に処刑します。皇太子の指揮する皇帝軍は、南京城内の紅巾系の軍隊を襲撃して一万五〇〇〇人を虐殺しました。これを「胡惟庸の獄」といいます。その後も二度ほど数万人が粛清される事件を経て、建国に功のあったかつての同僚たちは、ほとんどいなくなってしまいました。

毛沢東の行なった文化大革命にそっくりです。罪状はでっち上げで、すべては権力闘争。毛沢東が紅衛兵を使って劉少奇らの中国共産党組織に打ち勝ったように、朱元璋は皇子たち率いる皇帝直属の軍隊で、かつての仲間であった紅巾軍を弾圧したのです。

中書省や都督府を廃止したのは、胡惟庸の獄の後のことです。朱元璋だけが一人、皇帝として抜きん出た存在となるために、皇帝と同等か、あるいは、それ以上を自任するような者どもは全員粛清してしまわなければならなかったのです。このようにして皇帝が役所、軍隊を掌握し、すべてを従えるシステムに変えました。朱元璋は残酷にその辣腕《らつわん》を振るい、やりきりました。

ようやく完全に権力を掌握したわけですが、ここにいたるまでには時間がかかっています。まず、皇子たちを地方の王に封じていきました。そのうちの一人、燕王《えんおう》に封じられたのが後の永楽帝です。古い戦国時代に現在の北京周辺には燕国があったので、以来その土地は雅号では「燕」と呼ばれています。ちなみに今の北京には燕京ビールというビール醸造会社があります。「燕の国の首都」だから燕京です。北京の古名を会社名にしたのです。

朱元璋は太原や西安など枢要の地に皇子を王として派遣し、自前の軍隊ができるのを待ちました。そして、機が熟したときに、皇子たちと共に、ある種のクーデタを起こし、もとの仲間を粛清したのです。謀反の罪で建国の功労者たちを粛清し、親族の率いる直属軍隊に替え、国を完全に乗っ取りました。

例によって後継者争い――建文帝を廃して永楽帝が帝位に

シナ大陸のような広いところを中央集権的に統治しようと思ったら、それくらいのことをしなければならないということでしょうか。しかし、その一方で、そうやって権力を集中させればさせるほど、その後の継承者争いが激化します。

朱元璋には二十六人の皇子がありました。長子の朱標《しゅひょう》が皇太子でしたが、父の朱元璋より先に没してしまい、朱標の子が皇太子となります。そして、一三九八年、朱元璋が亡くなると、十六歳で建文帝（在位一三九八〜一四〇二）として帝位につきました。

ところが、野心家の燕王（後の永楽帝）は黙っていません。建文帝が側近の進言により、叔父たち諸王の勢力を削ぐ政策を取ろうとしたので、一三九九年、燕王は「君側の難を靖《やす》んじる」のスローガンを掲げて挙兵、クーデタを起こします。燕王が南京を攻略したとき、建文帝は宮殿に火を放って自害したとされますが、遺体は見つかりませんでした。この四年に及ぶ大戦乱を「靖難《せいなん》の役」といいます。

永楽帝・燕王——明の第3代皇帝（在位1402～1424）。太祖の第4子。靖難の変を起こして即位。南京から北京に遷都する

こうして燕王は一四〇二年に皇帝の座につきます。永楽帝（一三六〇～一四二四、在位一四〇二～二四）の誕生です。年号を永楽と定め、北京への遷都を決定します。このときはじめてこの町が北京《ペキン》と呼ばれるようになりました。明は先に南京を首都としていたので、北の都という意味で北京です。だから、南方方言でペキンと発音したのです。現在の普通話（標準語で、北京城に住んだ満洲人が話した漢語の発音が基になっています。だから、マンダリン・チャイニーズ（官話）とも呼ばれます）の発音はベイジンです。

英語でBeijingと書きますが、一九四九年まではPekingでした（ただし、蔣介石は北京という首都の名前を変えて北平としたので、実際はPeipingですけど）。ところが中華人民共和国が、「自分たちの標準語を採用しろ」と圧力をかけてきたので、最近ではベイジンが増えました。しかし、古くから「ペキン」が定着していたので、現代の英文でも両方の綴りが使われています。

日本では「ペキン」ですね。南京のことをナンジンなどと言いませんから。

北京への正式な遷都は一四二一年ですが、永楽帝はそれ以前にもしばしば北京で政務をとります。前述のように、北京は「燕王」であった永楽帝の本拠地でした。

初代洪武帝・朱元璋は一世一元の制を導入し、一人の君主につき一元号と定めましたが、永楽帝は甥にあたる建文帝の存在そのものをなかったことにしようと建文の年号を取り消し洪武に組み入れました。そのため、約二〇〇年後に建文帝の名誉が復活するまで、永楽帝が初代洪武帝につぐ第二代の皇帝とされていました。

洪武帝・朱元璋は、紅巾軍の仲間は信用できないが、息子たちなら信用できると思って各地の王にしたのに、結局、血縁同士で権力争いが起こってしまい、最も実力のあった息子、燕王が次の皇帝になりました。

このときも、一万五〇〇〇人ぐらい死んでいます。洪武帝・朱元璋から永楽帝の時代にかけて、紅巾軍出身の家来、大官、小吏、兵士に至るまでほとんど殺されてしまいました。また、永楽帝のクーデタ以後、白蓮教は違法とされます。明の初代皇帝朱元璋自らが白蓮教徒だったのに、信徒たちは国を建てた功績がすべてなくなるどころか、今や犯罪者扱いです。

その後の白蓮教徒は、今度は万里の長城を越えてモンゴル高原に逃げました。自分たちが倒したモンゴル王朝の庇護を求めたのですから、節操がありません。そして、明に留まった白蓮教徒は地下にもぐりました。

こういう歴史を知っていると、中国共産党の権力闘争にも、あまり驚かなくなります。かの国で起こっている裏切りや粛清は今に始まった話ではないのです。

大元帝国を継承できなかった明——支配できたのは南方だけ

ところで、明は元朝を継承できませんでした。前述のように形式的にきちんと継承できていませんし、領域的にもはるかに及びません。朱元璋が南京で即位していることからわかるように、明は南方発の王朝で、支配した領域は南方だけです。

のちに永楽帝が北京に遷都しますが、その先は進軍しても領土として確保することはできませんでした。一三七二年にもモンゴルに進撃しますが、カラコルムの手前で一万人以上の死者を出して敗退します。雲南省や青海省にも元朝の勢力が残っていました。そして、高麗王国は元朝の縁戚です。青海省は一三七八年に、雲南省は一三八一年に征服し、明は徐々に領域を広げていきますが、北への拡大はできませんでした。

日本史の時代区分は簡単で、鎌倉時代、室町時代、江戸時代ときて、明治維新が起こって明治時代に入ります。日本の一部が江戸時代で、一部が明治時代ということはないわけです。徳川将軍家にしても薩長にしても日本を割るつもりはない。勝つか負けるかが問題で、勝った薩長が新政府を樹立しました。勝てば官軍です。

[図22] 明代の万里の長城修復状況

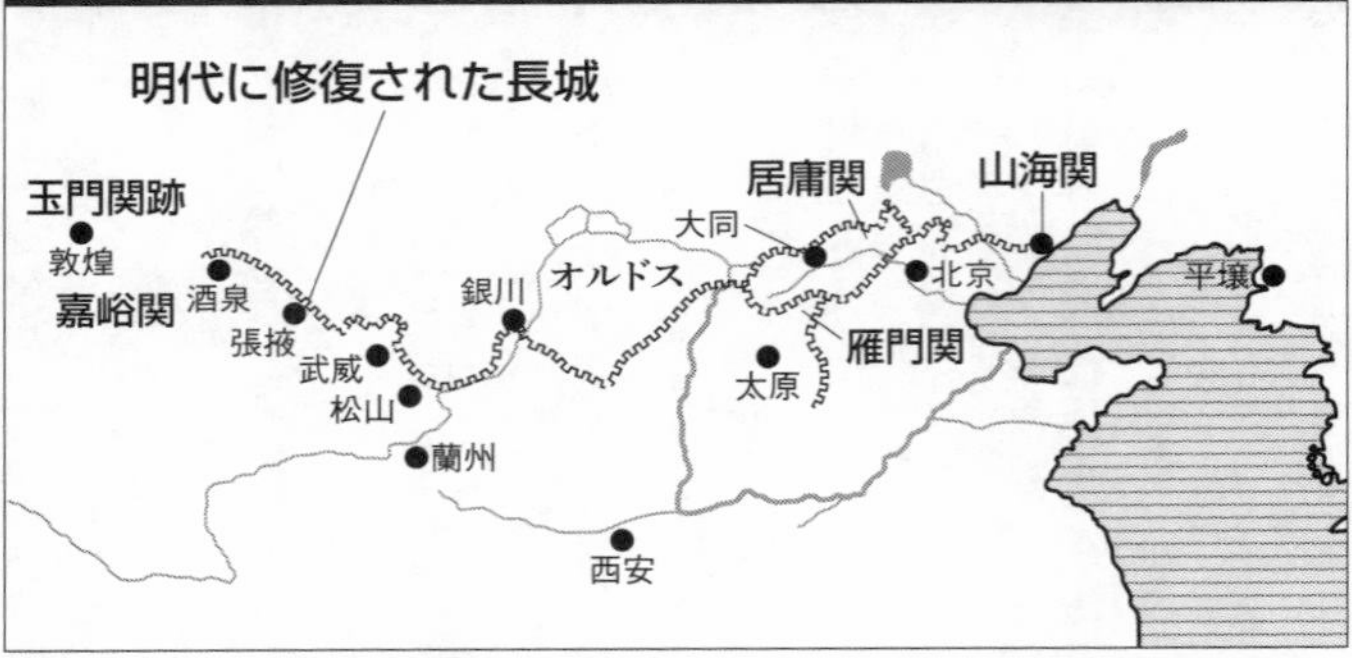

15世紀初の永楽帝の時代に河北・山西北辺、15世紀中頃に内長城、15世紀後半にオルドス南縁、16世紀中頃に東方一帯が今日の規模の長城になる。西方の長城は15世紀末から16世紀初、蘭州北方は16世紀末に築かれた

しかし、大陸国家は「元が明になりました」と単純にはいかないのです。元朝はなくなっていません。モンゴル高原に戻っただけで、それ以降の元朝を北元と呼びます。内紛が絶えないのは相変わらずですが、ハーンは代々続いていきます。直系で継承しませんが、みんなチンギス・ハーンの子孫たちです。

日本の教科書では北元は一三八八年に「再三にわたる明の追撃を受けて滅亡した」となって、あたかも全部が明になったかのように誤解を招く表現になっていますが、フビライ朝が絶えただけです。モンゴル高原を中心とする北アジアは、ついに明にはなりませんでした。

その証拠は今でもはっきり見ることができます。現存する万里の長城は明の時代に作られたものです。位置を確認してみましょう（図22）。北京のすぐ北から横に延びています。

万里の長城のうちでも有名で、よく整備されている観光地に八達嶺《はったつれい》がありますが、今は北京市の中にあり、中心から車で一時間ぐらいの距離にあります。そこから先は明ではなかったということです。北京から日帰りで遊びに行けるような近いところがモンゴルですから、永楽帝はモンゴルに対する最前線の都市北京に遷都したのでした。

万里の長城の不思議――防衛の役には立たない

ところで、万里の長城は、山上の尾根を這うように続いていますが（二五五頁写真参照）、防衛上は全然役に立っていないのです。あんな山深いところに羊を連れてきて放牧することはありません。それに、騎馬兵の進軍にも不向きです。

軍隊はきちんとした路を進んで来ます。万里の長城に設けられた関所兼要塞の居庸関《きょようかん》は直接大通りにつながっているのですが、軍隊もそこを突破してまっすぐ進んで来ます。北京など、しばしば包囲されています。ですから、防衛という観点から考えるなら、関所近辺の要塞化は理解できますが、長々と長城を設けた意味はあまりないのです。

では、なぜ苦労して万里の長城などを建設したのか。これは多くの学者が悩んでいるのですが、有力な説は、ここまでが明だと国境を明示するためではないかというものです。「ここから先は明ではない。保護しない。自己責任で行動せよ」と線を引いた。

中国旅行をすると、ガイドが「秦の始皇帝がつくった万里の長城」と大嘘で紹介していたりしますが、秦の始皇帝の長城は、もっと北にあり、モンゴル高原の中を通っています。いわゆる内モンゴルの草原の中に土塁が残っているのです。つまり、北方民族に対しては明より秦のほうが強かったということです。秦は余裕を持って、北方の辺境に長城を設けましたが、明では首都のすぐ外が夷狄です。

永楽帝の野望――北方支配のため南京から北京へ遷都

では、なぜ、永楽帝はこんな最前線を首都にしたのでしょうか。

元代に大都と呼ばれた都市が北京です。大都（北京）に首都を置くことには、モンゴルと漢人の両方を支配するという意味があります。元が漢人支配のためにカラコルムから大都へ首都を南下させたのとは逆の理屈で、明はモンゴルを支配するために、首都を南京から北京へと北上させたのです。

結局、明朝は領土を北方に拡大することはできませんでしたが、永楽帝は北まで支配したいという志を持っていました。「元朝領域を、そっくりそのまま継承する」という意思を示すために、北京に遷都したのです。

ですから、本格的に長城の建設が進んだのは永楽帝の死後です。「何が何でもモンゴルを支

尾根を這うように続く万里の長城は実際の防衛には全然役に立っていない

配下に」の永楽帝が亡くなってから、ようやく北方支配は無理とあきらめ、境界線としての万里の長城を築いていくのです。そうして、結果的に北京が最北端の危険な町になってしまいました。しかし、夢だけは掲げておきたかったのか、明が遷都しなおすことはありませんでした。

北京東北部の密雲湖の北に、万里の長城の一部ですが、まだきちんと修復していないガタガタの長城・司馬台があります。北京オリンピックの直前に行きましたが、まだ観光地ではありませんでした。今でもすべてを修築していないので、部分的にしか開放されていません。

この司馬台を通ってさらに東北に行ったところが熱河省（現在は河北省）の承徳県です。

清の時代に承徳には夏の離宮がありました。英国最初の使節として清国に派遣されたジョージ・マカートニー（一七三七〜一八〇六）が乾隆帝《けんりゅうてい》に謁見したところです（一八九頁の絵参照）。熱河といえば、一九三三年に日本が熱河作戦を行なったところでもあります。関東軍が張学良の勢力を破り、熱河を満洲国に組み入れました。

司馬台の手前の密雲湖からは北京まで水を引いています。北京市民のための水瓶で、周りの農民は水のそばに住んでいるのに自由に水を引くことができず、一日のうち、三〜四時間だけに制限されています。とうもろこしを植えるのがやっとという貧しい場所です。

もともと北京をはじめとする北部では、米作は不可能で、小麦の栽培がせいぜいでした。そして、昔から北京周辺は水不足に悩まされ、清朝時代には街路を水売りが巡回していました。北京の市民は、飲み水は水売りから買っていたのです。

ところで、シナの大きな文化的境界線は淮河《わいが》です。金と南宋の時代がちょうど淮河を境として南北に分かれていました。淮河より北は小麦しか穫れず、北から南下した人が居着きました。淮河から南の長江流域は、もともと越人の居住地でした。農耕地帯で米が穫れます。

南と北は、米文化と小麦文化という違いもあるのです。すでに言葉が違うという話はしましたが、人間性・メンタリティーも南と北で大きく異なります。

元明交代期に高麗から李氏朝鮮へ――大陸の政治に連動する朝鮮半島

ついでに朝鮮半島にも触れておきましょう。

元朝から明朝にシナの王朝が交代したどさくさにまぎれて、朝鮮半島も高麗から李氏朝鮮に交代します。この二つは関連しあった動きです。

高麗国王がフビライに屈し、息子がモンゴルの皇女と結婚して以来、代々の高麗王は世子（王の跡継ぎの息子のこと、皇帝の息子ではないので皇太子とは呼べないのです）のうちに元朝皇女の婿となり、ハーンの側近としてモンゴル風の宮廷生活を送っていました。つまり、代々フビライ家の皇女を王妃に迎え、その子が高麗王になるので、高麗王家は、代が下るほどにモンゴル色が強くなっていきます。モンゴルは高麗王を一族にしてしまったのです。

この頃から朝鮮文化のモンゴル化が進みます。例えば、モンゴル支配以前の朝鮮半島では肉食はあまり普及しておらず、モンゴル支配下で、肉食が始まったのです。また、マッコリという醸造酒は、アイラグという、蒸留していないモンゴルの馬乳酒にそっくりですから、マッコリもそのころから飲まれるようになったものだと思います。

それ以前の朝鮮半島は、日本のお寺の精進料理のようなものを食すなど、日本との文化的共通点が多かったようです。しかし、今の朝鮮文化は、モンゴルの影響を非常に大きく受けて変化しているのです。

元朝時代の朝鮮半島情勢を見てみましょう。第三章でも触れましたが、実は、今の北朝鮮のほとんどが元の直轄領の遼陽行省《りょうようこうしょう》です。ただし、現在の北朝鮮と韓国の境界線は北緯三十八度線ですが、このときは約三十九度線が境目です。

現在の北朝鮮と沿海州、満洲あたりは陸続きで、高句麗の時代から、狩猟民の住む地域としてひとつの政治形態になっていることが多かったのです。三十九度より南は農耕民が住んでいました。南部は新羅と百済に相当する地域で、日本とも通じる文化を持っていたところです。北緯三十九度が狩猟民と農耕民の分かれるラインであり、人種も違っていたようです。

ですからコリアンというのは、日韓併合後にできた民族とも言えるのです。それまでは、身分格差や地域間の対抗意識が激しく、朝鮮半島内で互いにいがみあっていました。併合後に日本に対抗する概念として「(日本人ではない)我々はコリアンだ」と一民族であるかのようにスローガンを掲げますが、本来一つのものではないのです。

強調しておきたいのは、自然な境界線は三十九度にある点です。それに、三十九度が国境であれば、ソウルが国境線からずいぶん離れ、わずか一日で制圧されてしまう事態にはなりません。

李氏朝鮮時代の行政区分もちょうど三十九度線を境に南が黄海道・江原道、北が平安道・咸鏡道となっています。現在の国境線は、本来は「南」の黄海道が北朝鮮になり、江原道は南北に分断されているのです。

一九四五年の終戦間際、アメリカは日本の占領政策は決めていたけれど、朝鮮のことは何も考えていなかったので、歴史も地理も何もわからないまま、真ん中だからと三十八度線を境にソ連との勢力範囲を定めました。三十九度にしておけば、もう少しソウルは安全だったのに。

明に選んでもらった国号「朝鮮」――元から明に寝返った建国史

高麗王はわずかな例外をのぞき母がモンゴル人なので、基本的に元朝寄りです。

また、大都（北京）で政務を執った最後の元朝皇帝トゴン・テムル・ハーンは北に逃げてから、まもなく病死し、皇太子アーユシュリーダラ（在位一三七〇～七八）が即位しますが、その母は前述のように、朝鮮人の奇皇后でした。

二〇一三～一四年に韓国でドラマ『奇皇后』が制作されましたが、例によって嘘だらけの韓流時代劇です。日本では、二〇一四年にＮＨＫがこれを放映することになったとき、私のところに監修してほしいという要請が来ました。けれども、「そんな真実のかけらもないドラマの監修などできません」とお断りしました。そうしたら、ＮＨＫがつくった『奇皇后』の番組正式ホームページの一番上に「このドラマは史実ではありません」と断り書きがありました。モノは言ってみるものです。

奇皇后という人がいたのは事実です。朝鮮からは美しい女性が朝貢の貢物としてシナ皇帝に献上されていました。そのうちの一人として後宮に入り、トゴン・テムルに気に入られ、皇后にまで上り詰め、しかも皇子が皇太子に、ついには北元のハーンとなります。

もともと高麗国ではたいした家柄ではなかった奇氏ですが、一族から宗主国モンゴルの皇后が出たので高麗国内で権勢を振るい出します。しかも、奇皇后の兄が、高麗国王よりも自分のほうが上であるかのようにふるまったので、高麗の恭愍王《きょうびんおう》は奇氏一族を誅殺《ちゅうさつ》しました。それで、元朝の皇后と高麗王の仲が険悪になりました。

しかし、親元派の宦官に恭愍王は殺され、息子の王禑《おうぐ》が高麗王となります。モンゴル人の母から生まれていませんが、この王は親元政策を取ります。そして、大都を追われて北に逃げた北元を助けるために送った将軍の一人が、後に李氏朝鮮を建国する李成桂《りせいけい》です。

この李成桂ですが、実は、咸鏡道出身の女直人（女真人）です。咸鏡道は現在の北朝鮮の最北部、沿海州に近いところです。はじめは、元朝直轄の遼陽行省に属していましたが、元末になって紅巾軍が侵入し、この地域を荒らし回ったどさくさにまぎれて、高麗が領土とします。そのときに李成桂の父、李ウルス・ブハが高麗に臣従しました。ウルス・ブハは女真人の名前です。そして、その子、李成桂もまた高麗の臣下となります。部下には女真人の騎馬兵を従えていました。李成桂の功績は彼らの活躍に多くを負っています。元末に高麗にも侵入してきた紅巾軍に打ち勝ち、倭寇退治でも成果を上げました。

将軍李成桂は、高麗王の命令で北元を助力しに行きますが、途中で「もうモンゴルの時代ではない。明に寝返ろう」と高麗王に対してクーデタを起こしました。それが「威化島回軍《いかとうかいぐん》」です。威化島とは鴨緑江の中洲で、ここから軍を引き返して首都開城を攻めました。全一五九話にわたる長い韓流歴史ドラマ『龍の涙』（http://www.bsfuji.tv/ryunonamida/）の冒頭場面がこの「威化島回軍」でした。これまた創作だらけの史実からはほど遠いドラマですが、李氏朝鮮の始まりの権力闘争だけは熱心に描いていました。

李成桂は高麗王を殺して、一三九二年に王位に就きます。そして、就任早々、明に使節を送り、承認を求めます。まだ国号は「高麗」のままで、李成桂は「権知高麗国事」という国王より低い肩書でした。ところが、洪武帝・朱元璋から「先の国王とは違う一族なのに、なぜ高麗を名乗るのか。王朝の名前を変えたほうがいいのではないか」と言われました。

「それもそうですね」と、あわてて考えた二つの名前が「朝鮮」と「和寧」でした。「和寧」は李成桂の故郷の別名でしたが、カラコルムの別名でもあったので、明としては面白くありません。「朝鮮」は紀元前四世紀ごろからシナで用いられたもので、戦国時代の燕の外側にある勢力を指していました。明が「朝鮮」を選び、一三九三年に「李氏朝鮮」となりました。

翌年には、李成桂は旧勢力の干渉を嫌って漢城（ソウル）に遷都します。なお、李氏が明から正式に朝鮮国王に任命されたのは一四〇一年で、第三代太宗李芳遠《りほうえん》の時代になってからのことでした（武田幸男編『朝鮮史』山川出版社、二〇〇〇年、二十六頁、一六七～一六八頁）。

李成桂（1335～1408）――李朝の開祖（太祖）。高麗の武将。元から明への交代期の1392年に国王を廃して1393年に李氏朝鮮を開く

ところで、李成桂の父が女真人だというのは韓国人としては許せないらしく、そのことを書いた岡田宮脇研究室のホームページに対して怒りの投稿がネット上にガンガン出ました。すると、私が反論するまでもなく、読者が言い返してくれました。今は落ち着いていますが、一時期は激しい舌戦となりました。

李氏朝鮮には『朝鮮王朝実録』という、一九六七巻九四八冊もある漢文の正史があります。その冒頭には、新羅時代に全羅道出身の李という大臣がおり、船で沿海州に行き、その子孫が李成桂であると書いてあります。沿海州の咸鏡道出身であることは誤魔化せないので、もっと古い時代に朝鮮から沿海州に移住したことにして、朝鮮半島出身の血筋だと主張しています。

しかし、李ウルス・ブハの姉が女真人に嫁いでいること、李成桂のいとこが女真人であることは確実で、背景を調べれば調べるほど、李氏が女真人であることは明らかなのです。ホームページに掲載した論説で、私や岡田英弘が細部にわたって詰めていたので、批判者側は「その

当時は、高麗人でも女真名やモンゴル名を持っていたのだから、それは証拠にならない」などと苦しい反論をしていました。何が何でも否定したいようです。李成桂が女真人だということは、朝鮮半島ではタブーなのです。

いずれにしても、李成桂が咸鏡道出身で、軍役で功績を上げて出世し、高麗軍の将軍となりながら寝返って高麗王を倒し、新しい王朝を開いたことは間違いありません。そのため、李氏朝鮮の支配階級は北部出身者でした。彼らが儒教を取り入れ、高麗時代に尊崇されてきたモンゴル式の仏教を弾圧したのです。僧侶は殺され、寺は焼かれ、仏像も破壊されました。

二〇一二年に対馬の神社から重要文化財級の仏像が韓国人窃盗団に盗まれるという事件がありました。この仏像は、李氏朝鮮下での法難を逃れて日本に渡ってきて救われた仏像でした。それなのに、韓国では「日本が盗んだものだ。返す必要はない」などという論調でした。マスコミ報道が世論におもねるのはしかたがないとしても、裁判所の判決も異常で、窃盗団には実刑判決が出たものの、仏像は返さないという姿勢です。泥棒しておきながら「高麗のものだ、朝鮮のものだ、韓国のものだ。返さない」ですから、恥知らずにもほどがあります。

元から明への交代とともに、属国の半島でも、高麗から李氏朝鮮に政権が交代しました。以後、朝鮮は明に朝貢し続けます。

李氏朝鮮時代の五〇〇年間、両班《ヤンバン》、中人、常民、奴婢、白丁《はくてい》と五階級が固定します。両班が支配階級で、中人は読み書きのできる専門職や下級役人の階層です。常民は人口の大多数を占め、農業や商工業に従事し、税負担を主に担う層です。奴婢は公の機関や個人に従属し売買される場合もありました。白丁は屠畜業や皮革業などに従事し、最下層民として差別された人々です。

人口の一割にも満たない両班が支配階級として君臨しました。これは、種族の違う人が入ってきて、上層階級を構成したからではないかと私は思っています。

シナの抗争は激しいですが、流動性があります。上下、貧富の差は激しくても、下剋上は常にありえます。これに対して、朝鮮は国が小さいからか、逃げ場がありません。上下の差が激しい上に、完全に固定化されて夢も希望もありません。また、パイが小さすぎて、ライバルはすべて潰していかないと自分の取り分が少なくなるので、王の一族や儒者集団などの権力者同士の激しい闘争は二十世紀まで続きます（今も続いています）。

第五章

最後はやっぱり異民族の清王朝

清朝は漢人王朝ではない——女真人（のちの満洲人）によるシナ支配

清朝は漢人王朝ではありません。前章でも皇帝の出自の四分の三は漢族ではないと述べましたが、外から度重なる侵入を受け、異民族に何度も乗っ取られ、最後のダメ押しが清朝です。清朝を担ったのは「女真人」（宋と朝鮮の呼び方）あるいは「女直人」（遼、金、元、明の呼び方）で、後に「満洲人」と呼ばれるようになります。明代には、完全に明の領域の外側にいた部族です。

女真人（満洲人）の故郷は黒龍江の南側、後に日本が満洲国を建てる地域です。彼らが南下し、シナを支配するようになってからは、満洲人がすべて「八旗」に所属するようになるので、彼らの土地ということで、後の満洲は「旗地《きち》」と呼ばれるようになります。

女真人の話し言葉はアルタイ系で、モンゴル語や日本語のように助詞「てにをは」があり、語順も日本語とほぼ同じです。モンゴル帝国時代には、モンゴル人に臣従していました。モンゴル人との違いは、遊牧民ではなく狩猟民であることです。

遊牧民と狩猟民の領域の境目は大興安嶺山脈です。山脈の東側では年間四〇〇〜五〇〇ミリメートルの降水量があり、木が生い茂ります。灌木《かんぼく》が生えると羊や馬などは走りにくくなるの

[図23] 清朝興起時代の形勢

で、遊牧には不向きです。しかし、徒歩で森林に入っていき、獣を罠にかけたり、弓矢で射るなどして、狩りをするには適しています。

　一方、大興安嶺山脈の西側はモンゴルです。高度も違います。山脈の東は裾へと下り低地になりますが、西は高度をある程度、維持したまま高原が広がります。西側は年間降雨量が、二〇〇～三〇〇ミリメートル以下、つまり、ほとんど雨が降りません。日本なら台風が一つ来れば何日間かでそれくらい降ります。それが一年の降水量ですから大変に乾燥しています。

生物は水がないと生きていけませんが、モンゴル人は川の水を使って生活しています。降水量の少ない所に木は育たないので、草地が広がります。草にしても日本のように勢いよく生えません。

日本のゴルフ場は除草剤を撒いたりして、草の生育をおさえなければなりませんから、その発想で、モンゴルでゴルフ場をつくったら具合がいいだろうと、本当にゴルフ場をつくった人がいます。あそこは逆に草が日本ほど密集して生えませんから、スプリンクラーで水を撒かなければなりません。「貴重な水をそんなことに使うんですか」と言いたいです。

モンゴル高原は遠くを眺めると一面緑に見えますが、真上から見下ろすと、地面のほうが多くてその中にポツポツと草が生えているだけです。そのため、定住していては草がすぐになくなってしまいますから、移動式の住居で、始終、動き回らなければならないのです。そんな土地なので、総面積は広いですが、大勢の人間は生きていけません。人より家畜の頭数のほうが多く、今でも日本の四倍の国土に人口三〇〇万人強という国がモンゴルです。

一方、大興安嶺の東、のちの満洲は、雨量が多いので、狩猟のほか粗放農業ができます。寒冷地なので米作はできませんが、粟《あわ》や稗《ひえ》、高粱《こうりゃん》が穫れます。このように狩猟民と遊牧民は生活形態が違います。

その狩猟民の中から女真人（女直人、のちの満洲人）が台頭し、頭角を現したヌルハチ（一五五九～一六二六、在位一六一六～二六）が一六一六年にハン位（モンゴル語はハーンですが、満洲語は長母音のないハンです）につき、後金国を建てました。

後金は一六二一年、明と戦って遼河デルタを占領し、一六二五年には瀋陽に都を移します。ヌルハチは翌年亡くなりますが、二代目ホンタイジが一六三六年、瀋陽で皇帝となり、新しい国号を清としました。

このとき明はまだ健在です。再び南北朝状態になってしまいました。このような成り立ちを見ても、清朝は漢人王朝ではないことがはっきりわかります。

清が勝ったというより明が自滅——明の将軍・呉三桂の裏切り

明朝が倒れ、清朝の時代になるのですが、清が強くて明を下したというよりは、明が勝手に自滅したのです。

一六二八年、陝西省《せんせい》で大飢饉が起こり、流民が発生し、農民反乱が起こります。反乱は各地に広がり、明はこれらを鎮圧することができませんでした。

反乱軍の指導者といえば聞こえがいい（？）ですが、盗賊の親玉のような李自成《りじせい》が一六四三

万里の長城の東端にある要衝の山海関

年には新順王《しんじゅんおう》を称し、西安を占領。翌年には北京に迫り、明朝の崇禎帝《すうていてい》は皇女たちを自分の手で斬り殺して、自害します。

反乱が起こって王朝が倒れたここまでの話は、まだ理解できます。しかし、そこからの展開が日本人にはついていけません。第一章でも少し触れましたが、明の将軍・呉三桂《ごさんけい》は、渤海湾に面する万里の長城の東端にある山海関（写真参照）で清と対峙していたのですが、李自成の乱で明朝が滅ぶと、「こんなヤクザなやつの家来になりたくない。まだ清朝の皇帝のほうがマシ」と関所を開きます。今の今まで戦っていた敵軍を引き入れ、しかも、自ら北京進軍の先導を務めました。

自国の農民より、異民族のほうがマシ。シナとは何か、漢人とは何か、を考える上で非常に象徴的な出来事です。

北京を占領していた李自成は、二十万の兵を率いて山海関に押し寄せましたが、呉三桂軍と清軍の連合軍に大敗しました。李自成は北京に逃げ帰り、紫禁城の宮殿で即位して皇帝を名乗っておいてから、宮殿に火を放ち、掠奪した金銀を荷車に満載して北京を脱出し、西安に向かいました（岡田英弘『皇帝たちの中国』）。

こうして明朝は自滅し、清朝は棚からぼたもち式にシナを手に入れました。

呉三桂（1612〜1678）——明末・清初の武将。明末に山海関を守ったが、李自成が北京に入ると清に降り、清の統一を助けた

さすがに、このときの呉三桂の裏切りには、それらしい説明がないと漢人も納得できなかったようで、その動機に関して有名なお話があります。

呉三桂が北京駐在だったとき江南出身の美貌の妓女・陳円円《ちんえんえん》を見初めて、もらいうけました。しかし、呉三桂は山海関の守りを命じられ、陳円円を北京に残し、出陣します。そのあと李自成の乱が起こり、反乱軍が北京を制圧すると、陳円円は李自成軍の武将・劉宗敏《りゅうそうびん》のものとなってしまいました。それに激怒した呉三桂は清と同盟を結び、乱の征伐に向かったのでした。

「女のために国を売った猛将」というわけです。ストーリーとしては面白いのですが、それだけで呉三桂が寝返ったわけではないでしょう。やはり李自成と清朝のどちらについたほうが得かを熟慮した上での判断だったに違いありません。

清朝の公用語は満洲語――漢人は帝国の統治・経営に参加できなかった

左頁の図（清朝第四代康熙帝の自筆の手紙）は満洲文字です。縦書きの表音文字で、古代、地中海沿岸で使われていたアラム文字から発展してきました。

アラム文字とはイエス・キリスト時代に中近東で広く使用されていた文字で、アラビア文字やソグド文字もアラム文字から発生しています。アラム文字は横書きですが、ヨーロッパのラテン文字とは逆で、右から左に進みます。しかし、中央アジアに伝わると、十世紀のウイグル時代に変化が起きます。ウイグルには、唐からと中央アジアからの両方から仏教経典が入ったのですが、その影響で縦書きになりました。今でこそ漢字も横書きしますが、当時は縦にしか書かなかったので、漢字混じりの文を書くために反時計回りに九十度回転したのです。それで、上から下に読むのは漢文と同じですが、行は左から右へと進行します。

アラム文字は子音だけの文字でしたが、今のアラビア文字は上や下に点を打って母音表示しています。彼らの言語は母音が少ないので点で済みましたが、アルタイ系言語は母音が多いので母音字を考案し、ウイグル文字となりました。それがモンゴルに入り、チンギス・ハーンのときにモンゴル文字が誕生しました。それをヌルハチの時代に満洲語に対応するように改良を加えたものが満洲文字です。

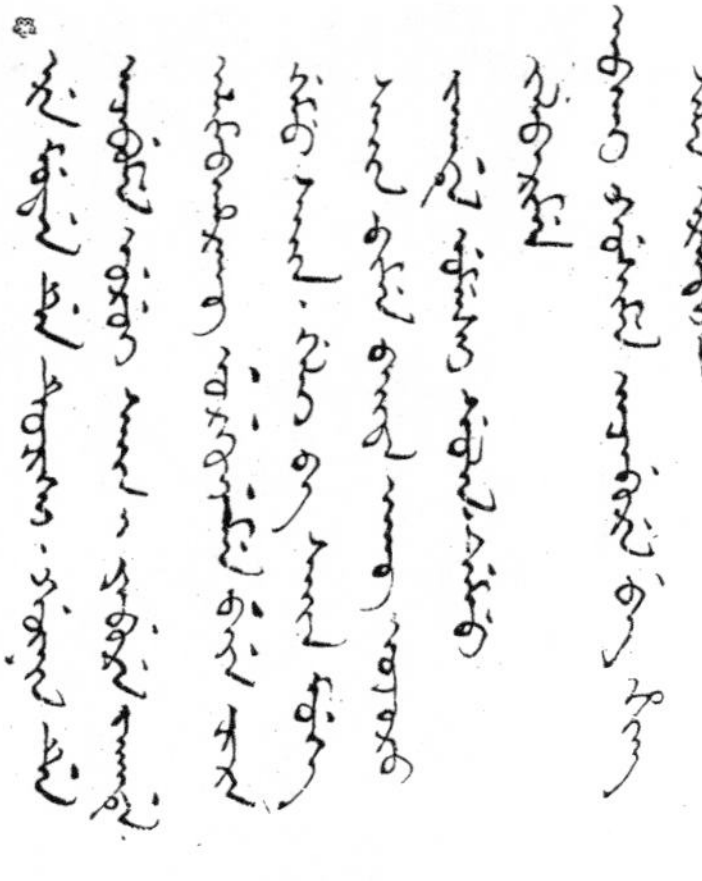

満洲文字で書かれた康熙帝による自筆の手紙

表音文字なので、対応さえ理解すれば、簡単にラテン文字のアルファベットに転写(transcription)することができます。そして、日本語と語順が同じなので、単語の意味がわかれば、上から順番に訳していくだけで、日本語になります。

清朝支配の下、漢人は高度なレベルの行政文書からは排除されていました。彼らは植民地人ですから、帝国支配には関与できなかったのです。

支配者の言語である満洲語が行政における

［図24］清朝の最大版図と藩部

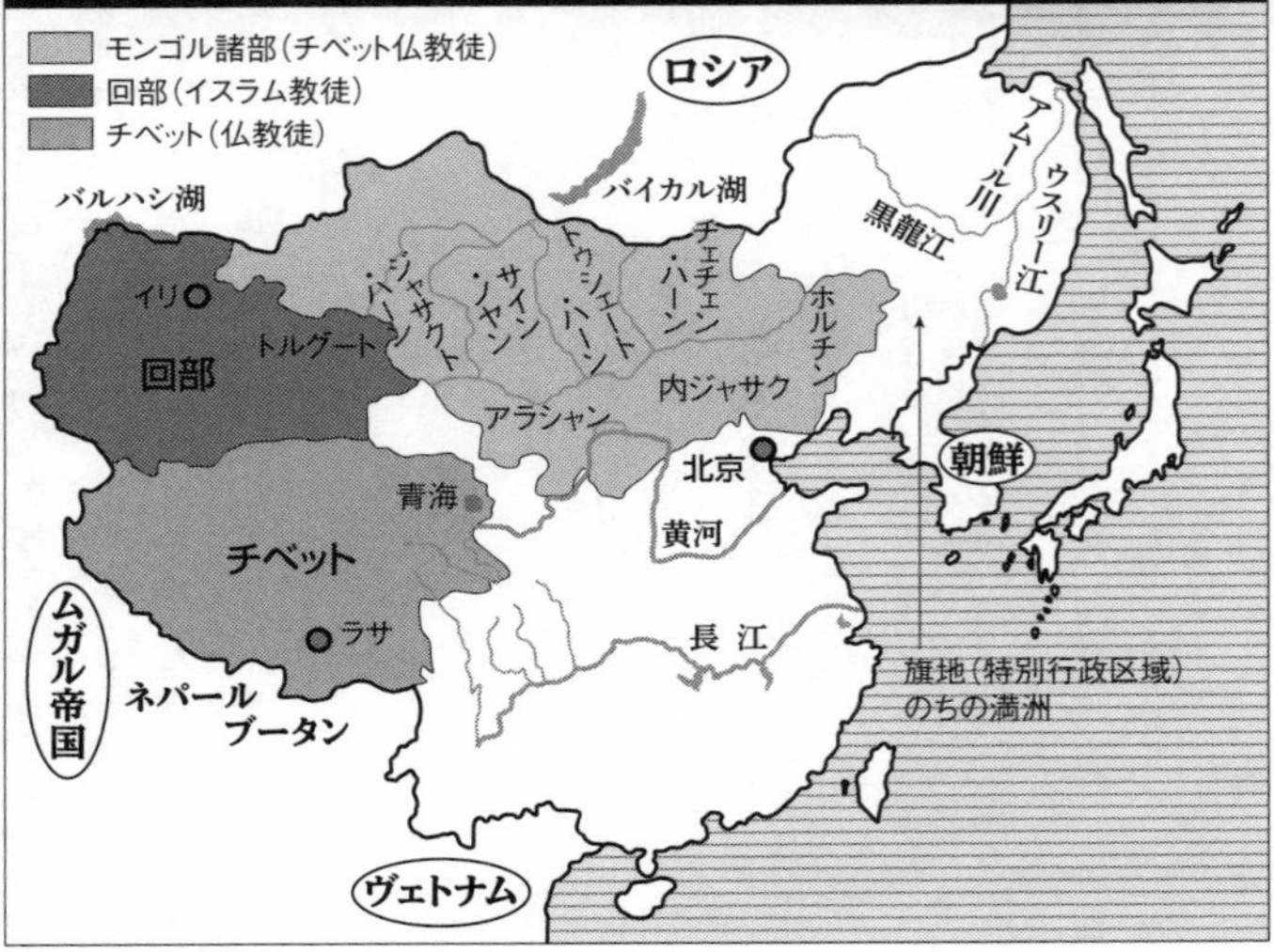

第一公用語ですが、科挙にその年トップで受かった官僚三人だけが、この文字を勉強する権利がありました。つまり、それ以外の漢人は満洲文字を学んではいけなかったのです。

特に優秀な漢人官僚三人だけが満洲大臣について勉強し、その人たちだけは、皇帝の詔勅や、地方から皇帝に届けられた満洲文の文書に直接アクセスすることができました。清朝が漢人王朝ではないことが一番わかりやすいのが、この文書管理状況です。満洲語・満洲文字がわかる漢人など、ほとんどおらず、特別優れた人だけが、読む（読めるようになる）権利がある。中央行政への関与は、漢人にとっては狭き門どころではなく、ほとんど閉じた門でした。

元朝のモンゴル人は、書記には漢人やペルシア人を使いました。しかし、清朝では満洲人自身が文書を取り扱いました。皇帝自身が筆まめで、手紙も書くし、詩もつくる。各地に派遣した駐在大臣や行政長官には、漢人に理解できないように満洲語で書き、現地の担当者も満洲語で皇帝に報告書を送りました。

図24は清朝の最大版図です。シナに覆いかぶさるように囲む四つの地域、チベット、回部、モンゴル、満洲は漢字圏ではありません。帝国全体では満洲語が第一行政公用語。モンゴルでは満洲語とモンゴル語、チベットでは満洲語とチベット語（文字）とモンゴル語（文字）。回部はイスラム教徒の地域で、満洲語とアラビア文字（ペルシア文字）で綴られたトルコ語が用いられました。

最上層の大臣は、現地の言葉と満洲語ができなければなりません。そして、現地から中央に送られる文書は満洲語で書かれています。しかも、これらの地域に漢人が入ることは禁じられていて、そこで起こっていることは漢人には何も知らされません。

現在の中華人民共和国はチベット、モンゴル、新疆ウイグルにおいて「ここは中国なのだから、漢字だけで十分だ。変な文字を使うな！」と現地の言語を抑圧し、場合によっては「漢字を覚えなかったら、殺す」ぐらいの勢いなので摩擦が起こっています。しかし、そこは二十世紀まで漢字など使っていなかった異民族の土地なのです。
清朝は一般の漢人の言語や文字を奪うようなことはしませんでした。

愛新覚羅《アイシンギョロ》は「金という姓」の意――藩部の統治を現地にまかせた清朝

明の万里の長城の東端は、裏切り将軍・呉三桂の守っていた山海関、つまり渤海湾までです。遼東半島はそれより北東なので長城の外なのですが、そこにも明の領域があり、辺牆《へんしょう》と呼ばれる柵を設けて囲っていました。万里の長城ほどしっかりした土盛りではなく、木の柵で、瀋陽や遼陽、撫順をぐるりと囲み、ここまでは明であると表示していました。

ところが、ヌルハチが当地の明軍を全滅させ、一六二五年に瀋陽に都を置きます。当時はまだ後金国でした。しかし、第二代ホンタイジが、この瀋陽で一六三六年に国号を清とします。すでにゴビ砂漠の南のモンゴル人を従え、モンゴル人の推戴を受けての皇帝（ハン）就任です。領域内に満洲人、モンゴル人、漢人がいたので、三言語を公用語としました。それで始祖説話が三言語並立で書かれました。

左頁の図はヌルハチの公式伝記『満洲実録』ですが、上から満洲語、漢文、モンゴル語が並んでいます。挿絵も豊富です。『満洲実録』は乾隆帝時代に制作されたものですが、種本は順《じゅん》治帝《ちてい》（ヌルハチの孫）の時代に編纂されています（『世界歴史大系中国史4』山川出版社、三

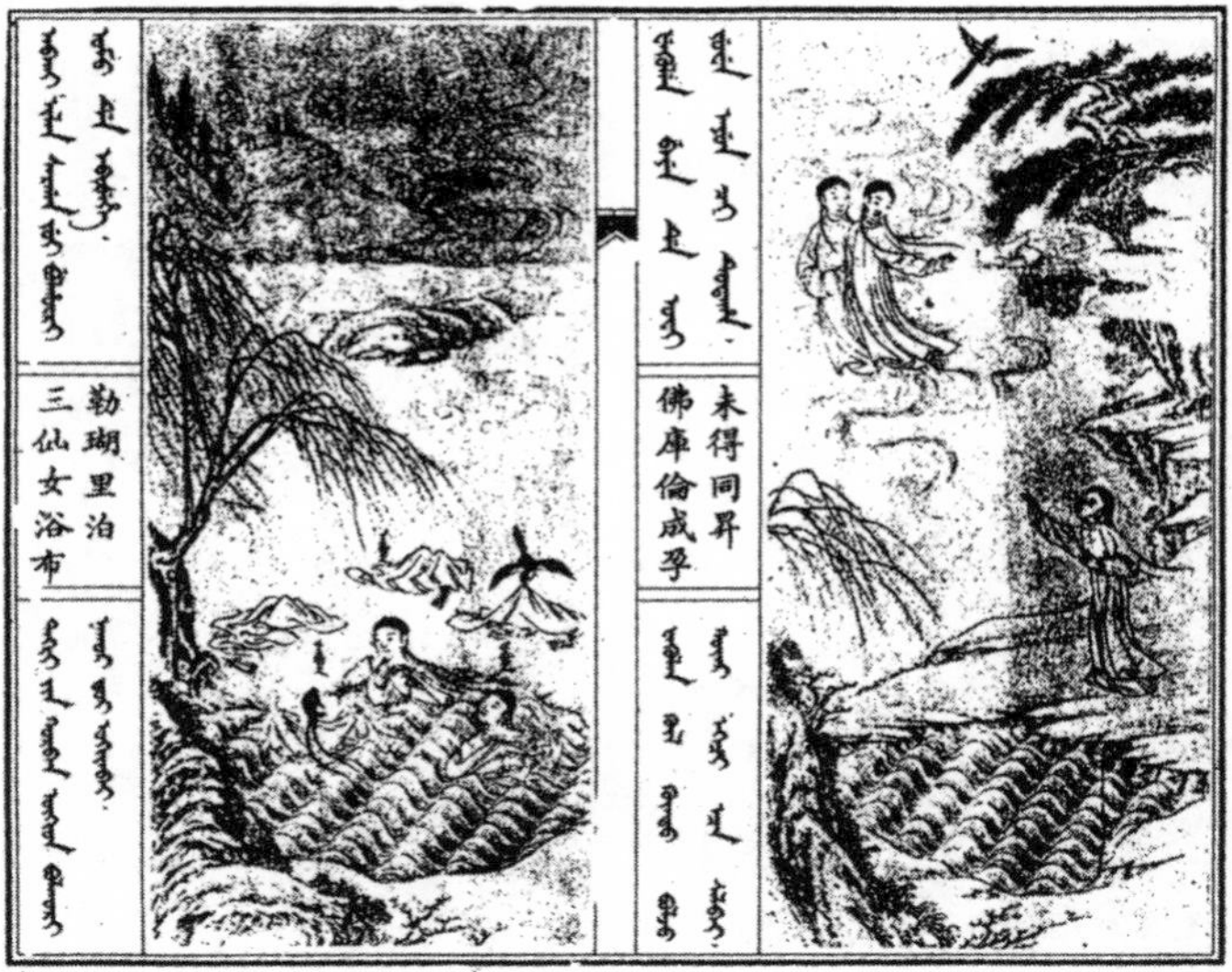

清の初代皇帝とされるヌルハチの公式伝記である『満洲実録』

一六頁）。

ところで、清朝の皇帝の姓はアイシンギョロ（愛新覚羅）といいます。アイシン（愛新）は満洲語で金のことです。ギョロ（覚羅）は姓です。つまり、アイシンギョロとは「金という姓」の意味なのです。

そのアイシンギョロの祖先は、長白山の山頂付近のブルフリ湖で水浴びをしていた仙女だそうです。上図は、仙女の水浴びの情景が描かれていて、内容は次のとおりです。

湖で仙女の三人姉妹が水浴びをしていました。すると鵲《かささぎ》が下りてきて赤い実を置いていきました。末娘が実を食べると、お腹が大きくなり、

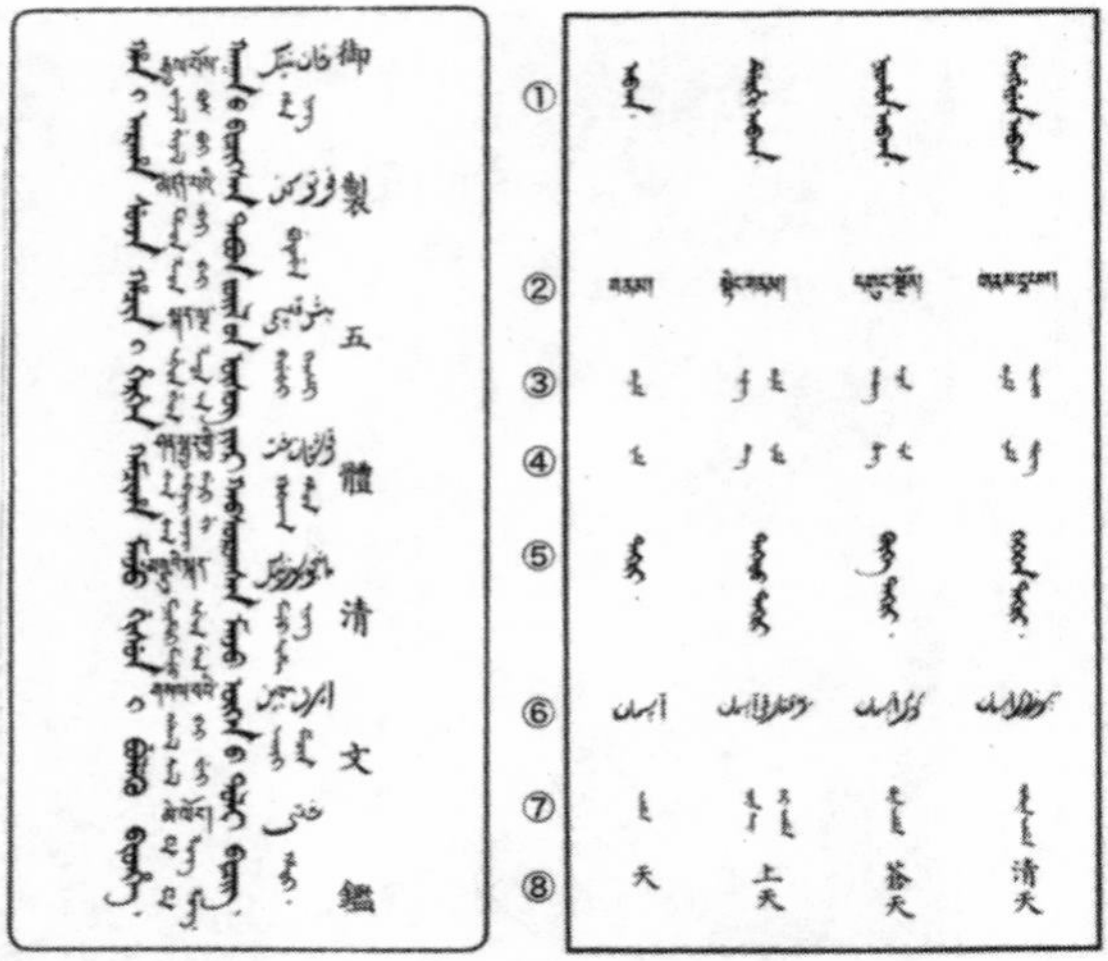

『五体清文鑑』
清朝で公式に使用された五種類の言語の対訳辞典。
①満洲語。②チベット語。③チベット語の綴りを一つずつ満洲文字にしたもの。④チベット語の発音を満洲文字で表現したもの。⑤モンゴル語。⑥アラビア文字で書かれたトルコ語。⑦トルコ語の発音を満洲文字で表したもの。⑧漢語。

五種類の言語辞典『五体清文鑑』（乾隆帝時代に制作）

体が重くなって、天に帰れなくなってしまいました。二人の姉は「軽くなったら帰っていらっしゃいね」と天に戻ってしまいます。残された末娘は、男の子を産みました。少し大きくなってから、母は、「天が乱れた国を治めさせようとして、あなたが生まれたのです。この小舟に乗って川を下って行きなさい」と言い、天に帰っていきました。男の子は、言われたとおり川を下り、下流の人間に拾われます。

それが愛新覚羅《アイシンギョロ》の祖先である、要するに、尋常の人間ではございませんと語る神話です。また、狩猟民や遊牧民の間では末子が一番偉くなったり、幸運をつかんだりする話が多く残っていますが、この仙女も末子です。

ちなみに、「長白山」は朝鮮名を「白頭山」といい、金日成がそこで抗日ゲリラ活動の指導者をしていて、そこで金正日が生まれたことになっていて、北朝鮮の聖地です。二〇一八年の南北首脳会談では金正恩とともに文在寅が訪れ、話題になりました。あの山は、実は、清朝にとっても聖地なのです。

清朝も時代がたつにつれ漢人の科挙官僚が増えてくるので、宮廷文書の漢字訳も多く出てきました。しかし、必ず満洲語と漢文の二言語で同内容の文書を作成します。そして、モンゴル関係文書の場合は、さらにモンゴル語が加わり、三言語で配布しました。

清朝の版図にチベットと回部が入るのは康熙帝より後の時代なのですが、彼らはそれぞれ別の言語を用いているので、同様に、チベット語とウイグル語が加わって「五体」になりました。前頁の図は『五体清文鑑』という五言語辞書です。

清朝の満洲人皇帝は五族を統治する君主ですが、それぞれの地域は別々の組織を持ち、統治機構上は交わらないのです。特に漢人は、モンゴル・回部・チベットには入ることすらできませんでした。この三つは帝国の垣根となってくれる「藩屏《はんぺい》（垣根）」という意味で、藩部と呼ばれました。漢人が入ると、摩擦が起こるに決まっているので、もちろん満洲にも漢人を入植させませんでした。

満洲は軍政を敷き、満洲人の旗人に統治させます。その他の各藩部も、統治は現地人にまかせていました。チベットは仏教的権威でありながら経済的には貧しいので、清朝としては財政援助をします。しかし、政治はチベット人にまかせ、監督する大臣が赴任しました。満洲人や蒙古八旗の大臣がラサに赴任するときは、供回りのお付きの者と軍人数名を連れて行く程度で、大使館のような規模です。モンゴルにも現在のウランバートルに清朝から役人が赴任してきますが、やはり同様に小規模です。

満洲人の皇帝は帝国に君臨するけれども、各地域は現地人が統治していました。中央とのやりとりが必要な行政は、皇帝と満洲人の現地赴任大臣が満洲語で連絡しあって行ないました。そのため、現ウランバートルの文書館には膨大な満洲語の史料が保存されています。遊牧民や狩猟民は文書管理は不得意なのではないかと疑念を持たれがちですが、文書の山を見ていると、そんな偏見が払拭されます。

北京に送った文書の写しを作成し、返信があると、それにつなげて貼る。さらなる連絡が必要な場合は、また複写を貼っているなど、丁寧に記録を残し、まじめに文書行政を行なっています。すべて満洲文字です。

中華人民共和国は清が中華王朝だと主張しますが大嘘です。「中華」とは何でしょう？　彼らは「中華は多民族なのだ」と逃げます。「満洲人も、モンゴル人も、チベット人も、ウイグル人も中国人だ」「中国人なのだから漢字だけ使え」です。

満洲やモンゴル、チベット、ウイグルは清帝国を構成していました。現代中国が各部族を支配していた清朝を継承したと主張するのなら、現地の言語や文化を尊重していた清朝のあり方こそ継承すべきです。チベット人もウイグル人もモンゴル人も、あきらめたように、こう言っています。「中国人は我々なんかいらないんだ。土地が欲しいだけだ」と。

現代中国は、ご都合主義で領土だけを奪い取り、そこに住む人々の言語や文化は抑圧して、「中国化すれば生かしておいてやってもいい」と言わんばかりの姿勢です。清朝はそういう王朝ではありませんでした。支配民族である満洲人の数が少ないからという面もありますが、康《こう》熙帝《きてい》をはじめ、基本的に勤勉な皇帝を輩出し、善政を心がけていました。

清朝の建国時に満洲人を八旗に統合――徳川家の旗本と同じ発想

ヌルハチは女真を統一して後金国を建国しました。チンギス・ハーンの時代にモンゴルに降伏した女真族の国に金という王朝があり、その継承者であるとの意味を込めて後金と号したのです。

先にも述べた通り、息子のホンタイジが二代目の後金国ハンになり、そののち国号を清に変更します。そのため、ヌルハチ時代は、まだ清ではありません。しかし、父ヌルハチの死後、ホンタイジは「清朝があるのは父上のおかげ」と廟を建て「清の太祖」と諡《おくりな》します。厳密に

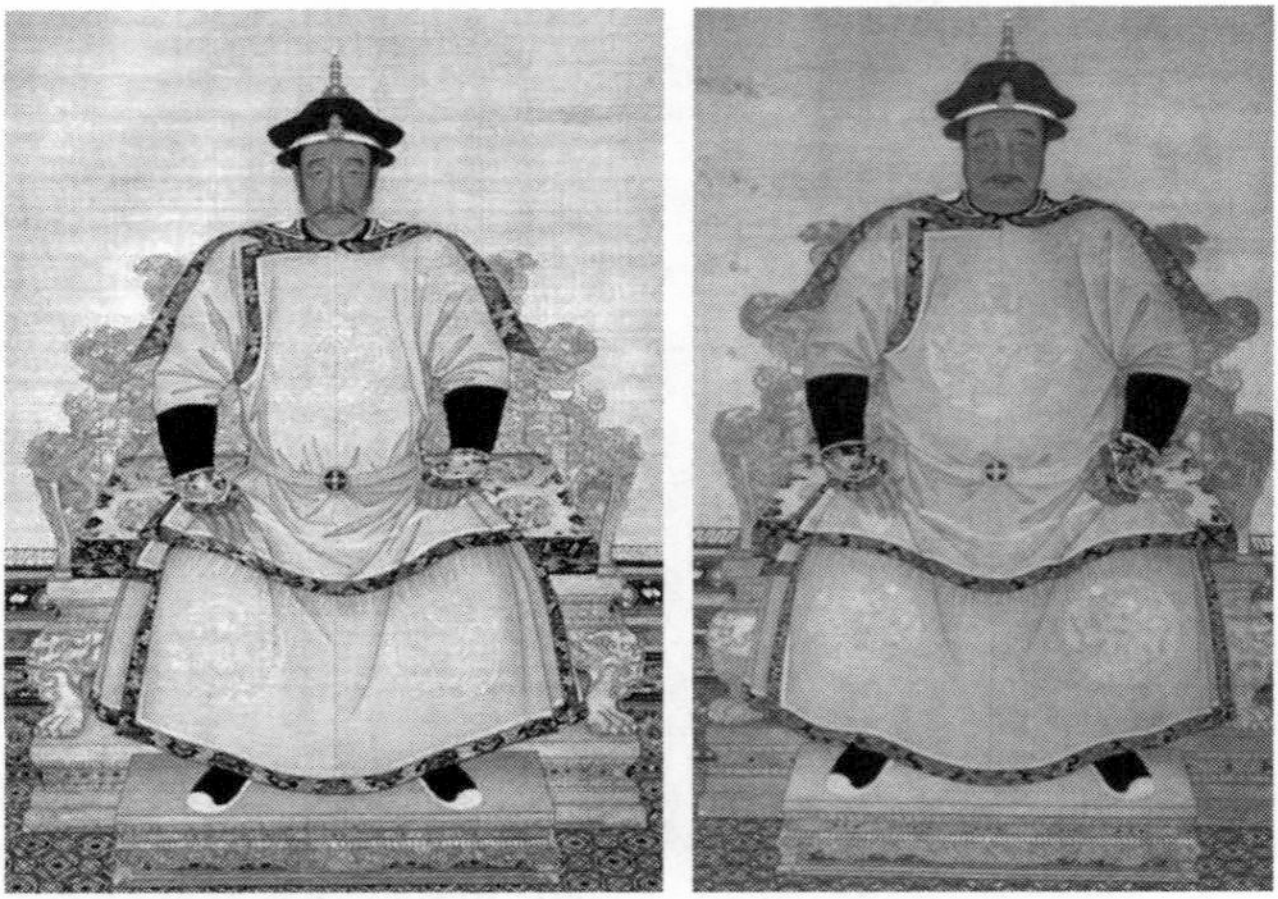
清の太祖ヌルハチ（左）と太宗ホンタイジ（右）

は「清」は太宗ホンタイジから始まるのですが、事実上、父ヌルハチがすべての基礎を築いたので、ヌルハチが「太祖」です。

清朝は建国時に、満洲人を「八旗」という八つの旗の下に組織化しました。八つの部族に分け、旗を決め、部族連合にしたのです。

ヌルハチ時代初期には、四部族連合でした。女真族の一部でしかない「建州女直」という小集団出身で、まわりの女真を組み込んでいったころには、黄色・白色・紅色・藍色という四色の旗しかありませんでした。その後、統一が進み、後金国になるころには臣下が増え、四旗が八旗になっていました。しかし、明瞭に八色の色分けをするのは染色技術上、難しかったのだと思います。それで、黄色・白色・紅色・藍色（四色）×縁取りの有無＝

八旗となりました。これを正黄旗・正白旗・正紅旗・正藍旗・鑲《じょう》黄旗・鑲白旗・鑲紅旗・鑲藍旗といいます。清朝の支配階級にある満洲人は全員がこれら八旗のいずれかに所属しています。

八旗のうち、正黄、鑲黄、正白の三旗は皇帝直属で、残りは別の皇族が長になります。上三旗は皇帝の直接の家来ですが、残りの五旗は、それぞれの責任者と交渉しながら動かす必要があります。いわば、三旗は皇帝の私的な領民、五旗はそれぞれの皇族の領民ということになります。

日本の江戸幕府は徳川御三家など親戚筋を親藩、関ヶ原以前に徳川家に仕えていた大名を譜《ふ》代《だい》、それ以後に従った大名を外様《とざま》などと区別しました。さらに、大名ではありませんが、徳川直属の家臣団が旗本です。「旗」という字が「八旗」と共通していて面白いですね。発想は同じです。旗本にも徳川家に仕えるようになった時期によって区別があるように、八旗にもランクがあり、皇帝に近いものと遠いものがあったのです。

旗の長には、ヌルハチの兄弟やその子孫がつき、それぞれに家来がいます。家奴・包衣《ボーイ》という「執事」は特に忠実です。「奴」の字を見ると「家の奴隷」のように見えますが、先祖代々、忠誠を誓ってきた忠臣です。日本の鎌倉時代にあった家子《いえのこ》郎党《ろうとう》のような運命共同体で、大変に密な人間関係の集団です。しかも、互いに網のように婚姻関係で結びついているので、「旗は一家、同旗人はみな兄弟」の感覚です。

八旗は軍人や官僚のプールでもあります。八旗所属の若者は未来の幹部候補生です。そして、有能であれば、実際に出世していくのですが、そういう人間関係のベースがあるために、ズルをしません。兵隊に行っても、官僚になっても、仲間や親族内での信用に関わるような下手なことはできないのです。国から給付されるもの以外に私的に蓄えるのがシナ高級幹部の常ですが、清王朝では、国が機能している間は節度があり、セーブがきいていました。そのため、例外はあるものの非常に誠実な行政が行なわれました。

良くも悪くも主従の結びつきが強く、しかも、その関係は固定しています。主家が零落し、臣下の子孫のほうが出世して羽振りのいい高官職についていても、両者が会えば、元家来筋の高官が主家筋の貧乏人に頭を下げるのです。満洲人の、この人間関係は清朝の最後まで残ります。こういう義理堅いところは、日本人に似ています。

しかし、現金なシナ人が天下を取った二十世紀以降は災難です。満洲族は、チベット族やウイグル族、モンゴル族以上にそのアイデンティティを奪われました。

秀吉が「朝鮮出兵」しましたが、あのときの目的は朝鮮半島ではなく明でした。万が一、秀吉軍が北京を征服していたら、日本も満洲のようになったでしょう。つまり、今頃、日本は中国です。それを考えると、成功しなくてよかったと思います。

日清戦争のときにも「北京まで攻め込め。植民地にしろ」と言う人はいたのです。でも、行かなくてよかった。韓国併合だけでも、ずいぶん困ったことになっているのに、さらに向こうまで抱え込んだら、めちゃくちゃです。満洲人は、厄介なシナを抱え込んでしまって、のちに故郷を失うことになりました。

文字・言語の話をしたときに満洲語・モンゴル語・漢文の「三体」があると言いましたが、実は八旗にも三体あります。満洲八旗、蒙古八旗、漢軍八旗です。3×8＝24で、二十四旗あるかというと、そうではありません。八旗は八旗のままで、その中にモンゴル人も漢人もいるのです。行政上は満洲人扱いで、モンゴル系満洲人、漢人系満洲人ということになりました。

このようにするメリットとして、例えば、蒙古八旗出身の大臣をモンゴルに赴任させることができるなどが挙げられます。満洲語とモンゴル語の両方ができるので、現地でモンゴル人とコミュニケーションを取りやすく、摩擦を起こしません。そして、中央の皇帝とは満洲語で連絡を取り合います。

また、チベットに赴任した大臣も蒙古八旗出身者が多いのです。モンゴル人はチベット仏教徒なので、ダライ・ラマを尊崇し、僧侶にも丁寧に接します。チベット文化を尊重してくれる大臣に対して、チベット人の方でも悪い感情を持ちません。つまり、モンゴル人を大臣にしておくと、もめごとが起こりにくいのです。また、チベットのラサで勉強しているモンゴル人が大勢いました。彼らを統治したり、その協力を得るにあたっても、蒙古八旗出身の大臣は好都合でした。

満洲語だけが全国全土に通用する第一公用語ではありますが、その満洲語を使える人の中に、モンゴル系や、実は朝鮮系など満洲人以外の人もいて、彼らを大使のように現地に赴任させ、うまく統治していたのです。

北京観光を十倍楽しむ方法――満洲八旗の住宅が胡同

明が滅び、呉三桂が先導して清軍を北京に呼び込み、清朝がシナを支配するに至ったのですが、このとき、北京に住んでいた漢人を全員、図25の太い点線の南側にあたる外城に追い出し、満洲人が内域に入ります。このとき北京に入城した旗人を禁旅《きんりょ》八旗といい、首都防衛の任にあたりました。その他、南京、西安、成都、杭州、福州、荊州、広州、寧夏、密雲、青州、綏遠《すいえん》など、シナ各地の要地に満城《じょう》がつくられて家族ごと赴任した満洲人を、駐防《ちゅうぼう》八旗といいました。

北京の外城とは、天安門広場の南側で、現在では書画・骨董などを売る店が並ぶ「瑠璃廠《ルリチャン》」や、北京駅、永楽帝が建立したとされる祭壇のある「天壇公園」などがある場所です。

そして、地下鉄二号線（環状線）が走っている内側が内城に相当します。そのため二号線の駅名は「〇〇門」が多いです。清朝は、この内城を公務員住宅にしました。これを胡同《フートン》といい

[図25] 大都から明・清の北京へ

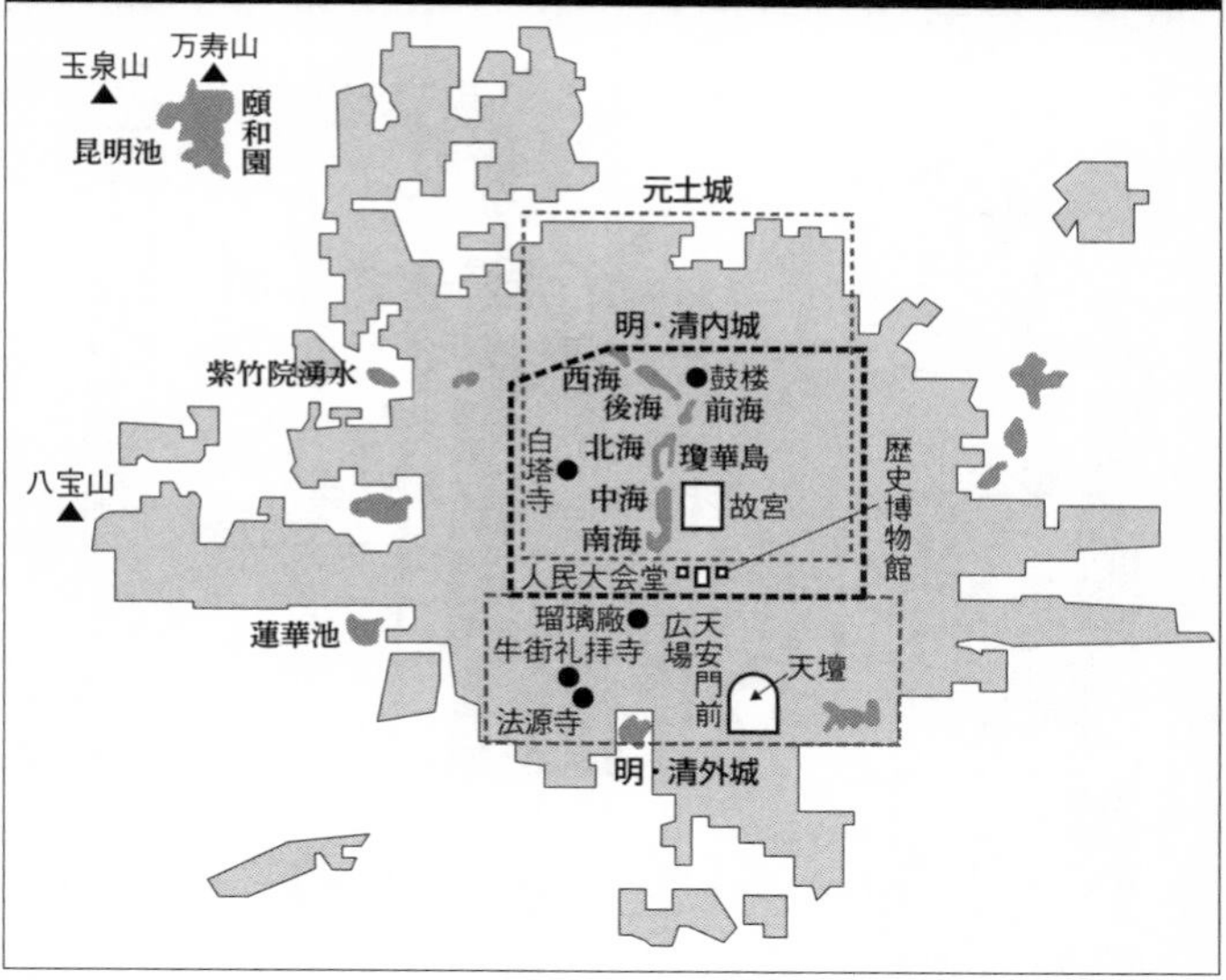

ます。

八旗のための兵舎ですが、家族と住みます。現代的に言うならば公務員住宅です。江戸の一角に旗本だけが住む区画を設けたようなイメージでしょうか。

図26は、岡田英弘の弟子でハーバード大学教授のマーク・エリオット氏が作成した満洲八旗・蒙古八旗・漢軍八旗の配置図です。真ん中の一番濃い部分に紫禁城（中央よりやや右下の四角。現故宮博物院）と北海・中南海があります。それを囲むように満洲八旗（白地）、その外側に蒙古八旗（灰色）、一番外側に漢軍八旗（斜線）を配

［図26］清の首都、北京の内城

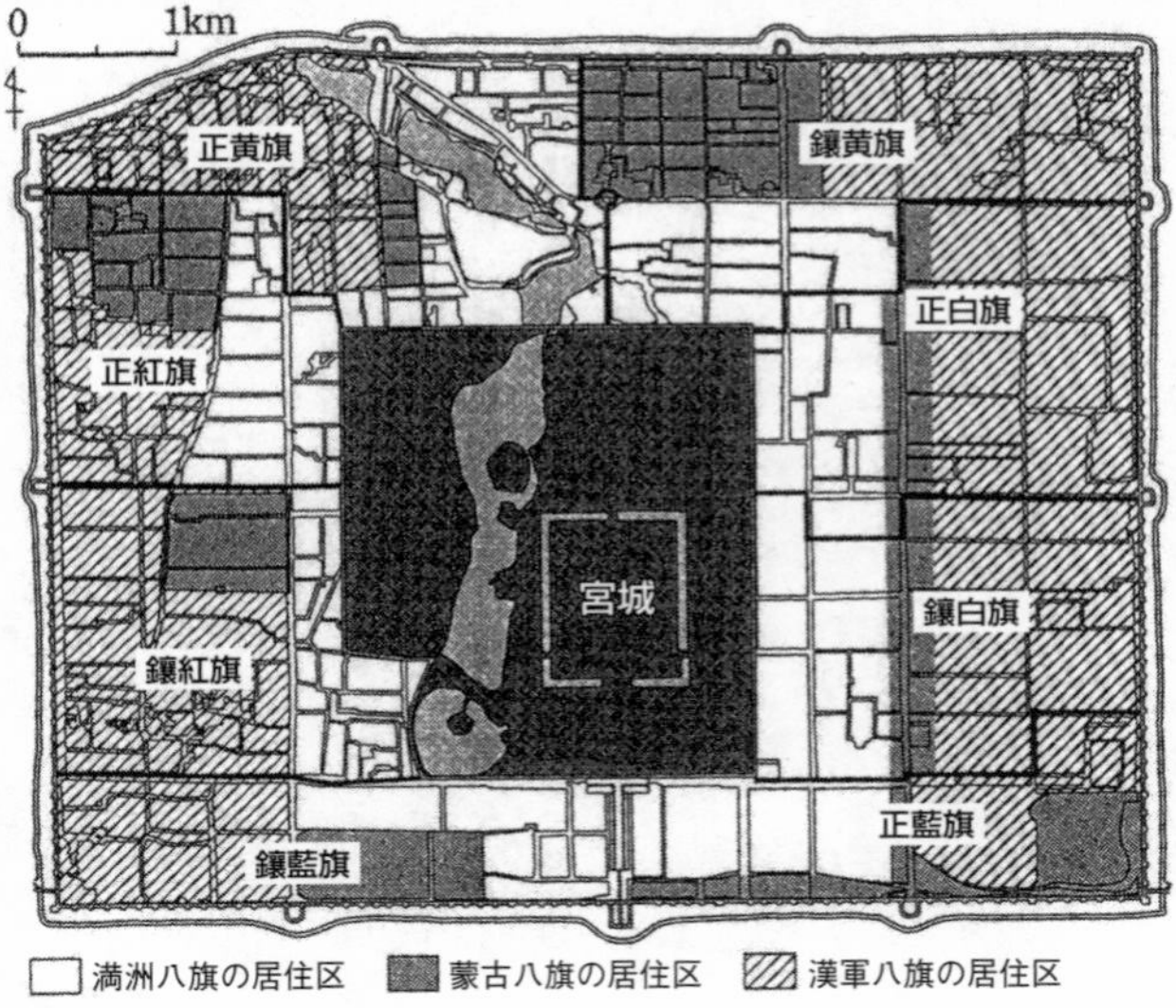

しています。やはり、同族を最も近いところに置いて警備させたのですが、八旗が整然と区分けされて並んでいるのがわかります。

ちなみに日本では、関ヶ原以後、関東近辺にあった外様大名の領地が遠くへ移封されていますが、江戸における各藩藩邸の配置は清の宮城ほど露骨ではなく、おおむね入り混じっています。もっとも、会津藩上屋敷は江戸城の真ん前なのに、薩摩藩上屋敷は城からかなり遠いなど、傾向として身内を近くに寄せていますが（『江戸屋敷三〇〇藩

胡同は北京観光の名所の一つとなっている

いまむかし　江戸と東京を散歩する』実業之日本社、二〇〇八年、一八八頁)。

胡同の各家は、基本的に、外側は塀で囲まれています。道に面したところに小さな入り口が一つしかありません。その入り口を入っても、また入り口があり、中庭があり、その中庭からだけ各部屋に入ることができるようになっています。外敵からの防衛を考えた作りです。一つ一つの胡同が広く、複数家族が住んでいました。

江戸のお屋敷も木戸があり、夜になると閉められますが、木戸です。北京は石垣や土塀などに囲まれて、防御がしっかりしています。

今日では胡同めぐりの人力車が走っていたり、北京観光の名所の一つとなっていますが、現在の胡同を見ても立派なお屋敷には見えません。しかし、辛亥革命以前は整然としていて美しかったのです。革命で荒れ、さらに毛沢東が北京入りした後、胡同を無理やり安く買い上げたり借り上げたりして、多くの貧民に分け与えました。一つの胡同に三十家族ほど押し込んだり、無計画に中庭を潰したり、階を増やしたりしたのです。それも適当に行なわれたので、雑然とした貧民街になってしまいました。

それで北京オリンピックのときに、貧民街は見栄えが良くないとして、多くが壊されたのです。幸運にもきれいに残った胡同はレストランやホテルになっています。

漢人はチャイナドレスを着ることができなかった

一九八〇年代に日本でも流行ったキョンシーを覚えていますか。一九八五年に公開された香港映画『霊幻道士』に出てくるキャラクターです。死体が妖怪化したもので、基調は黒でありながら胸部に派手な模様の入った長衣を着て黒い帽子をかぶっています。死体なので硬直している（という設定の）ため、手を前に出して、飛びはねるように移動します。あのキョンシーが着ている服は、実は、満洲人官僚の正装です。

普段、漢人は満洲服を着ることができませんでした。死後に着せることは許されていたので、死体妖怪のキョンシーは満洲服を着ているのです。生きている間に着たくても着られなかった服を「せめて死者には」と着せたのですから、よほど憧れの服だったのでしょう。

また、チャイナドレスを中国語で旗袍《チーパオ》といいます。旗《き》の服、つまり、八旗の服です。これも満洲人だけが着ていた服だったのですが、辛亥革命の直後から、なしくずしに誰でも着るようになりました。

本来の旗袍《チーパオ》は筒状のズボッとした服で、男女共用です。しかも、長袖で、下にズボンを穿《は》くものでした。それを一九三〇年代の上海租界でヨーロッパ人仕立屋《テーラー》が立体裁断を導入し、前身ごろにダーツを入れ、袖を短くし、女性の体の線が露わになるように仕立て直したのです。しかも、サイドのスリットをそのままに、ズボンを穿かずに着用すれば脚がまる見え。私たちが知るセクシーな服になりました。

襟が立っているところは原型をとどめています。立襟は満洲服のもとになったモンゴル服の特徴で、寒いところで風が入らないように襟が立っているのです。ちなみに、ベトナムは暑い国なのに民族服アオザイの襟が立っているのも、旗袍《チーパオ》が原型だからです。さすがに生地には北方の服とは異なり、薄手の布を用いているようですが。

満洲人の風習だった辮髪――最後は漢人も憧れた

以前、横浜中華街を訪れたとき、売店に「ピッグテールつきの帽子」がありました。ピッグテールとは「豚のしっぽ」、辮髪《べんぱつ》を揶揄した英語で、帽子に長い三つ編みの毛がついていて、シナ人に仮装するためのコスプレ用グッズでした。日清戦争のころまで、シナ人はみな辮髪だったので、辮髪はシナ人のヘアスタイルと考えられていますが、実は、もともとは満洲人の風習でした。

時代によっても異なるようですが、日清戦争のころには頭頂部から前の髪の毛は剃り、側頭部・後頭部の毛を長く伸ばし三つ編みにし、背中の方に垂らしていました。マンガ・アニメの『キン肉マン』に出てくるラーメンマンも辮髪をイメージしたキャラクターだと思います。髪の毛の一部を剃り、残りの髪を長く三編みにする風習はモンゴルにもあります。北方の風習なのです。

漢人が清朝に服属した当初は、敵味方の区別を鮮明にするために辮髪が強制されましたが、清朝末期には漢人も辮髪を誇りとし、失うことを悲しむようになっていました。中国人は野蛮人が漢化したことばかりを強調しますが、シナ人も強者、富者、貴人に憧れ、異文化に染められてきたのです。どこでもハイソサエティは憧れの的です。

繊細な三代目順治帝――愛妃を追うように早逝

北京に入城して治めた清朝最初の皇帝は第三代順治帝です。初代ヌルハチと第二代ホンタイジは戦に勝ち抜いて這い上がってきた皇帝だけあって、武人肌の豪傑という顔でしたが、三代目は繊細で柔らかい感じです。

皇帝三代の肖像画はどれも服装が立派ですが、初代ヌルハチは実際にはもっと質素な服を着ていたはずです。肖像画のような豪勢な皇帝服を着る暇も余裕もなかったと思います。このような格好ができるようになったのは、おそらく二代目ホンタイジからでしょう。それでも、ご先祖様に豪華な服を着せた肖像画を残したいのが人情です。ただ、後世に描かれたとはいえ、顔は覚えている人たちも大勢いるので、本人に似せて描かれていると思われます。

第三代順治帝は肖像画の通り繊細な人だったようです。亡くなった愛妃ドンゴ氏を想い追憶を漢文で綴っていて、漢文では珍しい情のこもった文章です。おそらく満洲語で考えてから漢字にしたので情緒にあふれているのでしょう。日本人の漢詩も情緒的・感傷的ですが、日本語で考えてつくるからです。「四書五経」などの固い文章しか学んでいない漢人は、どうも情緒に欠けます。言葉というのは非常に大事なもので、それによって精神の構造が違ってくるのです。

順治帝――北京に入城した清朝最初の皇帝（在位1643〜1661）

漢字には情緒表現を表すものが少なく、漢文では細かいニュアンスは表現できません。今日の中国人も細かいことは、どうでもいいようで、「馬馬虎虎《マーマーフーフー》」という言葉をよく聞きます。「まあ、そこそこでいい」という意味です。アバウトで「見た目が同じならいい」「たいした差はない。同じだ」と偽物を平気でつくるし、買います。新幹線ほか、パクリ商品が中国にあふれていることは、よく知られています。たしかに、外見はよく似ていますが、技術的な細かいところまで真似ることはできません。それで、今でも日本から炊飯器や化粧品を買って帰る旅行客が多いのです。

シナ人が「つくれなければ盗めばいい」とスパイ活動に励んだところ、アメリカの堪忍袋の緒が切れて、米中貿易戦争になったのが現状です。行きつくところまで行ってしまった感じでしょうか。日本にとっては、いいことです。

話が逸《そ》れましたが、順治帝は愛妃の後を追うように、まもなく一六六一年に二十四歳で亡くなってしまいます。そして、その皇子・第四代康熙帝（一六五四〜一七二二、在位一六六一〜一七二二）が八歳で即位するのです。

超人的な天才だった康熙帝――文武両道のスーパーマン

亡き夫、岡田英弘は、この康熙帝を高く評価していました。岡田の著作は、偉人であっても褒《ほ》めちぎるようなことはせず、淡々と歴史を語るスタイルなのですが、康熙帝のことだけは『皇帝たちの中国』の中でも手放しで褒めています。

章の冒頭は、イエズス会士ブーヴェ神父の『康熙帝伝』の長々とした引用から始まります。

まとめると「容姿端麗、頭脳明晰、強靭な体力と精神力を持ち、文武両道のスーパーマン。しかも芸術にも通じている。質素で贅沢せず、弁も立つ」です。「……と書かれているが、実は……」と続くのかと思えば、岡田自身が皇帝の超人的な天才性をさらに褒めます。康熙帝には皇太子である息子に書いた手紙が残っていて、岡田はそれを訳したときに大変に感動したようです。満洲語で書かれた自筆の手紙で、これについては後述します。

確かに康熙帝は立派な人だったと、私自身も思います。康熙帝に関しては、長きにわたってしばしば講義しているので、かなり調べましたが、上司がこんな人だったら、たまらないなと思います。

康熙帝――清朝第４代皇帝（在位1661～1722）。廟号は聖祖

大変に勤勉で、天体観測から押し花まで、何でもするし、何でもできる人でした。ぜいたくを好まず、行軍などの厳しい状況では家来と一緒に一日一食で済ませるなど、欠乏にも耐えます。美術品に対しても目利きであるし、満洲語もモンゴル語も漢文も完璧に読み書きします。当然のように武芸にも秀でている。

こんな完璧人間が近くにいたら、ミスがすぐにバレてしまいます。康熙帝が他人に対しても厳しかったかどうかはわかりませんが、そうでなくても窮屈です。皇帝の信を得ようと思えば自ずとハイレベルなことを要求されることになるでしょうから、ついていくのが大変です。

こんな万能の皇帝なら幸せな一生を送ったかといえば、そうでもなく、帝の晩年には悲劇が襲います。頑健な康熙帝は長生きし、その治世は称えられるべきものでしたが、そのことが皇太子を闇に追いやり、愛する息子を廃位、幽閉することになるのでした。これについて詳しくは後述します。

康熙帝はモンゴル人のクォーターだった

左頁の図の右は、勉学に励む青年時代の康熙帝です。大変に勤勉な人でした。

ホンタイジの皇后で順治帝の母であり、そして、康熙帝の祖母（左頁の図左）はモンゴル人です。康熙帝の母は有力な家柄の娘ではなく、しかも、早くに死んでしまったので、康熙帝の教育は、主にこの祖母によって行なわれました。

大変にいつくしまれて育ったので、康熙帝は後々まで祖母に孝行します。それで、康熙帝はモンゴル文化に造詣が深く、モンゴル語もよくできたので、モンゴル人臣下が増え、彼らからも慕われました。

ホンタイジの皇后（モンゴル人）と青年時代の康熙帝

遊牧民族は、今でもそうですが、組織ではなく人柄の優れた人についていきます。先に触れたフランス人宣教師ブーヴェの康熙帝に対する褒め言葉は、おそらく嘘偽りでなく、本当に立派な人だったと思われます。生涯を通じて大変に努力して、清朝の基礎を盤石にした皇帝です。ひいては、現在の中国の基礎を築きました。

清朝の最大版図は康熙帝の孫、乾隆帝の時代に達成します（二七四頁の図24参照）。中華人民共和国より大きく、中国はこれを回復しようと思っているのです。まったく関係なかった南シナ海まで中国だと言っているぐらいですから、ましてや清朝だったところは、本来は中国のものだと潜在的に思っているはずです。なお、清朝の領域の一部は、現在、カザフスタン、モンゴル、ロシアの一部となっています。

中国では康熙帝や乾隆帝の時代を舞台にしたテレビドラマが放映されています。「康熙帝時代をもう一度！」「乾隆帝時代をもう一度！」というわけです。習近平が提唱する経済圏構想「一帯一路」はもっと大規模で「モンゴル帝国をもう一度！」です。

しかし、広い領土を治めるにはそれなりの知恵と見識がいります。領土や資源など、いいところだけを取って荒らし回るようなことはやめてほしいですね。実際の清朝が行なっていた細やかな配慮、善政を参考にすることなく、その成果だけを奪おうとする。中国人の歴史のとらえ方は、過度にご都合主義で、いつも、いいところだけをつまみ食いし、悪いところは他人（異民族）のせいにします。

私の学生に中国からの留学生がいて、話を聞くと、満族でした。私は清朝について、優れた王朝であったと講義しました。すると、その学生は「中国では、お前たち満族のせいで、日本に負けたと非難される」と教えてくれました。「満洲人が、だらしなかったから、日清戦争に負けて、こんなに領土が減った」と漢人が満族をいじめているというのです。実際はまったく逆で、満洲人はまじめに政治を行なっていたのに、賄賂を取るなどの悪習によって国が機能不全に陥ったのは漢人が増えたからです。

十代にして親政を始めた康熙帝――三藩の乱を鎮圧

幼くして大帝国の皇帝となった康熙帝ですが、八歳の子どもに統治はとてもできません。当初は四人の大臣が政治を行ないます。四人とも満洲人ですが、そのうちの一人オボーイが野心家でした。他の大臣の一人が死ぬと、もう一人を処刑し、残りの一人はおとなしく追随するのみ。オボーイが独占的に権力を行使するようになりました。皇帝が若いのをいいことに専横がすぎるので、長じた康熙帝は一計を案じます。相撲に興じるフリをして、周りに腕力のある青年を集めておいて、オボーイが現れると、目配せをし、青年たちが組み伏せ、逮捕しました。そして、オボーイの罪状をあげつらね、投獄してしまいました。オボーイに追従していた大臣は追放されます。康熙帝十六歳のときのことでした。十代にして親政を始めます。

オボーイ――清初の満洲人政治家

有力大臣には支持者がいます。オボー

イらとつながって利権をむさぼっていた漢人の有力者が、「特権を奪われてはならじ」と一六七三年、反乱を起こします。これを三藩《さんばん》の乱（〜一六八一）といいます。清朝建国時に協力した漢人が任されていた地域が雲南（呉三桂）・広東（尚之信《しょうししん》）・福建（耿精忠《こうせいちゅう》）の三藩でした。後ろ盾であった大臣が失脚したので、自分たちの地位が危ういと思い、独立しようと反乱を起こしたのです。つまりは権力闘争です。

八年にわたる大反乱で、チベットが三藩側につくなど、清朝にとっても、まかり間違えば王朝がひっくり返っていたかもしれないぐらいの危機的状況でしたが、康熙帝は鎮圧に成功し、シナの支配を固めます。

また、台湾では鄭成功《ていせいこう》がオランダ勢力を駆逐し、支配を固めていましたが、一六六二年に病死し、子の鄭経《ていけい》が三藩の乱と連動して清に反抗を続けていました。康熙帝はこれをも降伏させて、一六八三年に台湾を清に組み入れました。

ネルチンスク条約締結——ロシアの南下を食い止めた清朝

二十代のほとんどを三藩の乱の平定に費やした康熙帝ですが、乱が片付くと、息つく暇なく、次は北方問題です。

かなり前から黒龍江近辺にロシアが侵入してきていました。しかし、清は六年にわたるロシアとの戦争に勝利し、追い払うことができました。一六八九年、康熙帝とピョートル大帝の間でネルチンスク条約が結ばれます。後述するように、実はこのときはピョートル大帝が親政をする前なので、彼はこの条約に責任はありません。

ロシアの東方進出は、十六世紀初頭にはウラル山脈以西に留まっていましたが、十六世紀末にウラルを越え、十七世紀に入るとシベリアへと進出してきます。一六四七年にはヤクーツクに到達しています。南にはモンゴル系の遊牧民がいて、戦ってもかなわないので、コサックたちはまず極寒の北方を東に進みました。原住民がパラパラとしかいないので、鉄砲を使用すれば、楽に勝てます。

それで、ウラル山脈を越えると、五十年でオホーツク海まで来てしまいました。そして、ロシア人は、そこから南下してくるのです。

ロシア語の文献には「アムール河（黒龍江）まで来た。夢みたいに暖かい」などという記述があります。読んでいて唖然としました。日本人が満洲事変のあと黒龍江の警備に行かされたときの記録には「寒くて寒くて、おしっこは凍るし、まつげも凍る」などと書いているのに、コサックは、オホーツク海沿いやヤクーツクから来ているので「アムール河には魚がたくさん泳いでいるし、農業もできるし、こんなにいいところはない」と書いているのです。同じ環境についての感想でも、この差ですから、シベリアがいかに過酷かと改めて思います。

コサックたちは各地で掠奪行為を働きながら、黒龍江まで下りてきました。コサックはロシア史の定説では、農奴制の窮状のため、皇帝の支配下から逃亡した農民で形成されたとされますが、自立的な軍事共同体を形成して、広野で人馬一体の生活をしていたらしいので、ふつうの農民出身者の集団とは考えられません。もとは草原で暮らしていた遊牧民集団を中核とした人々がコサックと呼ばれるようになったのだと私は思います。

ちなみにコサックの語源はカザフと同じです。「カザフ」とは、トルコ語で「自分の部族から分離して自由行動をとった人々、冒険者の生活を営むにいたった者」の意味です。ロシア語ではカザークと言い、コサックはポーランド語経由の英語です。カザークはロシア正教徒になった遊牧民だと私は考えています。中央アジアのカザフ民族は、ウズベク族から分かれたイスラム教徒で、トルコ系民族です。

コサックは辺境で軍役を担い、十八世紀には特権的な軍事身分へと転化していきました。シベリアや極東におけるロシアの探検活動および征服に積極的に関わり、いわば尖兵の役割を果たすことになりました（下斗米伸夫『ロシアの歴史を知るための50章』明石書店、二〇一六年、八十一～八十三頁）。

最初にアムール河に来たロシアのコサックは、原住民を脅して掠奪する、殺す、毛皮を取るなど、乱暴・狼藉をやりたい放題です。

しかし、清朝側としては、国内が安定していなかったので、手を打つことができなかったのです。ホンタイジの時代には「逃げてこい」と住民を南下させています。そのため、コサックが次にやって来たときには、アムール河中流域には誰もいませんでした。このように、コサックは現地をいいように荒らしまわっていたのです。

康熙帝はシナ南部の反乱を平定したので、すぐにロシア問題に取り掛かりました。ロシアがアムール河のほとりに建てた極東進出の最前線の拠点アルバジン要塞を、朝鮮から兵を徴発して遠征し、攻撃したのです。

ロシア側は規模の小さい部隊だったので、康熙帝はそれを蹴散らし、砦を破壊します。その後、要塞がまた再建されるなど攻防がありますが、最終的にネルチンスク条約で、アルグン河、スタノヴォイ山脈（外興安嶺）を国境と定めます。沿海州などアムール河の南側も確保して露清国境が画定されました。こうして黒龍江流域にロシア人はいなくなりました。のちにロシアは、アロー戦争（一八五六～六〇）のどさくさにまぎれて、アイグン条約（一八五八）でアムール河左岸、北京条約（一八六〇）で沿海州を奪っていくのですが、それまで二百年間、清はロシアの南下を食い止めたことになります。

ロシアにしてみれば、ユーラシアの東端ですから、モスクワからは遠すぎて、情報もない。シベリア鉄道のない時代、補給も難しいので不利な戦いであったと言えるでしょう。しかし、清朝としては、夷狄を追い払い国土を守った名誉ある条約です。そして、今でも中国は沿海州やアムール河北岸からロシアを追い出したいと密かに思っているに違いありません。

前述したように、ネルチンスク条約が結ばれたときの両帝国の皇帝は、康熙帝とピョートル大帝なのですが、ピョートル（一六七二〜一七二五、在位一六八二〜一七二五）は十代の少年でした。当時は十四歳年上の姉ソフィアが摂政として君臨し、事実上、この姉が愛人である有力政治家ゴリツィンとともに結んだ条約だったのです。この時期、ロシアはクリミア遠征にも失敗しており、ソフィアとゴリツィンはネルチンスク条約の年に失脚します。その後、ピョートル親政への道が開かれました。

ネルチンスク条約は、清にとって大変に重要な条約のはずですが、十九世紀にロシアが新たに南下してきたときに対応した清朝の責任者には、もはや、この条約に関する知識が欠如していました。どの川が国境なのかも知らないのです。康熙帝の時代は、ロシアを追い払い国土を守りましたが、清朝末期には政治が劣化していて、ロシアの言いなりになります。

この露清国境線を新たに明確にしたのは日本人研究者でした。吉田金一先生は『近代露清関係史』（近藤出版社、一九七四年）で、まず概要を明らかにし、『ロシアの東方進出とネルチンスク条約』（財団法人東洋文庫　近代中国研究センター、一九八四年）で、ロシア語、満洲語、ラテン語史料を使って、ネルチンスク条約の国境線に関する地図を描き、精緻な実証研究をしました。ロシア人も真っ青です。

ネルチンスク条約はロシア語、満洲語、ラテン語で記録されました。ロシア人は当然ロシア語が読めますが、現在の中ソ国境はネルチンスク条約で定められた線よりはるかに南にありますから、この条約の細かいことはわからないほうがロシアにとっては都合がよいので、内容を明らかにしようとしません。現代中国人は満洲語などできません。そして、ロシア語、満洲語、ラテン語ともに、現代的にはメジャー言語とは言えませんから、これらを読んで研究しようという人は世界的にもあまりいないのです。それだけに吉田先生の業績が光ります。

康熙帝による最後の大遠征――ジューンガル討伐

康熙帝が行なった最後の大遠征は対ジューンガル戦争です。

ジューンガルは、ガルダンを長とした西モンゴル族の部族連合で、天山南北路からアルタイ山脈に至る広大な領域を支配し、中央アジアに一大帝国を築いていました。一六八八年、ガルダンは三万の兵を率いて北モンゴル・ハルハ部に侵攻します。さらに南に逃げたモンゴル人を追って清朝領内にまで侵入し、清軍と衝突しました。

これに対して、康熙帝は一六九六年、三個軍団を編成し、モンゴル高原へと親征します。瀋陽からは東路軍、陝西からは西路軍、各約三万五千名が、そして北京から皇帝自身が率いる三万七千名の中路軍が出陣しました。

清軍は満洲人・モンゴル人の騎兵とともに歩兵もいます。進軍は一番足の遅いものにあわせなくてはならないので、時間がかかります。

しかも、予定では、東・西・中路軍、三隊が集合して包囲作戦を実行するはずだったのです

[図27] 清の康熙帝の北モンゴル遠征地図

が、それがうまくいきませんでした。最も移動距離の少ない中路軍が最も早く敵地に到着するのは当然としても、西路軍が著しく遅れた上、東路軍は、全然、間に合いそうにありません。康熙帝も「そこで待っておけ」と指示を出すしまつです。

人のいない草原地帯では食料の現地調達はできません。それで、手持ちの糧食が切れないように、食事を減らしながら行軍します。しかし、康熙帝の中路軍が目的地に到着したときにはガルダンは逃走した後でした。相手は遊牧民の騎兵集団で、場所は勝手知ったる草原ですから、すばやく移動します。

ただ、康熙帝にとっては幸い、ガルダンにとっては不幸なことに、西路軍がちょうどやってくるところにジューンガル軍は移動してしまったのです。両軍が衝突し、ガルダン軍は大敗します。

このとき、ガルダンの妃も戦死しています。鎧を着て馬に乗り、夫と共に戦場で戦ったところ、射貫かれて亡くなったのでした。

日本語からモンゴル語に訳された『康熙帝の手紙』

ジューンガル討伐に遠征中の康熙帝は、北京に残って留守を守る皇帝代理の皇太子に、満洲語でまめに手紙を書き送っていて、それらの手紙は愛息を気遣う内容に満ちています。

皇帝は必ず朱墨を用いるので、皇帝の書を朱筆といいます。康熙帝の朱筆は台湾に保管されていました。蔣介石が大陸を去るときに軍艦で台湾に運んだので、北京から台湾に移されていたのです。康熙帝の手紙の現物もその中にありました。翻訳もされていない貴重な一次史料であり、康熙帝研究には欠かせない内容です。

岡田英弘が満洲語から日本語に翻訳し、『康熙帝の手紙』という、そのままのタイトルで、一九七九年に中公新書から出版されたのですが、マニアックすぎたのか売れ行きは芳しくなく絶版になってしまいました。

それが二〇一六年に、藤原書店から「清朝史叢書」の一巻として再刊の運びとなりました。リメイクにあたっては、脚注がつき、未刊行の岡田論文、岡田の英語論文の日本語訳、そして、

康熙帝の手紙をモンゴル語から岡田英弘が翻訳——書名は違うが、内容は同一

岡田が本の中で紹介した文献を弟子たちが訳出したものが付加され、より充実した研究書に仕上がりました。最初はこちらも『康熙帝の手紙』という書名だったのですが、のちに『大清帝国隆盛期の実像』に変更となりました。

康熙帝は有名だから誰でも知っていると思うのは歴史に詳しい人だけで、一般的には「康熙帝って誰？」なのです。確かに学校の世界史でも習いますが、何年も経ってしまえば「聞いたことあるけど……」という程度でしょう。それで、清の最盛期がテーマであることがわかる書名『大清帝国隆盛期の実像』になりました。変わったのは書名だけで、内容はまったく同じです。

ところで、この『康熙帝の手紙』も、ウランバートルでモンゴル語訳が出版されて、版を重ねています。一冊まるごとではありませんが、手紙文書の部分などが重点的に訳出されました。この話をすると「もともとが満洲語だから、訳しやすかったでしょうね」と言われることがあ

ります が、原語の満洲語からではなく岡田の日本語からモンゴル語へ訳されたのです。満洲文字はモンゴル文字の改良型ですから、現代モンゴル人がモンゴル文字に通じていれば、「満洲語の翻訳は楽でしょうね」と言えるのですが、前述のように、古いモンゴル文献を読めない状態ですから、ましてや満洲語など読めません。幸か不幸か、日本語ができる人のほうがずっと多いので、こういうことになっているのです。

むしろ、どのようにモンゴル語や満洲語を読み解けば、こういう学術研究ができるということを示す大学の授業のテキストとして、この本が用いられているそうです。そうやってモンゴル人も歴史を取り戻しているところなのです。

中国の嘘に反論していくためにも重要なことです。これも、日本の出版物が、モンゴル人が真実を発見するのに役立っている一例です。

ガルダンの肖像画（著者撮影）

は偉人なのです。早々と清朝に帰属しガルダンと対立したモンゴル東部のハルハ部族や、ガルダンに反旗を翻した甥らの子孫が今のモンゴル人なのですから、ちょっと変な気もしますけど、今はみな同じモンゴル人だからいいのだそうです。

ガルダンは、戦争となれば軍隊を率いる将ですが、もともとチベットの高僧の転生者として誕生しており、仏教徒・文人としての一面もありました。チベットで仏教を修め、パンチェン・ラマやらダライ・ラマの弟子になっています。もちろんチベット語にも堪能です。なかなかの教養人でもあったという意味で、康熙帝の好敵手ですが、残念ながら戦場では康熙帝に敵いませんでした。

コラム――ガルダンの肖像画を求めて

同時代に描かれたガルダンの肖像画はありません。清側では敵の肖像画など描きませんし、ジューンガルのほうにも残っていません。しかし、あるとき「ガルダンの肖像画」が博物館にあると聞いた私は、ぜひ見てみたいと思い、訪れました。それは、かつてジューンガルの中心地であった現モンゴル国西端のホブドという町の博物館です。

行ったはいいのですが、博物館は残念ながら閉館でした。1997年のことでした。まだ民主化後の混乱が残っていて経済状態が悪く、電気はロシアから買っているので、なんと夏場、省エネのために、博物館の電気を切っているというのです。なんとか頼み込んで、登山用のヘッドランプをつけて、真っ暗な館内に入れてもらいました。

ヘッドランプはモンゴルで急遽、買い揃えたわけではありません。モンゴルに行くときには、いつも必ず日本から持っていくのです。草原でゲルに宿泊する場合、トイレは外の草原です。夜間、東京のような街灯などありませんから、ライトがないと困るのです。懐中電灯では地面に置かなければなりませんから、両手が自由に使えるように、ヘッドランプを人数分用意していくのです。

それがこのとき役立ちました。ヘッドランプ姿の岡田英弘と私は、ゆっくりと歩を進めます。ランプの当たるところしか見えないので、真っ暗な洞窟を歩いているような気分でした。目の前に急に障害物が現れます。大きな鹿の剥製だったり、石像だったり。そして、ようやくお目当ての肖像画にたどり着いて、フラッシュ撮影したものが、このガルダンです。

博物館の人によると、第２次世界大戦後、現地の画家が、ジューンガルの子孫からガルダンのイメージに合う人を選び出して、その人をモデルに肖像画を描いたのだそうです。確かにそれらしさはありますが、本物のガルダンとどれくらい似ているのかは定かではありません。肖像画というより想像画です。

ガルダンは今日のモンゴルでは英雄です。現在のモンゴル人はシナはもちろん、清朝や満洲人も嫌いなので、清朝に歯向かったガルダン

最後の遊牧帝国ジューンガル――ロシアや清に匹敵した大帝国

康熙帝の事績として、ジューンガルのガルダンとの戦いについてお話ししましたが、ここでジューンガルについて追記しておきたいと思います。日本の世界史教科書でも「ジューンガル」はわずかに記載があるものの、あまり大きくは扱われません。それで、ジューンガルは一般的にあまり知られていないのですが、康熙・雍正《ようせい》・乾隆《けんりゅう》帝という清朝きっての名君たちが、そろって頭を悩ましたのが、このジューンガル帝国でした。清朝のほうが圧倒的に優勢で、最後には滅ぼされてしまいますが、十七世紀には、ロシアや清にまさるとも劣らない大帝国が中央アジアにあったのです。

図28の太い灰色線で囲まれた部分が四オイラト部族連合の最大範図で、真ん中の斜線がジューンガルの本拠地です。モンゴル高原を中心に、東は赤峰《せきほう》から西はヴォルガ河流域まで、横幅だけならモンゴル帝国にも匹敵する広大な地域を支配下におさめていました。さらに、ジューンガルの同盟部族であるホシュート部がチベット王に推戴《すいたい》された時期もあります。隆盛期には現在のウズベキスタンやタジキスタン、カザフスタン、南シベリアもジューンガルに降っています。

［図28］ジューンガルの本拠地とオイラト諸部の勢力拡大図

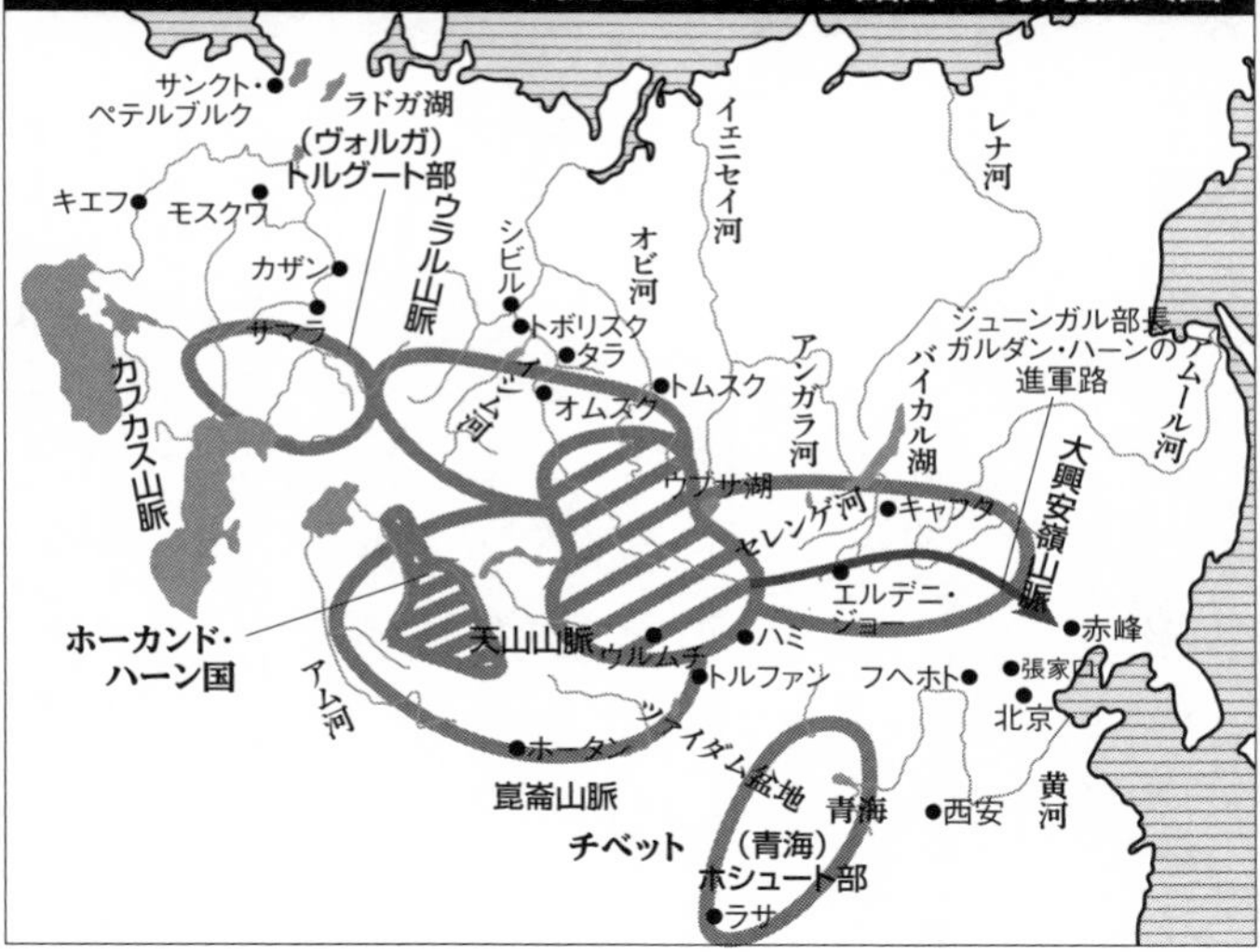

ジューンガルは西モンゴルのオイラトの部族連合です。旧オイラト部は、十三世紀にチンギス・ハーンに服属し、オイラト王家はチンギスの子孫と代々姻戚関係を結ぶ名家でした。しかし、時代が下って、フビライと敵対した末弟アリク・ブガやオゴデイの孫ハイドゥ側についたために凋落し、歴史の表舞台から姿を消します。

　オイラトが再び歴史に登場するのは、元朝がシナを放棄し、北方に逃亡してからのことです。フビライ家のトクズ・テムル・ハーンをアリク・ブガの子孫であるイェスデルが殺害します。イェスデルは、このときオイラトの支持を受けてモンゴルのハーン位につきました。

チンギス・ハーンの子孫でないとハーンになれないという原則は生きていましたから、チンギスの男系子孫がハーンになりますが、もはや実質的には外戚オイラトが政権を担う傀儡《かいらい》です。

しかし、一四五二年にオイラトの指導者エセンはタイスン・ハーンと対立し、戦って敗れたハーンは逃亡先で死んでしまいます。エセンはオイラト人を母としない北元の皇族を皆殺しにし、自らハーンの位につきました。しかし、エセンは部下に殺され、その死後、オイラトは分裂してしまい、その勢力は西方に後退します。

十五世紀後半、再びチンギスおよびフビライ・ハーンの子孫がモンゴル諸部を統一しました。モンゴル中興の祖と呼ばれるダヤン・ハーンです。その後、ダヤン・ハーンの子孫が代々モンゴル諸部族の長となって繁栄します。現代につながる新しいモンゴル民族の誕生です。

ところで、オイラトは、このときにもなくなったわけではなく、フビライの子孫が率いるモンゴルに対抗し、中央アジアから南ロシアに勢力を広げました。そして、十七世紀、東部の「モンゴル人」が清朝に服属してしまった後に、「われこそは」と遊牧帝国の本家を名乗って出たのがジューンガル帝国です。

そのジューンガル帝国を最強にしたのがガルダンでしたが、康熙帝の遠征軍に敗退した後は、逃亡を続けるあいだに、甥のツェワンラブタンが反旗を翻し、ジューンガル部族の本拠地を制圧した上、東トルキスタンなどガルダンの支配地も手に入れました。一六九七年、失意のガルダンは逃亡中に病死します。

しかし、清朝で編纂された漢文史料は、ガルダンは毒をあおいで自殺したことになっています。ガルダンはチベット仏教の高僧の転生と認められた活仏なので、自殺は考えにくいのですが、康熙帝は敵ガルダンの聖性を否定したかったのでしょう。

ジューンガル帝国はガルダンの死後も続きますが、強大な清国と東方進出を目論むロシアに挟まれて、微妙な立ち位置にありました。最後は継承争いで、内部分裂し弱体化していきます。「またか」と思いますが、遊牧帝国お決まりの滅びのパターンです。

ジューンガルは、ついに一七五五年、乾隆帝に攻められ滅びてしまいます。新疆とチベットは、清朝が、この地域を支配していたジューンガルを降したことによって、清朝に服属することになりました。現代中国の支配領域がなぜあんな奥地にまで及んでいるのかを理解するためには、ジューンガルと清朝の攻防について知っておく必要があるのです。

ジューンガル帝国はさらに西にも領域が広がっていましたが、清朝は西に拡大するつもりはなく、西方は後に中央アジアに侵入してきたロシア帝国の領土となっていきます。したがって、ジューンガル帝国の領域は、最終的に、ロシアと清朝に分割されるような形となりました。その清朝側が今の新疆とチベットなのです。

以後、大規模な遊牧帝国は現れていないので、ジューンガルは「最後の遊牧帝国」と呼ばれます。以上ジューンガルについて簡単にまとめましたが、興味のある方は、私の『最後の遊牧帝国―ジューンガル部の興亡』（講談社）をご参照ください。

モンゴル人はチベット仏教徒――モンゴルとチベットの深い関係

ところで、チベット人というと、今は中国に弾圧されて気の毒な「少数民族」ですが、十七世紀ごろはモンゴル人を顎で使っていました。特に、ダライ・ラマ五世は、ガルダンの上に立って命令していたツワモノです。また、ガルダン後の継承争いも、対立する両者を上手に使って、自らの権威を高めていくなど、チベットの高僧や摂政たちは、したたかな政治家でした。モンゴル人は熱心な仏教徒なので、ラサ参りをし、ダライ・ラマを熱心に信奉し、その発言に耳を傾けます。

チベットは資源や作物など、世界市場に提供できるものがないので、仏教で信徒をコントロールする。まるで京都のお公家さんのようです。ただし塩は取れます。

現在もラサにポタラ宮がありますが、左頁の写真中央の五層の赤い建築物は、モンゴル人の布施によって建てられました。モンゴル人は交易であげた収益をラサに貢いで「功徳」を積んだのです。

モンゴル人がチベット仏教徒であるということは、一般の日本人はあまり知りませんが、そ

ラサのポタラ宮——チベット仏教とチベット政権の中心

れは日本人がモンゴルについて無知なためばかりではありません。モンゴル人民共和国はソ連からの抑圧のせいで、長らく宗教を禁止されていましたし、中国は、現在でも警戒して、モンゴル人にチベット仏教徒であることを公言させないようにしていきます。それで、南北どちらのモンゴル人も表立ってチベット仏教徒を名乗ってきませんでしたが、実は、モンゴルとチベット両者の間には深い関係があります。

チベット仏教はいくつかの宗派に分かれています。細かく見ると複雑なのですが、簡略化してニンマ派、カギュ派、サキャ派、ゲルク派を四大宗派と呼ぶことが多いようです。ダライ・ラマ法王日本代表支部事務所HPでも、そのように記載されています（https://www.tibethouse.jp/about/

buddhism/4categolies/)。ゲルク派が最も新しく、ツォンカパ（一三五七～一四一九）によって十五世紀初頭に創始されました。

チベットとモンゴルの関係は、モンゴル帝国第二代オゴデイ・ハーンの時代にさかのぼります。このとき、モンゴルと直接交渉に当たったのはサキャ派の高僧でした。第五代フビライの信頼を得て、パクパ文字の考案者として有名なパクパもサキャ派です。しかし、元朝がモンゴル高原に引き上げてしまうと、パクパ文字も使用されなくなり、モンゴルにおけるチベット仏教信仰も途絶えてしまいます。

次にモンゴルとチベットの関係が復活するのは十六世紀の後半ですが、このときにチベット側でモンゴルとの関係をもっとも巧みに利用したのはゲルク派でした。「ダライ・ラマ」という名前は、一五七八年にモンゴルのアルタン・ハーンがチベットのゲルク派の高僧ソナムギャムツォにおくった称号です。それ以来、モンゴルとチベットは深い協力関係を結びます。

ゲルク派は対立するカルマ派（カギュ派の支派）を抑え込むために、モンゴル人をラサに呼び込んで占領させたり、カルマ派と結びつくモンゴル諸族をオイラトに攻撃させたりしました。カルマ派を支援するハルハ部のチョクト・ホンタイジの軍を破ったオイラトのグーシは、ダライ・ラマ五世からハーン号を授与されます。チンギス・ハーンの男系子孫だけがハーンを称することができるという原則が破られました。それほどチベット仏教最高峰のダライ・ラマ五世の権威が高まっていたということです。グーシ・ハーンはチベット各地を平定し、一六四二年

グーシ・ハーンの孫ダライ・ハーンとダライ・ラマ５世の摂政サンギェギャツォ

にチベット全土を統一して、チベット王の位につきました。そしてダライ・ラマ五世は、グーシ・ハーンによって、チベット仏教界の教主に推戴されました。これが今日に続くダライ・ラマ政権の始まりです。

上図の右の人物は、ダライ・ラマ五世の摂政サンギェギャツォです。ダライ・ラマ五世が亡くなってから十六年間、その死を秘して、摂政サンギェギャツォが政治を牛耳りました。

左の人物がモンゴルの施主（グーシ・ハーンの孫、ダライ・ハーン）です。サンギェギャツォは（ダライ・ラマの代理として）「宗教は私が担当します。政治・軍事はハーンにお願いします。一緒に仲良くやりましょう」とまるでローマ教皇と神聖ローマ皇帝のような関係です。

ちなみに「ダライ・ラマ」の「ダライ」はモンゴル語で「大海」、知恵が海のように広いということです。逆に「大海」のチベット語は「ギャツォ」、サンギェギャツオの「ギャツォ」です。

現在でもモンゴルとチベットの関係は親密です。かつて社会主義国であったモンゴル人民共和国は、今や民主的なモンゴル国となり、堂々とチベット仏教を信仰することができるようになっています。ダライ・ラマが来日するときには、ウランバートルから大勢のモンゴル人がやってきます。亡命政府のあるインドはモンゴルからの直線距離は日本とそれほど変わりませんから、「なぜ、わざわざ日本へ？」と思うかもしれませんが、インドの亡命政府は辺鄙《へんぴ》なところにあって、行くのは大変です。日本のほうが交通機関が発達していて、旅行が楽なのです。

もちろん、モンゴルの首都ウランバートルにもダライ・ラマ十四世はすでに何度も訪れています。そのたびに多くのモンゴル人が集まったことは言うまでもありません。

話を清朝に戻して、当初、康熙帝はチベットに介入するつもりはありませんでした。介入したのは青海ホシュートの王ラサン・ハーンで、チベット情勢が不安定になりました。まだジューンガル滅亡前のことで、この状況を利用して、ガルダンの甥ツェワンラブタンがチベットを奪い取ろうとラサを奇襲し、ラサン・ハーンは殺されてしまいます。

一七二〇年、康熙帝はホシュート部族が支持していたダライ・ラマ七世を公認、清軍をチベットに派遣して、七世をラサに送り込みました。ジューンガル軍は逃げ去り、こうして、チベットも清朝に服属する関係となったのです。オイラト同士の抗争に清朝がまきこまれた形です。

モンゴルとチベットは切ってもきれない仲でした。関係が深いということは、仲がいいばかりではなく、問題も起こる。支配下のモンゴル人がチベットと問題を起こせば、清の康熙帝もそれに関わらざるをえません。調停に行ったり、最終的には軍を出して収めたり、密接に関係していくこととなってしまいました。ジューンガルのライバルを保護していったら、ついにチベットにまで行ってしまったのです。

結局、前述のように清朝はジューンガルに勝利し、モンゴル諸族はすべて清の支配下に入りました。モンゴル人は遊牧民ですが、もう領土も増えないし、対立抗争もできない。上層階級は、清朝の家来として、清朝から報酬をもらったり、年金をもらったりします。もはや軍事力で勝負はできません。それで、モンゴル人の優秀な人はラサに行って僧侶になったのです。剣をペンに持ち替えました。勇猛果敢だったモンゴル民族が、仏教の世界で活躍します。それで、十七世紀以降の清朝時代になると、高僧にもモンゴル系が多くなるのです。仏教の学説について書を著すような学者肌の僧も現れます。

後に、日本が満洲国を建国したとき、興安省のモンゴル人地帯では、教育は寺の僧が担っていました。「ラマが大勢いた」と当時の日本人が記しています。チベット仏教が隅々にまで行き渡っていたことがわかります。

ちなみに、今でもモンゴル人の名前は、ほとんどチベット語なのです。例えば、力士の、ダグワドルジ（朝青龍の本名）。チベット語で、ダグワは「pure」ないし「strong」、ドルジは

「金剛杵《こんごうしょ》」という意味です。女性名によくあるドルマは、やはりチベット語で「女神」という意味です。このように密接な関係を持つ両者なので、中華人民共和国はチベットとモンゴルが共同戦線を張らないように必死に分離を図っています。

ところで、モンゴル高原のモンゴル人は十六～十七世紀に全員が仏教徒になっています。モンゴル帝国西方の遊牧民で仏教徒にならなかった人たちはイスラム教徒になりました。どちらもモンゴル帝国を構成していた諸部族の子孫で、互いに結婚を通じて親戚同士なのですが、今日では、チベット仏教徒になったモンゴル人は「モンゴル民族」、イスラム教徒になった元モンゴル帝国の構成員の子孫は「トルコ系民族」と呼ばれます。

康熙帝晩年の悲劇――後継者問題で愛息を幽閉

狩猟民・遊牧民は実力の世界です。跡継ぎは基本的に有力諸部族の大集会で決められるものでした。しかし、シナ地域を治めるにはシナ式の方法をとったほうがいいとの判断だったのでしょう。満洲人としては異例のことですが、康熙帝は皇太子を立てました。

康熙帝はジューンガル遠征中に皇太子に愛情あふれる手紙を送り続けました。それに対して、皇太子がしたためた返書も残っています。父は愛息に帝王教育をほどこし、息子も父に対して敬意を持って接する。非常に良い関係にありました。

しかし、幸か不幸か、康熙帝は長生きし、その統治は六十年以上におよびます。康熙帝には皇太子以外にも息子が大勢いました。当初は皇太子の地位を安定させるために、他の息子には爵位や領民を与えないままでした。しかし、ジューンガル戦では、留守を守る皇太子の代わりに、他の息子たちが従軍し、功績を挙げています。そんな息子たちに、何も恩賞を与えないわけにはいかないので、ガルダンの死後、六人の皇子に爵位と領民を与えました。すると、皇子たちが各地で一定の勢力を持つことになります。母違いの兄弟も多いので、外戚（母の出身部族）が、同族の血を引く皇子を跡継ぎにしようと画策するようになりました。

元気な康熙帝は子だくさんでした。なかでも領地を持った六人は継承者候補に躍り出ます。皇太子が決まっているにもかかわらず、というより追い落とす標的が明らかだからこそ、帝位継承争いが激化しました。

晩年のやつれた康熙帝

皇太子の母は、産褥で亡くなっています。それで、母方の叔父である領待衛内大臣ソンゴトが補佐していましたが、この叔父が一七〇三年、突然に逮捕され、監禁中に死亡します。皇太子は政治的に孤立し、精神的に不安定になってしまいました。異常な行動が目立つ皇太子に対し、皇帝は自分に悪意を抱いているのではないかと疑いを持つようになり、ついには、一七〇八年、皇太子を廃位してしまいます。

皇太子は逮捕され、監禁されました。その直後に、他の兄弟が皇太子を嵌《は》めたことが発覚します。軽挙を反省した康熙帝は、一七〇九年に皇太子を復位させました。しかし、皇太子は、くたびれ果てて、精神不安定はいっこうに改善しなかったため、一七一二年、再び廃位・幽閉されます。

以後、康熙帝は二度と皇太子を立てませんでした。よほどこたえたのか、大臣が立太子の必要性を説くたびに激怒したそうです。触れられたくないテーマだったのです。

康熙帝は後継者を決めずに急に病を得て崩御しました。前頁の図は晩年の康熙帝です。顔色は、どす黒く、くたびれきっています。長生きも良し悪しで、気の毒な晩年でした。

ところで、悲惨な後継者争いをつぶさに見ていた次の第五代雍正《ようせい》帝は、後継者の名前を書いた札を箱に納め、宮中の「正大光明」と書いた額の後ろに隠し置く制度を考案しました。もし皇帝が後継者指名を行なわずに崩御した場合、大臣立会いのもと箱を開き、亡き皇帝の遺志に従って新しい皇帝を立てるのです。

誰が後継者かわからないので、「皇太子」が妬《ねた》み嫉《そね》みから誹謗中傷を受けたり、呪詛されたりすることを防げますし、発表されないのでいつでも変更できますから、最終的に選ばれるために後継候補者たちは常に切磋琢磨しなければなりません。

次の乾隆帝は、この制度によって選ばれた最初の皇帝となりますが、乾隆帝自身は在位六十年のときに、「祖父康熙帝の在位六十一年の記録を破っては申し訳ない」と息子に譲位しました。宮崎市定先生のように、それは表向きの理由で、「中国の独裁君主らしく後継者指名権を発動してみたかったためだ」と言う人もいますけれど（宮崎市定『中国史　下』岩波文庫、二五一頁）。

コスプレ皇子だった雍正帝が働き者の皇帝に変身

一七二二年、離宮で康熙帝が身罷ったとき、枕元にいたロンコドという大臣一人だけが帝の側近くに呼ばれて、後継者指名の上意を伝えられました。後継者に指名されたのは康熙帝の第四皇子で、これが清の第五代皇帝、雍正帝（一六七八～一七三五、在位一七二二～三五）です。

雍正帝は、有力な兄弟が大勢いる中で、自分が帝位を継ぐなど夢にも思っていなかったので、若いうちはお気楽に過ごしていました。皇帝になる前のコスプレ画像が何枚も残っています。モンゴル服姿、ラマ姿、仙人姿、さらにはフサフサ巻毛のかつらをかぶった洋装姿もあります。趣味人として暮らしていこうと思っていたらしく、後宮の美女をモデルに描かせた美人画など

雍正帝（在位1722～1735）――清朝第5代皇帝

も残っています。どれも美しい満洲人女性の肖像画です。ただ、名前が記されておらず、どの人が皇后かもわかりません。

母親の出自は低く、旗王の中でも特に序列が高かったわけではないのに帝位についた、コスプレ好きのお坊っちゃん雍正帝ですが、意外なことに名君になるのです。

父の康熙帝はジューンガル戦に勝利し、領域をチベット・北モンゴルにまで拡大しました。領土は大きければいいというものではなく、それを維持・管理しなければなりません。それを、雍正帝が整理し、秩序づけていきます。康熙帝も勤勉でしたが、雍正帝もそれに勝るとも劣らない働き者でした。文書行政を得意とし、地方から届く書類のすべてに目を通し、毎日、朝から晩まで書類決裁します。

満洲語はもちろん、漢文も読めますし、達筆です。すべてに許可や了解、必要ならコメントを朱筆で記入しました。満洲語も漢語もあります。「雍《よう》正《せい》硃《しゅ》批《ひ》諭《ゆ》旨《し》」という、雍正帝がコメントした膨大な書類が残っているほど、勤勉な皇帝でした。

上の左から「モンゴル人の服を着た
雍正帝」「洋装」「ラマ姿」「仙人姿」
「東方朔姿」に扮装した絵

雍正帝のスパイ大作戦――ユーモアあふれる魅力的な人柄

雍正帝には面白い逸話がたくさんあります。広大な領土ですから、各地に異なるさまざまな種族が住み、それを統治するのが困難なことは明白です。そこで、雍正帝は全土にスパイ網を張り巡らしました。

前述の忠実な包衣《ボーイ》（満洲族の良家に代々仕える執事）を密かに各地に派遣します。彼らには公的な肩書はなく、さまざまな職業につきながら、密かに中央と連絡を取ります。つまり、雍正帝は各地方の官僚の行ないをチェックする監視機構をつくり上げたのです。アメリカのＦＢＩや日本の内閣情報調査室みたいなものです。

宮崎市定「雍正帝」から、エピソードを引用しましょう。

ある地方官が任地へ赴任する時、北京で一人の下僕を雇い入れて連れて行きました。この下僕は忠実に主人に仕えて気に入られます。三年の任期が終わって主人たる地方官が都へ帰ろうと準備中、この下僕が急に暇を貰いたいといい出しました。そして別れる時に、「旦那様はよく精を出してお役目を勤め上げられましたな。都へ帰られたらきっと天子様からお賞《ほ》めにあずかることでしょう」と意味深長な一言を残して立ち去ります。地方官が都へ帰って天子に拝謁すると、果たして雍正帝から特別に嘉賞の言葉がありました。宮門を退出する時ふと見ると、そこにひかえている侍従長は、なんとついさきごろまで自分の下僕を勤めた男でした（宮崎市定『アジア史論考』下巻「雍正帝」、朝日新聞社、一九七六年、二二五〜二二六頁、引用部は、読みやすさを考慮して「デス・マス調」に書き換えるなど表現を変更。以下同様）。

また、専門の諜報員を使わず官吏同士を互いにスパイさせたりもしていたようです。

朝廷の大臣が五、六人集まって夜ふけまで賭け麻雀をしていました。最後に牌を仕舞うときに一枚なくなっていてどう探しても見つかりません。そのままで散会しましたが、翌日この中の一人が参内すると雍正帝から尋ねられます。

「昨晩は何をしておったか」

大臣は当惑しました。賭博は法令で厳禁、とくに雍正帝が大嫌いです。しかし、観念して、

「誠に面目もございませんが、麻雀をして遊んでおりました」

「何か変わったことはなかったか」

「麻雀牌が一枚紛失して、どう探しても見つかりませんでした」

すると雍正帝は、袖の中から牌を一枚とり出して放り投げました。

「なくなった牌はこれだろう」

正直に白状したおかげで、この大臣は処罰をまぬがれましたが、これに懲りて、それきり麻雀牌を手にしなくなりました（宮崎、前掲書、二二六〜二二七頁）。

雍正帝には、そんな話が多く伝わっています。責任者は冷や汗ものです。

また、異民族王朝である清朝がシナを治めて、もはや八十年経っていますが、いまだに中華思想の抜けきらない漢人から「清朝皇族は蛮族の出身ではないか」との批判が起こります。これに対して雍正帝は「天命を受けた君主であればシナ人であろうが異民族であろうが正統な君主である。清は明を滅ぼして王朝を開いたわけではない。明が賊のために滅びて、天命が清に下ったのだ。元を滅ぼした明の太祖は元朝からすると謀反人であるが、この点でも、わが清朝ほど正しい天下のとり方をした王朝はない」と、下々の批判に大真面目に反論しています。批判をした当人は深く反省し、非を認めたため、雍正帝は許します。そして、この一件を『大義《たいぎ》覚迷録《かくめいろく》』として出版させました。

康熙帝が跡継ぎ不在のまま崩御してしまい、かなり不透明な経緯で帝位についた雍正帝でしたが、あるいはそれだけに努力して優れた業績を上げ、大帝国の統治者としての責任を果たしました。しかし、雍正帝は、あまりに働きすぎて、十三年で過労死してしまいます。もっとも、皇帝に就任したのが四十五歳と遅く、亡くなったときには五十代後半ですから、当時としては、ことさら早死にしたわけではありません。

次の乾隆帝（一七一一〜九九、在位一七三五〜九五）は、二十代の若さで帝位に就きます。康熙帝が領土を大きく広げていましたが、乾隆帝はさらに拡大し、清朝最大版図を現出しました。

ジューンガルを壊滅させ、チベットを制圧します。また、ネパールにも進軍し、チベット支配を安定させました。四川省の苗族の反乱も平定しています。その結果、満洲とシナ地域以外に、モンゴル高原全域、新疆、台湾、チベットを領土に含む大帝国となったのです。さらに、東南アジア情勢にも介入し、ビルマ、ベトナム、タイ、ラオスを朝貢国としました。

乾隆帝は、豊かな大帝国に生まれ、度重なる外征によって国庫を浪費します。また、十五回におよぶ巡幸を行ない、特に江南へは六回も行っています。その期間も長く、かかる費用も膨大であったし、滞在する地方にも負担をかけました。

しかし、基本的に満洲人皇帝には暗君は少なかったと思います。清朝末期には決断力に欠けたり幼少だったりと弱々しい皇帝も出ますが、それまでは、文武両道の名君が続いています。

明から清に交替したばかりの頃は六〇〇〇万人だった人口が、アヘン戦争直前には四億人にまで増えていました。二六〇〇年間、平和で豊かな社会だったから、人口が増えたのです。ＧＤ

Pも世界のトップクラスでした。農作物の収穫は多く、絹製品や陶磁器などは世界で珍重されました。

乾隆帝は浪費家でしたが、満洲族の文化を尊び、弓矢の稽古や馬術を奨励するなど、尚武の気風を鼓舞していました。晩年は、巨額の汚職をしたヘシェンを重用するなどの老害もひどくなり、功罪相半ばしますが、優れた武将でありリーダーシップのとれる皇帝で、明代の暗君と比べたら、名君の部類に入るのではないでしょうか。人の評価はどこに基準を置くかによって、かなり変わってきます。

ところで、習近平は、康熙帝・雍正帝・乾隆帝の研究をしているらしいです。清は異民族との共存を図るという意味では公平な大国でした。習近平が清朝最盛期の統治を良しとして認めるなら、王朝政治の中身も学んでほしいですね。現在の中国は、前述したように、いいとこ取りをしているだけにしか見えません。

おわりに

「はじめに」で述べたように、本書は、倉山満氏主催のネット動画「チャンネルくらら」で、若手政治家の田沼隆志さんを聞き役にして、岡田英弘著『皇帝たちの中国』をテキストに、私が講義した内容をまとめたものです。ネット配信した際には、元版で五章あった内容を、各章、五回から八回くらいに分け、各十五分くらいずつ話したものが毎週配信されました。

岡田著の元版がシナで代表的な皇帝五人を選んでいたので、一応それに沿って話しましたが、例えば第一章の漢の武帝は、本書の目次をご覧いただけばおわかりのように、最後の最後にしか登場しません。それは、岡田自身がもともと皇帝の伝記を書くつもりではなく、人格の強烈な皇帝にかこつけて、シナという国や漢人と呼ばれる人々が、時代によってどのように変化し、「中国」という概念がどういう曲がりくねった道筋をたどってできあがったかを説明しようとしていたからです。

生涯にわたる学問の師であり、私が全幅の信頼を寄せている岡田のシナ学に沿って話をするのは、私にとって非常に楽しいことでした。また、聞き役になってくれた田沼隆志さんが、驚いたり突っ込んだり、素晴らしい対応をしてくれたので、シナの文化や時代背景について、あちらこちらに脱線しながら話をしました。それで、もともと講義にもとづいていてわかりやすかった元版が、さらに面白くなったのではないかと自負しています。

ネット配信された番組を文字化してくれたのは、倉山工房の徳岡知和子さんです。田沼さんの質問箇所や受け答えもすべて私の説明の中に入れ込んで、参考図書も独自に調べて、書籍らしくなるように構成し直してくれました。最近の私の本は、本書のように、ライターや編集者と共同作業でできあがることが増えましたが、執筆が孤独な作業ではなくなったのは、不思議であり楽しいことでもあります。

本書の企画をいちばん最初に言い出したのは、ＰＨＰ研究所の編集者から、教養動画サービスを展開するイマジニア株式会社に転職した川上達史さんで、本書は、ＷＥＢ版「歴史チャンネル」での連載に加筆した内容になっています。情報の伝達における最近の進歩は、私にはもはやよくわからない世界です。それでも、私の話がまだ賞味期限が切れず、岡田英弘の研究を世の中に広めることができるのは嬉しいことです。

そして最後に、いつものように書籍化に尽力してくれたのは、徳間書店から拙著を何冊も刊行している旧知の編集者、力石幸一さんで、動画で利用した地図や肖像画もたくさん本書に取り入れてくれました。

手伝ってくださった多くの人と読者のみなさまに心より御礼申し上げます。

中国で現代の「士大夫」を自任する官僚、学者ら知識分子たちを取材するとき、自分も教養があるふりをする必要がある。中国人は相手の教養を見定めて、態度を変えることがあるからだ。もし中国古代史の話ができればかなり有利である。「歴史を鑑に」という言葉を中国人官僚は常套句として使うが、歴史の話、とくにあまり政治的タブーのない古代史の蘊蓄《うんちく》は、中国人の好むところだ。

たとえば「明の将軍の呉三桂が、山海関をあけて清軍を引き入れたのは、裏切りとは思いません。明の人々も李自成のようなヤクザに支配されるより、異民族でも清朝の皇帝の方が教養があるから、そっちに支配される方が幸いだと考えたのでしょう。そもそも中国の歴代皇帝の四分の三が異民族ですしね……」みたいな話をすると面白がってもらえる。この視点は本書『皇帝たちの中国史』の中にもある。

今の中国の指導者、習近平がしばしば古典の漢字を読み間違い、教養がなく、その強いコンプレックスから知識分子や優秀な官僚への弾圧がひどいのだと彼らが思っている、と想像した上で、こういう話をしてみるのだ。彼らは「裸の皇帝」を直接的に批判するわけにはいかないけれど、内心、欧米諸国からの外圧で中国が路線変更してくれたら、などと、思っていたりする。案の定、彼らは、そういう歴史談義の背後に本音をにじませて、少しだけ距離を縮めてくれるようになる。

なかなか中国古代史に詳しいですね、というような水を向けられたら、『皇帝たちの中国』や『世界史の誕生』の書名や著者の東洋史家の岡田英弘の名を出してみる。岡田先生は、本書の著者、宮脇淳子さんの夫君である。1957年『満文老檔《まんぶんろうとう》』の共同研究で、史上最年少の26歳で日本学士院賞を受賞する天才研究者であったが、そのあまりに豊かな才能と中国正史に追従する日本の伝統的な東洋史学のあり方に異を唱える自由な研究姿勢が、古臭い日本の学界から妬まれ嫌われ、日本では異端の学者として孤立してきた。だが、それは真の国際人であることの裏返しでもあり、海外では極めて評価の高い東洋史の泰斗である。

『世界史の誕生』は岡田史学を代表する著作で、台湾で華字出版されており読書家で歴史オタクで知られる王岐山の愛読書でもあった。2015年5月、『歴史の終わり』を著したフランシス・フクヤマと会談したときに、王岐山が岡田先生を絶賛したことが報じられ、この本は中国の知識人たちの必読書になった。

王岐山がなぜに岡田先生を絶賛したかは諸説あるが、おそらく現代中国を大清国の正統な後継国と位置付けるロジックの確立のために、当時の指導部内随一の歴史通とされた王岐山は、北米で主流になっている「新清史学派」を論破しようといろいろ勉強したのだ。そこで、満文資料からアプローチする新清史学派の源流、岡田英弘著作に行きつき、読んでいるうちに、その壮大な岡田史学のとりこになったのではないだろうか。

続けて、中国人知識人たちに、実は私は生前の岡田先生と仲良くさせていただいて、よくご家庭にお邪魔し、淳子夫人の手料理をふるまわれた、というような話をすると、中国共産党屈指の教養人、王岐山が尊敬する歴史家と知り合いなのか、お前も教養人だな、と見直されたりするのだった。


こうして、私は岡田先生をたびたびダシにして、現代の〝士大夫たち〟とお近づきになることができた。だが読んだ書籍の数でいえば岡田先生以上に夫人の宮脇淳子さんの著作にお世話になってきた。

本書もそうである。内容は岡田先生の『皇帝たちの中国』を受け継ぐものだが、豊富な図版と宮脇さんらしい肉付けされた表現で非常に読みやすい。実は岡田先生の名前で出された晩年の岡田著作は、『岡田英弘著作集』全八巻を含め宮脇さんが編集し、校正し、補足執筆したものので、岡田著作と宮脇著作はすでにどちらがどちらと区別できないほど融合されている。


私が岡田先生と実際にお会いしたのは、宮脇さんと共著などをもって、かなり仲良くなった2015年5月ごろで、岡田先生は自宅で寝たり起きたりの状況で療養中であった。

岡田先生は68歳で脳梗塞でたおれ、さらに76歳で心筋梗塞で生死をさまよう状態から、宮脇さんの献身的な介護で奇跡的な回復をされていた。ご自宅に伺うと、歴史の泰斗らしからぬ好々爺の風情で迎えられ、玄関に入るまでは、厳格な教授の口頭試験を受けるような心地で緊張していた私は、拍子抜けしたことを覚えている。岡田先生は脳梗塞で倒れて以来、失語症で言葉ははっきりされず、容体は安定しているものの、すぐにお疲れになって休む必要があった。だが、著書にいただいたサインの字はしっかりとされており、私が、この本にも、この本にもお願いします、と何冊もの著書にサインをねだっても、ニコニコと応じてくださった。

心筋梗塞で倒れられて以降、ご自身で執筆できるほどの体力はなかった。昔の原稿をまとめ直すような形で著書を継続して出されていたが、その作業は実は宮脇さんがやっていた。だが宮脇さんが勝手に書いたり直したりしたのではなく、岡田先生の言いたいことや思っていることが、以心伝心でわかるのだという。実際に、岡田先生が言葉にならない様子で何かを伝えようとしたとき、「いたこの口寄せ」のように岡田先生の言葉を再現するのを何度も見た。何かを伝えようともどかしげにしていた岡田先生が、宮脇さんの言葉を聞いて、そうそうその通り、といった様子で満足気にほほ笑むのである。

それで岡田史学のすべてが愛弟子であり妻である宮脇さんの中にすでに存在していることが見て取れた。

宮脇さん自身が『月刊　正論、SEIRON WOMAN』（2012年6月12日）への寄稿で明かしているので、もはや秘密でもないが、お二人の関係はモンゴル史研究の子弟関係からスタートしている。修士2年目の25歳のとき、宮脇さんは台湾の学会で初めて岡田先生と出会った。宮脇さんの才能を見出した岡田先生は、宮脇さんを研究者として育て上げると同時に女性として愛した。そのときの岡田先生は既婚者であり、しかも宮脇さんとは歳の差21歳。狭いアカデミズムの世界では相当スキャンダルな事件であったという。ただ、これは指導教授が学位を餌に女子学生に手を出したという「アカハラ（アカデミックハラスメント）」事件でもなければ、不倫というような言葉で片づけられるような軽薄な関係でもなかった。宮脇さんは「運命の人との出会い」とロマンチックに語るが、学問の子弟関係においては、岡田先生の指導は宮脇さんが夜中に知恵熱で吐きそうになるくらいのスパルタ式だったという。

その後、宮脇さんが経験した苦労は、学問の神様がいるならば、その神によって与えられた試練かもしれない。これほどの英才教育をうけて研究者として鍛えあげられたにもかかわらず、スキャンダルのせいで就職することも奨学金を受けることもままならず、大学の教授職に一度も就くことがなかった。岡田先生の離婚調停は13年以上かかり、岡田先生自身もそのスキャンダルで学界からさらに締め出され、その間、先妻に婚姻分担金を支払い続けるなど金銭的にも、精神的にも重い負担を負っていたという。お二人がようやく正式に結婚されて2年たったとき、岡田先生が脳梗塞で倒れられた。岡田先生の介護のために、宮脇さんは研究者として最も旬なときに、海外の学会で自身の研究を発表することもできなかった。

だが、その時間、岡田先生の分身としてその研究を整理し、再構築し、岡田英弘全集を含む数々の岡田著作を世に送り出してきた。岡田先生は、スキャンダルによって学術界から締め出されたことの怪我の功名ともいえるのだが、自身の研究を学術論文だけでなく、一般読者向けに商業出版社や商業メディア誌などで、かみ砕いた論考として発表することが増えた。本物の歴史学者が一般読者の知的好奇心を満足させる読み物を書くというスタイルを広めた〝はしり〟であり、メディアとアカデミズムを融合させたこのスタイルは、後に宮脇さん自身の著述スタイルにもなっていく。学者の書く本は面白くない、一般受けしない、という商業出版、メディアの思い込みを塗り替えたのもこのお二方の功績であると思う。

宮脇さんの著書の新装版に向けて解説を書いていたはずが、岡田先生と宮脇さんの関係の話へと脱線してしまった。脱線ついでに、もう一つだけお二人のエピソードに触れたい。岡田先生が2017年5月25日、宮脇さんに看取られて自宅で静かに息を引き取られてから3年目、新型コロナのパンデミックが日本でも猛威を振るった。その外出もままならず、人ともあまり会えない時期に、宮脇さんは思い出の研究室で、岡田先生の書いた古い論考や資料の整理に没頭していたという。そのとき、40年前の大量のラブレターの束を見つけた。宮脇さんは岡田先生と出会って3年目に、英語の勉強のために、岡田先生の知り合いのロンドン大学の講師宅のもとに夏休み、ホームステイさせてもらったそうだ。すでに恋仲になっていた二人は、その束京とロンドンで別れて暮らす間に大量の書簡を交わした。それが丁寧に整理されて保存されているのを見つけたのだった。

久しぶりに岡田・宮脇研究室を訪問したとき、その一部を読ませていただいたのだが、それはそれは情熱的で赤裸々であり、大恋愛小説のような書簡集だった。

宮脇さんは、新型コロナで外出もろくにできなかったけれど、そのラブレターを繰り返し読み返して幸せに浸れた、という。そのとき岡田先生と恋におちたいきさつについて、1979年に岡田先生が発表した論考「魯迅の中の日本人」が「自分あてのラブレターだと直感した」という話をしてくれた。この論考は2021年に上梓された岡田先生の論文再録集『漢字とは何か』（藤原書店）に収録され、宮脇さんが書いたその序章の中で、ラブレターについても簡単に触れている。

魯迅の最初の妻、朱安は纏足の封建的社会を代表するような古いタイプの女性で、二人は折り合いが悪かった。魯迅はやがて17歳年下の教え子の許広平を真に愛するようになり、1927年から許広平とともに暮らすようになる。この許広平に魯迅は厳しく日本語を教えようとする。

それは魯迅が真の国際人であり、国際人というものが、生まれた祖国と外国の文化の間の淵に落ち込んだような、孤独な存在であり、同国人とも外国人とも全人格を挙げたコミュニケーションがとれないという不幸な運命を背負っていたからで、真に愛した許広平に日本語を教えることで、自分と同じ精神世界の高みに引き上げようとしたからだった、と言う。「魯迅の中の日本人」は、魯迅にとってそれほど日本語が、その精神生活に大事であったと語るエピソードとして紹介されていた。

宮脇さんはこの論考が『中央公論』で発表された当時に読んだとき、魯迅と許広平の関係を岡田先生が自分との関係に例えたものだと気付いたのだという。孤独な国際人の岡田先生は、宮脇さんと全人格を上げてコミュニケーションをとろうと、宮脇さんに自分と同じレベルの経験を踏ませ、英語を学ばせ、学問の地平を見せ、同じ景色を共有したいと考えていたのだ。

その岡田先生の思いは結実して、今、宮脇さんの中に岡田先生と同じ学術の城が構築されているのだと思う。許広平は魯迅の死後、魯迅の遺稿を整理、編集し魯迅全集を出版する。日中戦争の間、日本の憲兵に捕まり拷問にもあったが、魯迅の遺稿を守り、戦後も魯迅文学の普及に大いに貢献した。許広平自身も作家として優れた作品を発表している。そして魯迅と許広平の間で交わされたラブレター書簡集『両地書』は、大恋愛小説に匹敵する文学性の高い愛の記録として多くの魯迅ファンに読まれている。宮脇さんの生き方は許広平ととても似ている。岡田先生との書簡集は「両地書」として出版するつもりはないようだが、宮脇さんの編集した岡田英弘全集や宮脇さん自身の著作によって岡田史学の理解は補完され深められる。それは魯迅研究者が許広平の著作を素通りしては真の魯迅を理解することができないようなものだろう。

最後に本書の解説に戻りたいのだが、学術と愛の化学反応が、東洋史学という戸棚の奥にしまわれた黴臭そうな学問を、今を生きる人たちの国際政治をはじめとする知的活動の現場に知見や刺激を与え、異なる世界の人々への理解や新たな哲学の扉を開くような有機的なものに変えていくことを示すのが、岡田史学を体内にもつ宮脇さんの著書の特徴だ。本書は、そういう宮脇さんの著作の中で、最も読みやすく面白い一冊であることをお約束する。

令和五年六月

福島香織

宮脇淳子（みやわき じゅんこ）

1952年和歌山県生まれ。京都大学文学部卒業、大阪大学大学院博士課程修了。博士（学術）。専攻は東洋史。大学院在学中から、東京外国語大学の岡田英弘教授からモンゴル語・満洲語・シナ史を、その後、東京大学の山口瑞鳳教授からチベット語・チベット史を学ぶ。東京外国語大学アジア・アフリカ言語文化研究所共同研究員を経て、東京外国語大学、常磐大学、国士舘大学、東京大学などの非常勤講師を歴任。現在、昭和12年学会会長、公益財団法人東洋文庫研究員としても活躍。
著書に『世界史のなかの蒙古襲来』（扶桑社）、『中国・韓国の正体』（ワック）、『モンゴルの歴史』（刀水書房）、『どの教科書にも書かれていない 日本人のための世界史』（KADOKAWA）、『かわいそうな歴史の国の中国人』『悲しい歴史の国の韓国人』『日本人が教えたい新しい世界史』『満洲国から見た近現代史の真実』（徳間書店）などがある。

皇帝たちの中国史

第1刷　2023年7月31日

著者／宮脇淳子

発行人／小宮英行
発行所／株式会社 徳間書店　〒141-8202　東京都品川区上大崎3-1-1　目黒セントラルスクエア
電話／編集 03-5403-4344　販売 049-293-5521
振替／00140-0-44392
カバー印刷／近代美術株式会社
印刷・製本／中央精版印刷株式会社

ISBN978-4-19-865681-2